카페
창업
컨설팅 북

카페 창업 컨설팅 북

실제 사례로 배우는 카페 창업·관리의 모든 것

조차행 지음

BOOK AGIT

프
롤
로
그

　카페를 차리고 싶어 하는 사람이 많다. 한 집 건너 한 집이 카페라고 해도 과언이 아닐 정도인 대한민국 카페 시장임에도 창업하기 쉬울 것 같다는 생각과 여유롭게 운영할 수 있다는 기대만으로 덜컥 카페를 창업한다. 때로는 좋은 직원을 구하거나 가족 혹은 지인의 도움을 받아서 순탄하게 카페를 유지하는 경우도 있지만, 많은 카페 사장님이 창업과 동시에 이상과는 다른 카페 사업에 회의를 느끼거나 실망하기도 한다. 도대체 뭐가 문제일까?

　가장 기본적으로는 카페 사업에 대해 잘 알지 못하고 덜컥 덤벼드는 게 큰 문제다. 사실 카페 창업을 조금만 알아보면 도움을 받을 수 있는 곳이 넘쳐난다. 카페가 많은 만큼 카페 창업을 지원해 주는 업체들도 워낙에 많다. 약간의 비용만 지불하면 인테리어부터 설비, 메뉴 제조 방법과 결제 시스템까지 막힘없이 준비가 가능하다. 자칭 카페 컨설팅 업체나 프랜차이즈 카페 점포개발 담당자들은 누구나 쉽게 카페를 창업할 수 있고 아주 쉬운 일이니, 투자만 하면 된다고 부추긴다. 하지만 정작 문제는 그다음이다. 카페를 차리고 나서 맞이하게 될 여러 가지 상황과 어려움을 모른 채 카페 창업 자체에만 몰두한 많은 카페 사장님은 머지않은 시기에 투자에 대해 후회하게 될 가능성이 높다. 주식과 같은 투자 활동과 달리 카페는 직접 경험해보지 않으면 알 수 없는 부분들이 너무나도 많기 때문이다.

인터넷이나 영상 자료를 통해 살펴보면 카페 창업이 돈이 된다는 이야기와, 카페 창업이 현실적으로 매우 어렵다는 이야기를 동시에 찾아볼 수 있다. 많은 카페의 수만큼이나 다양한 성공 혹은 실패 사례가 있기 때문일 것이다. 하지만 성공적인 카페를 지원해 주고자 하는 카페 컨설턴트로서 사실 그런 단편적인 자료를 지나치게 일반화해서 카페 창업을 가타부타 결정하는 일은 바람직하지 않다고 본다. 그럼 어디서 카페 사업에 관해 알아볼 수 있을까? 바리스타 학원에 등록하면 제대로 카페를 경험할 수 있을까? 일부 도움을 받을 수는 있겠지만 궁극적인 답은 아니다. 카페를 시작하려는 사람들에게 공통으로 조언하는 바는 수단과 방법을 가리지 말고 카페와 관련된 경험을 쌓으라는 점이다. 조금이라도 카페에서 실무를 경험한 후에 카페를 창업하는 것이 실패를 줄일 수 있는 유일한 방법이라고 생각하기 때문이다. 여건이 되면 아르바이트라도 해보면서 실제 카페에서 어떠한 업무를 하는지, 어떤 관리 포인트들이 있는지를 직접 경험해보라 조언한다.

하지만 현실적으로 그러한 경험이 모든 사람에게 가능한 일은 아니라는 것도 잘 알고 있다. 이 책을 집필하게 된 계기가 바로 여기에 있다. 카페 창업에 관심이 있지만 직접 경험이 어려운 독자들에게 카페에서 일어나는 다양한 상황들에 관해 이야기 해주어서 간접적으로나마 마음의 준비를 할 수 있게끔 도와주고 싶어서이다. 이 책은 실제 카페에서 마주하게 되었던 다양한 사례를 위주로 구성되었다. 카페를 창업한 사장님들이 어떤 일들을 겪게 되는지, 어떠한 상황들이 돌발적으로 발생할 수 있는지, 염두에 두어야 할 어떤 유의 사항들이 있는지를 이야기해 보고자 한다. 실제 카페를 창업한 사장님들이 겪은 다양한 상황들을 통해 카페 창업과 운영에 있어서 지켜야 할 원칙들을 다루어 보고자 한다. 이를 통해 이 책을 읽는 많은 사람이 실제적이고 현실적인 도움을 얻어갈 수 있다면 좋을 것 같다.

나의 두 번째 책인 이 책에 영감을 준 아내이자 훌륭한 동반자인 집사람에게 특별히 감사하지 않을 수 없다. 그녀의 조언으로 책을 쓰기 시작할 수 있었기 때문이다. 그리고 사랑하는 나의 두 아이와 부모님, 훌륭한 동반자를 나에게 주신 장모님을 포함한 내 가족 구성원들 모두에게도 진심으로 감사하다는 인사를 전한다. 또한 지금의 나를 만들어 준 많은 선후배와 동료들, 그리고 이 책의 주인공이 되어주신 내가 만난 많은 카페 사장님에게도 감사의 인사를 글로나마 전하고 싶다. 그들을 통해 겪게 된 입체적 경험들로 인해 카페 사업에 관한 내 생각이 풍성해질 수 있었고, 이제 그러한 지식을 독자들에게 들려줄 수 있게 되어 영광이다. 모쪼록 이 글을 읽는 모든 독자가 허황되거나 허무맹랑한 카페가 아닌 진짜 카페를 운영하기를 바란다. 진짜 카페를 위해 조금의 도움이라도 줄 수 있다면 이 책의 목적은 충분히 달성될 것이라 기대해 본다.

차 / 례

1장
내 카페 창업하기

2장
매출이 있어야 카페가 있다

3장
카페 경영은 사람이 전부다

4장
지속 가능한 카페 만들기

내 카페
창업하기

창업은 시작에 불과하다. 더 중요한 사실은 잘 차려 놓은 카페를 얼마나 잘 운영
해서 꾸준히 수익을 창출하느냐이다. 창업 후 몇 달은 반짝 고객의 선택을 받아
매출이 높을 수 있지만, 운영력이 좋지 않고, 고객의 호기심을 자극할 만한 무언
가도 없다면 금세 시들어져 버리는 게 바로 카페이다. 많은 조건과 경우의 수를
살펴서 창업을 검토하는 일도 중요하지만, 창업 그 자체보다 창업 후에 카페를
꾸준히 유지하는 일이 훨씬 더 어렵고 중요하다는 사실을 반드시 기억하기 바
란다.

1

카페 창업해도
될까?

　교육공무원으로 평생을 근무하다 은퇴 후 고향으로 내려온 사장님이 있었다. 사장님은 고향에서 무슨 일을 하며 살지 고민하다가 우연히 한 카페를 가 보고는 자식들에게 자기도 카페나 하면서 살고 싶다 이야기를 꺼냈다. 사장님의 말을 들은 사위는 첫 시작인 만큼 새로 차리기보다는 기존 카페를 양수하는 편이 낫다고 제안했고 본인이 적극적으로 나서서 적당한 카페의 매물을 찾아봐 주었다.

　얼마 지나지 않아 매출이 아주 높지는 않았지만, 권리금과 임차료가 비교적 저렴한 카페를 인수할 수 있게 되었다. 그런데 문제는 이 사장님이 평생 애들만 가르쳐 봐서 카페에 관해서는 전혀 알지도 못했고 경험도 없었다는 점이었다. 양도인에게 대략적인 메뉴와 레시피를 전달받기는 했지만, 더딘 손놀림과 기억력 때문에 익숙해지는 데 시간이 무척이나 오래 걸렸다.

　제품 제조가 익숙해진 후에도 사장님의 몸과 마음은 여전히 힘들었다. 매월 꼬박꼬박 돌아오는 임차료가 부담되어 매장 문을 닫을 수 없었던 사장님은 평소 자주 가던 나들이도 한번 제대로 가지 못한 채 6개월 이상을 쉴 새 없이 일했고, 가끔이지만 투정을 부리는 고객이 생길 때마다 마음의 상처를 많이 받아야만 했다.

　시간이 갈수록 적응이 되는 게 아니라 오히려 괜히 카페를 차렸다는 생각만 계속해서 들었다. 결국 1년도 채 되지 않아서 사장님은 카페를 내놓아야겠다고 생각했다. 그런데 그즈음에 자신의 카페를 방문한 연령대가 비슷한 한 부부가 카페를 인수하겠다고 제안하자 사장님은 그들을 만류하고 싶은 생각이 들었음에도 눈 딱 감고 선뜻 카페를 넘겼다.

　그리고 몇 개월 뒤에 사장님은 다시 카페를 찾아가 보았다. 그런데 본인이 운영할 때의 모습과 너무도 달라진 풍경에 사장님은 놀라지 않을 수 없었다. 평일 오후임에도 카페에는 사람들이 많아졌고, 인수한 사장님의 표정도 힘든 카페 운영에 고전하고 있을 거로 생각했던 것과는 달리 너무도 밝았다.

　사장님이 양수자에게 힘들지 않으냐 물었더니 재밌다는 대답이 돌아왔다. 자신은 오래전부터 카페를 준비해 왔고, 카페를 운영하면서 다양한 사람을 만나고 자신을 찾아오는 손님을 접대할 수 있어서 행복하다고 했다.

심지어 평일에는 카페를 공방으로도 이용하게 하고, 주말이면 한쪽 공간을 예배 장소로 사용하면서 다양하게 활용하니 손님이 늘어 매출도 많이 올랐다고 말했다. 또 남편과 교대로 근무해 가며 근무 강도를 조절하고 있고 본인은 원래 여행을 좋아하지 않는 사람이라 쉬지 못하는 게 크게 아쉽지는 않다고도 했다.

카페를 창업해도 되는지에 대한 답을 묻기 전에 내가 카페 창업에 적합한 사람인지를 먼저 고민해 보는 건 어떨까?

카페를 창업하고자 한다면 카페가 무엇인지부터 알아야 한다. 사전적 의미의 카페는 커피나 차를 마시는 장소를 의미한다. 우리말로는 찻집이 가장 적합할 것이다. 커피나 차 외에도 다양한 음료를 판매하면서 사람들이 이야기하거나 쉴 수 있도록 꾸며 놓은 가게를 통틀어 카페라 칭한다.

하지만 기능적인 측면에서 카페가 지니는 의미는 그리 단순하지만은 않다. 가장 기본적으로 카페는 제품 소비의 공간이다. 사람들은 카페에서 자신의 기호에 맞는 음료나 디저트를 소비하고 카페 운영자들은 이를 통해 수익을 창출한다.

하지만 이러한 제품 판매와 소비 외에도 카페가 가지는 의미는 매우 다양하다. 우선 카페는 소셜 공간이다. 다양한 사람을 만나고 교류하고 이야기를 나누는 대표적인 공간 중의 하나이다. 아이들을 학교에 보낸 엄마들이 서로 만나 육아에 대한 스트레스를 풀고 서로 간의 친밀도를 높이는 공간이 카페다.

또한 카페는 커뮤니케이션 공간이다. 누군가와 진지한 대화를 하러 어디에 가는가? 여러 장소가 떠오를 수는 있겠지만, 조용한 카페에 앉아 이야기를 나누는 모습이 아마 자연스레 그려질 것이다.

카페는 휴식의 공간이다. 바쁜 일상을 마무리한 후 나만의 휴식 시간을 갖기 위해 책 한 권을 옆구리에 끼고 카페를 방문하는 사람이 많다.

카페는 문화와 예술의 공간이며 영감의 공간이기도 하다. 개성 있고 독창적인 카페를 구성하고 있는 다양한 예술작품들 속에서 사람은 문화와 예술을 소비하고 그를 통해 영감을 얻기도 한다. 유명한 소설 작가인 조앤 K 롤링이 카페에 앉아 영감을 얻고 글을 썼다는 이야기는 너무도 잘 알려진 사실이다. 실제로 카페에 앉아 그림을 그리거나 글을 쓰는 사람, 음악을 만드는 사람, 그 외 여러 가지 예술 활동을 하는 사람들을 심심치 않게 발견하곤 한다.

더 나아가 카페는 마케팅의 공간으로 활용되기도 한다. 카페는 사람들을 모으는 집객력을 가지고 있다. 사람이 모인다는 이야기는 노출에 유리하다는 뜻이다. 그 때문에 많은 기업이 자신들의 제품과 서비스를 홍보하기 위해 카페의 형태를 빌리곤 한다. 이렇듯 카페가 가지는 의미는 카페를 이용하는 사람과 카페를 운영하는 사람이 바라는 바에 따라 다양하게 변할 수 있다.

이러한 카페의 개념을 이해하는 일은 카페의 존재 목적을 정하는 데 있어서 매우 중요하다. 내가 운영하려는 카페가 어떤 고객들에게 어떠한 부분을 어떻게 충족시켜줄 수 있는지를 창업전에 정해야 한다. 물론 카페는 기본적으로 제품 소비의 공간이기에 좋은 제품을 고객에게 제공해야 하는건 당연하다.

카페의 이용 목적이 휴식과 쉼이라면 편안한 공간을 제공해서 고객의 만족을 유도해야 하고, 그러한 공간에서 사람들이 안정감과 여유를 느낄 수 있도록 다양한 장치를 구상해야 한다. 적정한 온도, 부드러운 조명, 잔잔한 음악 등 카페 운영자의 개성이 표현된 공간에서 고객은 예술과 문화를 소비하기도 하고 영감을 얻거나 휴식을 취하기도 하는 것이다.

내가 창업하려 하는 카페는 어떤 모습으로 고객에게 어떠한 존재의 가치를 가지는지 헤아려보아야 내 카페의 존재 목적을 이해할 수 있다. 내 카페의 존재 목적을 이해하는 일은 카페 운영의 기준이 되고 카페를 창업하는 데 있어서 일관된 의사결정을 가능하게 한다.

다양한 카페에 다양한 존재 이유가 있겠지만, 모든 카페에서 우선순위로 삼아야 할 존재의 목적은 바로 수익의 창출이다. 카페를 창업하기에 앞서 내가 운영하고 싶은 카페의 콘셉트를 확실히 정하는 일은 장기적으로 고객의 선택을 받는 카페를 만드는 데 유리하다. 하지만 그보다 앞서 카페의 존재 목적이 수익의 창출이라는 사실을 명심해야 한다.

돈이 되지 않는 카페는 존재 이유가 없다고 보아도 무방하다. 내 건물에 내 돈을 들여서 나만 이용하는 카페가 아니라면 말이다. 돈이 넘치게 많아서 취미로 카페를 운영하려는 사람이라면 이 글을 읽을 필요도 없다. 그냥 시중에 넘쳐나는 카페 전문가들에게 창업을 의뢰해 손쉽게 창업만 하면 된다.

하지만 진짜 카페를 운영해 보고 싶은 사람이 반드시 기억해야 할 점은 돈이 되는 카페여야만 그 의미가 있다는 사실이다. 카페의 근본적 존재 목적이 수익의 창출이라는 사실은 곧 창업의 시작부터 손익을 고려해야 함을 의미한다.

어떠한 상권의 어떤 상가에 창업하면 얼마의 매출이 발생하고, 그 매출에서 비용을 얼마나 쓰고 얼마를 남길 것인지 사전에 꼼꼼히 분석해 보아야 한다. 다양한 목적으로 다양한 방식의 카페가 생겨나고 있지만, 카페의 본질적 존재 이유는 바로 수익의 창출이다.

그럼, 수익의 창출 면에서 대한민국 카페 시장은 창업해 볼 만한 사업일까? 이 점에 대해서는 전문가들 사이에서도 의견이 분분하다. 혹자는 대한민국 시장이 이미 포화상태라 판단하기도 하고, 또 다른 부류에서는 그래도 카페 시장은 지속해서 성장할 것이란 전망을 내놓기도 한다. 사실 미래는 알 수 없는 부분이고 정해진 답은 없는 것 같다.

하지만 확실한 사실은 하나 있다. 앞으로의 카페는 지금까지의 카페와는 달라야 살아남을 수 있다는 사실이다. 사회 초년생인 시절, 그러니까 약 10년 전쯤에 한 카페를 알게 되었다. 서울 변두리의 오래된 아파트 단지에 자리를 잡은 카페였다. 20대 후반의 젊은 나이에 카페를 차린 여사장님은 젊은 패기와 열정으로 1인 카페를 차렸다. 카페의 오픈 시간은 오전 10시였고 마감 시간은 저녁 9시 경이었다. 당시 하루 평균 매출이 약 40만 원이라고 했으니 한 달이면 대략 1,200만 원의 매출이 발생하는 매장이었다. 임차료는 60만 원에 불과했고 개인 카페였으니 재료비도 매출의 30%를 넘지 않았다.

사장님의 수익은 대략 500만 원에서 600만 원 수준이었으니 만족할 만한 카페였을 것이다. 그런데 지금은 어떨까? 10년이 지난 그 카페가 지금까지 운영을 계속하고 있을까? 지금도 그때처럼 높은 수익률을 유지하며 장사할 수 있을까? 이제는 이러한 카페를 찾아보기가 어렵게 되었다.

지난 10년간 카페 시장은 격동의 시기를 겪으며 급격히 성장해 왔고, 한 집 건너 한 집이 카페라는 말이 생길 정도로 치열한 경쟁 구도가 형성되었다. 앞서 말한 카페 또한 주변에 생겨버린 저가 커피의 영향으로 수년 후 폐업해야만 했다. 이제 대한민국의 카페 시장은 레드오션이 되어버렸음을 인정하지 않을 수 없다.

그렇다고 대한민국 카페 시장에 전혀 기회가 없는 것은 아니다. 카페를 오픈한 지 불과 5년 만에 사업을 확장하며 2호점과 3호점을 오픈한 매장도 분명히 존재하기 때문이다. 아직 대한민국의 커피 소비는 선진국에 비해 성장의 여력이 있고, 지속적인 도시개발로 신규 상권이 생겨날 뿐만 아니라, 이제는 카페라는 시장의 영역이 여러 각도로 확장되었기 때문에 창업을 통한 진입의 여력은 분명히 있다고 생각된다.

카페는 비교적 적은 투자비와 손쉬운 제품 제조, 높은 고객의 수요로 인해 여전히 창업시장에서 주목받는 영역 중 하나이다. 다만, 모든 카페가 다 성공하지는 못하고 성공적으로 창업했다 하더라도 지속적으로 운영을 이어 나갈 수 있는지는 또 다른 문제이다.

그래서 빠르게 발전을 거듭한 카페 시장에 이제는 더 디테일한 차별화가 필요해졌다. 예전과 같은 방식으로 카페를 창업해서는 이제 시장에서 살아남을 확률이 그만큼 줄었다는 의미이다. 카페를 창업하기 전에 널리고 널린 카페들 사이에서 고객이 우리 카페를 이용해야 하는 이유를 분명하게 설정해야 한다. 그에 더해 더 매끄럽고 일관된 운영을 위해 카페의 프로세스도 정교하게 짜여야 한다. 무엇보다도 카페 영업 자체로 수익을 만들어 낼 수 있어야 하고, 그러한 수익이 일시적 요행에 그치는 게 아니라 지속적이고 안정적이어야 한다.

결론적으로 말하자면 카페 창업시장에 아직 성장의 기회는 있지만, 지금과 같이 고도로 발달한 카페 시장에서는 더 정교하고 더욱 확실한 차별성을 가진 전문적인 카페여야만 살아남을 수 있다.

카페를 창업할 때 반드시 고려해야 할 사항들이 있다. 앞서의 사례에서 알 수 있듯이, 내가 카페 창업에 적합한 사람인지부터 점검해 볼 필요가 있다. 가급적이면 경험을 통해서 나라는 사람의 성향이 카페에 어울리는지, 카페에서 일어나는 업무들을 원활히 소화할 수 있는지 확인한 후에 카페 창업을 고민함이 가장 바람직하다.

또한 카페 창업의 목적도 분명히 해야 한다. 카페의 존재 목적이 수익의 창출이라는 사실은 이미 충분히 강조하였다. 그런데 카페에서 수익을 창출하는 방법에는 여러 가지가 있다. 카페를 운영하며 운영 이익을 얻는 방법도 있고, 자기 건물에 카페를 열어 건물 가치를 상승시키는 방식으로 수익을 창출할 수도 있다. 때로 카페는 직장이 되기도 한다. 취업전선에 뛰어들기보다 창업을 통해 자신의 인건비를 벌어가는 1인 카페가 의외로 많이 생겨나고 있다. 자녀들에게 상속하기 위해 카페를 차리기도 한다. 창업 비용을 증여하게 되면 5억 원까지는 증여세가 공제되고 5억 원이 초과하는 금액에 대해 최대 30억 원까지 10%의 낮은 세율이 적용받을 수 있기 때문이다. 가게를 정리하면서 받게 되는 영업 권리금으로 이익을 창출하려는 사람들도 있다.

어떠한 방식으로든 내가 창업하려는 카페로 수익 창출이 가능한지 확인하도록 하자. 수익 창출이 망하지 않는 카페의 최우선 조건이다.

KEY POINT

카페는 다양한 방식으로 수익을 창출한다. 카페를 창업하기 전에 내가 목표로 하는 수익 창출 방식이 무엇인지 확실하게 고민하도록 하자. 물론 가장 건전하고 가장 이상적인 방식은 영업활동을 통한 수익 창출이다. 영업이익의 건전성이 바탕이 되어야 다른 모든 수익 창출 방식이 가능하기 때문이다.

2

신도시 카페
창업 주의보

거대 신도시에 아파트 단지가 들어서자마자 상가를 매입한 한 사장님이 있었다. 아파트 입주가 채 끝나기도 전에 신도시의 발전 가능성만을 보고 대출을 끌어 상가 네 칸을 매입했다. 총투자비는 최소 30억 이상이었다. 거금을 들여 상가를 매입하기로 했으니 당장 수익을 보려는 의지가 강했다.

사장님은 여러 가지 사업 아이템을 검토했고, 결국 대형 카페를 창업하기로 결심했다. 제조업 회사에서 오랜 시간 근무한 경력으로 손익 시뮬레이션이 전문이었던 사장님은 여러 가지 변수를 넣어 예상 손익계산서를 작성해 보았다. 최소 매출과 최대 매출, 그에 따른 원가율과 인건비율 변화, 건물 매입을 위해 실행한 대출 이자의 변동 폭까지. 변수에 따라 달라지는 손익을 계산해 본 사장님은, 신도시가 완성될 때까지 몇 년만 잘 버티면 승산이 있다고 판단했고, 결국 매입한 네 칸을 모두 확장해 약 60평의 대형 카페를 오픈했다.

하지만 사장님의 기대는 오픈과 동시에 허무하게도 무너졌다. 가장 근본적으로는 기대한 매출이 나오지 않았다. 최소한으로 예상했던 매출 하한선마저 무너지자, 사장님의 손익계산서는 무용지물이 되어버렸다. 엎친 데 덮친 격으로 글로벌 금융위기가 발생하고 미국발 금리 인상이 한국에도 영향을 미치자, 무리해서 받은 대출은 어마어마한 이자 폭탄으로 돌아왔다.

매월의 영업이익이 손익분기점 근처에도 못 미치니 스스로 예측해 본 손익계산서는 아무런 의미 없는 허황된 꿈과 같이 되어버렸다. 사장님은 몇 달만 잘 버텨 아파트에 입주민이 많아지면 금세 매출이 오를 거라 기대했지만, 일 년이 넘도록 매출은 지지부진했고, 심지어 인근에 저가 커피숍까지 오픈하게 되자 불안함에 한탄의 한숨만 깊어졌다.

사장님은 차라리 네 칸을 모두 잘라 임대를 내주는 편이 더 나았을 것 같다며 후회했다. 하지만 건물 매입에만 30억, 인테리어, 설비, 가구 등 카페 창업에 3억 이상을 투자한 사장님이 카페를 정리하기에는 투자 손실이 이미 너무 커져 버렸다.

개인적으로 신도시에 카페를 창업하려고 한다면 다른 어느 상권보다도 신중히 해야 한다고 생각한다. 가장 기본적인 데이터가 없기 때문이다. 신도시나 지식산업센터 등이 새롭게 생겨나면 그 인근의 땅값은 천정부지로 치솟고 사람들은 금방이라도 그 지역이 금싸라기 땅이라도 될 것처럼 너도나도 상가에 투자하려고 한다.

　장기적으로 부동산에 투자하는 걸 반대하는 입장은 아니지만, 적어도 신도시가 막 생겨나는 타이밍에 카페를 오픈하는 것은 확률이 매우 낮은 도박판에 돈을 거는 것과 같다. 상권은 사람이 만들어 내는 것이지, 정부 정책이나 건설사가 만들어 내지 않는다. 정부 정책이 변경되어 개발 호재가 있으면 그곳으로 사람들이 모일 확률은 올라가겠지만, 단순하게 생각해서는 안 된다.

　유동 인구의 변화, 거주민의 변화, 예상되는 고객의 수, 유사한 상권에 입점한 비슷한 카페의 매출과 그 매장의 제품별 판매까지, 여러 가지 요소를 고려한 후에 카페 창업을 결정해야 하건만, 이러한 데이터가 전혀 없는 신도시에 카페를 오픈하고자 한다면 한 번쯤 다시 생각해 보는 편이 좋다. 상권을 미리 선점해 대박을 터트린 매장도 있다. 하지만 확률적으로 보면 매우 희박하다. 신도시에 건물을 세우고 자신의 건물에 카페를 입점시킨다면 이를 반대하고 싶지는 않다. 하지만 사업적으로 카페를 바라본다면 최소한의 검증을 마친 상권에 입점함이 옳다.

신도시에 카페를 차리고 싶다면 아파트의 상가 준공이 완료된 후 최소 3년은 지켜보기를 권한다. 신도시에 있는 상가를 비싼 가격에 분양받은 사람이라면 아무래도 월세를 높게 책정할 것이다. 아무리 발전 가능성이 있는 상권이라고 해도 월세가 높다면 사업에는 치명적이다. 대부분 월세는 고정비라서 빠져나갈 구멍이 없기 때문이다.

게다가 아파트 주민들이 입주를 완료하고, 그 주민들이 인근 상권에서 소비를 발생시키기까지도 시간이 걸린다. 신도시의 카페들이 초반에 부진한 이유이다. 그 때문에, 신도시에 오픈할 계획을 세운 카페 사장이라면 원하는 자리를 지정해 두고 3년 정도는 지켜볼 각오를 해야 한다. 3년 정도의 시간이 흐르면 상권이 형성되기도 하고, 각 상가의 월세 시세도 합리적인 수준으로 정해진다. 인근 경쟁점의 매출도 확인 할 수 있으니, 시행착오를 줄이는 데에도 유리할 것이다.

카페 사업을 구상하면서 자금 조달을 위해 대출을 일으키는 것을 반대하지는 않지만 무리하게 대출을 일으키는 것은 주의해야 한다. 특히나 신도시와 같이 매출이 확실하지 않은 매장이라면, 이자 비용이 손익에 미치는 영향을 정확하게 판단하기 어렵다.

앞선 사례와 같이 매출이 하한선을 뚫고 내려가게 되면 무리한 대출 이자는 결국 더 높은 임차료와 같이 손익에 직접적인 영향을 미치게 된다. 물론 사례의 사장님은 상가를 매입하며 부득이 더 큰 대출을 일으켰으니, 건물 가격이 오른 후에 건물을 팔면 손해를 상쇄시킬 수 있을지도 모른다. 하지만 만약 이자가 부담되어 유지가 되지 않는다면? 가격이 채 오르기도 전에 건물을 매각해야 하는 상황이 올 수도 있다. 건물을 매각하는 시점에 건물의 가격이 하락한다면 이는 카페의 운영 손실과는 차원이 다른 손실이 될 것이다.

자기 건물에서 카페를 운영하는 구조에 찬성하는 입장이지만, 그 건물이 대출로 지어진 것이라면 이야기는 다르다. 카페 창업을 계획한다면 투자금 중 대출의 비율이 70%를 넘지 않도록 계획함이 바람직하다. 예를 들어 내가 지금 수중에 가진 돈이 3천만 원이라면 1억 원 정도의 투자비로 작은 카페 창업을 고민해야 한다. 목표로 하는 카페의 투자비가 많이 들고 자기자본이 충분치 않다면 대출을 고민할 것이 아니라 어떻게 돈을 모을지를 고민해야 한다. 무리하게 대출을 받아 카페를 시작한다면, 카페에서 제대로 된 역량을 펼쳐보기도 전에 사업을 접어야 할 변수 하나를 늘리는 꼴이다.

신도시가 생겨 사람들이 몰려들 거란 기사를 접하게 되더라도 당장 창업을 위해 달려들 생각은 미루었으면 좋겠다. 실제로 신도시가 사람들을 모으는 구심점의 역할을 할 때까지 천천히 역량을

확보하면서 기다려 보자. 그 기간 카페의 실무 경험을 쌓는다면 금
상첨화이다.

　모든 카페가 수치로 관리되어야 한다고 설파하는 편이지만, 경
험 없이 숫자로만 계산되는 카페 또한 의미가 없다고 말하고 싶다.
신도시 아파트가 몇 세대고 그 아파트 가격이 얼마이고 그러니 이
정도의 사람들이 모여들 거고 그러면 이 정도의 매출이 나올 것 같
다는 식의 계산만으로는 실제로 그 매출을 만들어 내지 못한다.

KEY POINT

신도시에 창업하는 카페는 다른 곳보다 더 많은 준비가 필요하다. 수치적으로 뿐만 아니
라 실제로 사람들에게 어떤 제품을 얼마나 많이 팔 것인지를 직접 경험해 보고 매출을
예측하도록 하자. 준비의 시간이 지루하기도 하고 끝이 없을 것 같아도, 실패하지 않는
카페를 위해서라면 반드시 거쳐야 하는 과정이라는 사실을 잊지 않았으면 한다.

3

상권이 변하면
카페도 변해야 한다

한 카페는 대규모 의류 쇼핑타운이 조성되는 곳에 대형 지역 마트와 함께 오픈했다. 대로 건너편에는 새롭게 조성된 아파트 단지가 여러 개 있고, 쇼핑타운 1층에 넓은 주차장을 보유하고 있는 데다 마트와 카페, 식당 등이 함께 조성되어 있으니 이 카페를 오픈한 사장님의 쇼핑타운에 대한 기대는 남달랐을 것이다.

하지만 기대는 생각대로 실현되지 않았다. 쇼핑타운에 입점한 의류업체들이 백화점보다 부진한 경쟁력으로 고객을 끌어모으는 데 실패했고 대로변 건너의 신축 아파트 단지에서는 사람들이 잘 넘어오지 않았다. 아파트 단지 인근에 새로 생긴 상가들이 많았고 그곳도 유사한 카페가 들어섰기 때문이다.

결국 쇼핑타운은 가격경쟁력을 갖춘 마트 이용 고객들의 공간이 되어버렸다. 더 싼 물건을 구매하러 마트를 찾은 고객들은 카페에 들러 차를 마실 여유가 없는 사람들이 대부분이었다. 이런 상황이니 이 카페의 매출이 기대에 미치지 못한 것은 어찌 보면 너무도 당연한 일이었다. 저조한 매출에도 쉽게 카페를 정리하지는 못했다. 초기 투자금이 크기도 했거니와, 생계를 위해 차린 카페를 정리하면 다른 일자리를 찾아야 하는데, 투자금 회수가 되지 않았으니 새로 무언가를 시도하기도 두려웠기 때문이다.

저조한 매출을 붙잡고 수년을 운영하다 보니 매장은 낡아져 양도양수를 하고 싶어도 문의가 없었다. 상권을 잘못 판단한 것이 실수였다. 어떻게 해야 할지 묻는 사장님에게 상권 이전을 권했지만, 사장님은 상권 이전에 들이게 될 추가 투자비용이 부담이고, 이전한 곳에서도 매출이 나오지 않을까 두렵다고 했다.

나는 사장님이 매장을 폐점했을 때의 손해가 더 크다는 점을 설명하고, 상권 이전에 필요한 투자비가 다른 사업을 시작할 때 드는 투자비보다는 훨씬 더 적을 것임을 안내했다. 게다가 이미 한번 카페를 해보았으니 운영 면에서도 새로운 사업을 시도하는 것보다는 유리할 것이 틀림없었다.

결국 사장님은 이전을 결심하고 실행에 옮겼다. 카페의 설비와 집기를 가지고 대로변 건너편 신규 상가로 상권을 이전했다. 추가 투자비가 약 1억 원 이상 들었지만, 새로 오픈한 매장의 매출은 기존 대비 30% 이상 상승했고, 약 2년 후 초기에 투자한 투자비를 거의 그대로 회수하며 매장을 양도할 수 있었다.

　모든 장사가 그렇듯, 처음 시작하는 사람이라면 상권분석에 완벽할 수 없다. 사실 상권이라는 것은 보는 사람마다 관점이 다르고 접근 방식이 다르기에 보는 사람에 따라 좋게 보일 수도 있고 나쁘게 보일 수도 있다. 게다가 신규로 생겨나는 상권일수록 매출이나 고객 수 등의 데이터가 없으니 함부로 예측하기가 매우 어렵다. 최대한 많은 자료와, 최대한 객관적인 전문가의 의견을 종합해 창업할 상권을 결정한다면 실패의 확률을 낮출 수는 있겠지만, 어떤 수를 쓴다고 해도 무조건적인 성공을 보장할 수는 없는 것이 상권이다.

　카페 창업은 상권의 영향을 더 많이 받는 사업 중 하나이다. 다른 사업에 비해서 카페는 고객의 이용 목적에 따라 다양한 콘셉트로 분류될 수 있는데, 창업하려는 카페의 콘셉트에 따라 적합한 상권이 달라진다.

　예를 들어 내가 창업하려는 카페를 고객이 일상적으로 자주 이용하는 카페의 콘셉트로 만들려 한다면 주택가나 오피스상권에 입점해야 하겠지만, 넓은 공간에 포토 스폿 등을 설치해 멀리 있는 사람들이 찾아오도록 만드는 카페라면 교외의 한적한 상권에 입점해도 상관이 없다.

카페마다 추구하는 콘셉트나 방향성이 다양하기에 어떠한 상권에 어떠한 콘셉트를 구축하느냐에 따라 카페 고객의 이용 빈도와 매출이 확연히 달라진다. 카페가 상권의 영향을 많이 받는 사업이기 때문에 상권분석의 실패는 치명적 결과로 이어질 수 있다.

스스로 상권을 분석해 승산이 있다고 판단이 되어 창업했지만, 카페를 운영하다 보니 상권의 한계에 직면해 폐업의 수순을 밟게 될 것 같다면 빠르게 인정하고 이전을 검토해야 한다. 상권분석의 실패는 누구도 해결해 줄 수 없다. 실패한 상권에서는 아무리 발버둥을 치고 노력한다고 해도 큰 효과를 보기 어렵다는 뜻이다.

내가 구상한 카페가 맞지 않은 상권에 입점했다고 판단이 된다면, 여러 가지 행사와 마케팅에 비용을 투입해서 고객을 불러 모으기보다 서둘러 다른 상권으로 이전을 검토하는 편이 낫다. 상권을 판단하기에 앞서 카페를 활성화하고 고객을 끌어모으기 위한 다양한 마케팅 활동을 시도해 보는 것은 당연한 일이지만, 일정 기간 꾸준한 노력에도 불구하고 적정한 매출이 나오지 않는 상권이라고 판단된다면 폐업이나 양도양수와 함께 상권 이전도 검토해 볼 만하다.

앞의 예시와 같이 상권 이전이 신규로 사업을 시작하는 것보다는 투자금이 더 적게 들고, 이미 운영 면에서도 어느 정도 노하우가 쌓인 상태이기 때문에 유리하다. 게다가 기존의 매장과 멀지 않은 곳에 오픈한다면 그동안의 단골들을 그대로 데려올 수 있을지 모른다. 이왕 폐업까지 검토하고 있고, 폐업 후에 생계를 위해 할 수 있는 다른 일이 정해져 있지 않다면, 적극적으로 이전을 검토해 보는 것을 추천한다.

카페를 운영하는 사장이라면 우리 매장을 둘러싼 상권이 어떻게 변하고 있는지, 어디로 흘러가고 있는지도 면밀히 들여다보아야 한다. 한번 생성된 상권이 오랜 기간 유지되는 경우도 많지만, 인근에 다른 지역의 개발이 이루어지면 때때로 상권이 전혀 예상하지 못한 곳으로 흘러가 버리기도 하기 때문이다.

노련한 사장님들은 상권을 항상 예의주시하고 있다. 어디에 어떤 매장이 새로 생겨났는지, 어떤 매장이 폐업했는지, 유동 인구는 어디에 많은지, 어느 곳에서 와서 어디로 흘러가는지, 심지어 우리 매장 인근의 부동산 가격은 어떻게 변하는지까지 다양한 각도에서 상권을 수시로 분석하고 있다.

처음부터 상권에 영향을 받지 않는 유명한 카페를 창업할 수 있다면 행운이고 능력이겠지만, 아주 소수의 몇몇 카페를 제외하고는 그런 일이 쉽게 발생하지 않는다. 일반적인 카페라면 상권의 흐름에 따라 매출이 유동적으로 변하기 때문에 우리 매장의 매출이 조금 달라졌다고 판단이 된다면 점포 밖으로 나와 상권을 분석해 보도록 하자.

인근 부동산 사무소에 들어가 새로 생기는 업소들을 물어보거나, 붐비는 시간대에 점포 밖으로 나와 유동 인구가 어디로 흘러가는지 관찰하는 것만으로도 평소 알지 못했던 많은 정보를 알아낼 수 있다. 공부하듯이 꼼꼼하고 빡빡하게 분석할 필요는 없다. 평소에 조금씩 조금씩 관심을 두는 것만으로도 상권에 대한 이해를 높일 수 있고, 상권에 대한 이해도가 높은 점포라면 변수에 빠르게 대응할 수 있다. 변수에 얼마나 유연하게 대응할 수 있는지가 카페 생존 기간의 척도이다.

KEY POINT

상권을 계속해서 분석하고 관심을 기울이다 보면 우리 매장의 매출이 어떻게 변화할 것인지의 예측이 가능하고, 이러한 예측에 따라서 매장 운영의 주요 의사결정을 내릴 수 있다. 행사해야 할 타이밍이나 직원을 채용할 타이밍부터 가게를 정리하거나 이전을 해야 하는 타이밍까지, 모든 것이 매출 예측에서 시작되기 때문이다.

4

부동산만
믿지 마세요

　아파트들이 막 들어서고 있는 대규모 택지에 유일하게 지어진 상가가 있었다. 카페를 준비하던 사장님은 부동산 업체를 통해 이 상가의 자리를 소개받았다. 앞으로 이 상가 뒤편으로 3천여 세대가 더 들어올 예정이고, 뒤로는 대도시로 이어지는 도로가 뚫릴 예정이라 전망이 매우 좋다고 설명했다. 입주가 시작되면 이 주변에 다른 상가가 없기 때문에 이곳으로 상권이 몰릴 수밖에 없다고도 했다. 일단 자리를 선점해 카페를 열면 최소 5천만 원의 매출은 보장이 되고 임차료는 매출의 13% 수수료만 내면 되기 때문에 초반에 장사가 조금 덜 된다고 할지라도 걱정이 없다며 사장님을 설득했다.

　사장님은 부동산 업체가 제시한 5천만 원이라는 매출에 혹했다. 아파트는 다 지어지기도 전이었고, 같은 상가에도 입점한 매장이 몇 개 되지 않아 거리는 횅해 보였지만 사장님은 부동산 업체의 말을 철석같이 믿고 그 자리에 카페를 열었다. 결과는 어떻게 되었을까? 부동산의 말대로 5천만 원의 매출을 달성할 수 있었을까?

얼마 지나지 않아 입주가 시작되었고 업체의 말대로 초반에는 주민들이 이곳으로 몰려들었다. 지역 내에 유일한 상가이니 당연한 일이었다. 하지만 업체에서 제시했던 매출은 요원했다. 같은 상가에 서너 개의 카페가 더 들어섰고 상가의 주차장은 비좁아 카페 이용 고객들이 불편해했다. 게다가 이 상가 바로 옆의 부지에 또 다른 상가가 들어서고 그 상가의 1층에 대형 프랜차이즈 카페가 입점하자 사람들의 발길은 점점 더 잦아들었다.

설상가상으로 개발이 확정되었다던 도로는 알고 보니 언제 공사가 시작될지조차 모르는 상태로 남아있었다. 사장님은 그제야 부동산에 하소연하려 했지만, 이미 물은 엎질러진 후였고 되돌릴 방법은 없었다.

카페 사업을 오랫동안 하다 보면 이러한 안타까운 사례를 심심치 않게 접하게 된다. 누군가에게 좋은 자리라고 소개를 받아 시작한 카페가 자신의 의도와 다르게 흘러가면 그 자리를 소개해 준 사람이 아무리 믿고 따르던 사람이었다 할지라도 비난하고 욕하며 탓하기에 바빠지는 사장님이 종종 있다. 그렇게 탓을 해야만 자신의 실책이 조금이라도 정당화될 테니 이상한 일은 아니다.

하지만 최종 의사결정을 한 사람은 다른 누구도 아니고, 바로 사장이다. 아무도 사장에게 계약서에 도장을 찍으라 강요하지 않았다. 본인이 스스로 결정한 일이라면 모든 책임은 사장에게 있다. 설령 누군가의 거짓 정보로 잘못된 결정을 하게 됐다고 하더라도 모든 투자의 책임이 자기 자신에게 있다는 사실은 변하지 않는다. 누군가 좋은 자리라고 해서, 누가 이 자리에 하라고 해서, 누가 이곳에서 카페를 열면 이 정도의 매출이 나올 거라고 해서 카페를 창업했다고 말하고 다니는 사장이라면 카페가 잘 되고 잘되지 않고를 떠나서 카페를 책임질 준비가 되지 않았다고 본다.

카페라는 사업은 기본적으로 공간과 제품을 복합적으로 판매하는 곳이기 때문에 자리의 영향을 매우 크게 받는다. 심지어 같은 상가 안에서도 어느 호실에 입점했는지, 혹은 1층과 2층의 구조에 따라서도 매출은 변할 여지가 있다. 그래서 특히나 입지를 선정할 때는 다양한 방면으로 더 많은 자료를 확보해야 한다.

가장 기본적으로는 인근 부동산의 도움을 받는 것이 옳다. 하지만 부동산도 한 곳의 의견만 물어볼 것이 아니라, 여러 부동산에 들어가 저마다 다른 의견을 들어 공통된 사항이 무엇인지 확인해 보자. 비용이 들지 않는 선에서 다양한 업체에 의견을 받되 그들이 하는 이야기를 100퍼센트 신뢰하지는 않도록 주의하자.

카페를 희망하는 자리에 입점이 가능할 만한 프랜차이즈 브랜드가 있다면 해당 브랜드의 점포개발 담당자에게 자문하는 것도 방법이다. 브랜드 카페는 점포를 여러 개 운영하고 있고, 다양한 상권의 점포에서 발생하는 매출 데이터를 종합해 대략적인 예상 매출을 산출하기가 용이하다. 브랜드 카페에서 발생하는 매출을 참고해서 내가 구상하는 카페의 예상 매출을 분석해 보면 도움이 될 것이다. 소상공인시장진흥공단 상권정보시스템이나 통신사 위치정보 기반 분석시스템, 서울시 우리마을가게 상권분석 서비스 등 정부와 기업에서 제공하는 상권분석 시스템을 활용한다면 조금 더 세밀한 상권 분석이 가능하다.

다양한 정보를 수집하고 내용을 서로 크로스 체크해서 단편적 지식에 의존해 카페를 창업하는 일은 피해야 한다. 무엇보다도 가장 중요한 점은 원하는 입지를 직접 방문해 보고 주변의 유동 인구와 거주민의 생활 패턴을 꼼꼼히 살펴보는 것이다. 수치로 보이는 것과 눈으로 보는 것의 차이는 생각보다 매우 크다. 내가 파악한 수치가 과연 실현될 수 있는지, 그러한 수치가 나오는 배경에 특이할 만한 점은 없는지도 면밀하게 살펴보아야 한다.

투자에 있어서 개인적으로 믿는 철칙 두 가지가 있다. 하나는 자신이 아는 것에 투자하기이고, 다른 하나는 현재의 가치를 보고 판단하기이다. 무지한 상태로 투자하는 것은 도박이나 매한가지다. 적어도 투자하기 전에 내가 투자하는 곳이 어떠한 수익성을 가져다줄지는 스스로 판단할 수 있을 정도로 아는 곳이어야 하고, 미래의 수익성이 아니라 지금 당장의 수익성으로도 버틸 수 있을 정도여야만 한다.

　카페의 투자도 마찬가지이다. 적어도 내가 가끔은 들러서 볼 수 있는 곳, 내 생활 반경 안에서 쉽게 지나치는 곳에 카페를 차리는 게 가장 바람직하다. 그렇게 대충이라도 상권의 구성을 파악할 수 있는 곳이라면 허황된 계획으로 덤벼들 일은 없을 테니 말이다. 전혀 모르는 지역에, 전혀 모르는 상권에 카페를 차리려면 그만큼 많은 준비와 각오를 해야 하고, 미래의 가치가 아니라 현재의 가치를 보고 투자해야 한다. 앞으로 더 좋아질 상권이기에 투자를 감행하게 되면 매출이 안정화되고 그로 인해 수익이 좋아질 때까지 손해를 감당할 수 있어야 하는데, 많은 카페가 그러지 못하고 폐점하는 모습을 보아 왔다.

KEY POINT

어설픈 준비로 덤벼들기보다 시작하지 않는 편이 낫다. 누군가의 감언이설에 속아 거금을 들여 선뜻 카페를 시작하기보다는, 시간이 걸리더라도 조금 더 확실한 계획이 눈에 보일 때까지 카페 창업을 미루는 편을 추천한다.

5

프랜차이즈가 꼭
나쁜 건 아니다

　수도권 인근 중견 도시의 한 점포는 왕복 8차선 대로변에 위치한, 넓은 주차장으로 접근성도 좋고 넓은 공간으로 편의성도 좋은 대형 프랜차이즈 카페였다. 운영 기간 5년이 넘어가면서 주변 단골도 상당히 많아져 꾸준한 매출을 유지하며 안정적인 운영을 이어가는 것처럼 보였다. 하지만 사장님이 카페를 운영하는 동안 여러 방면에서 획득한 카페 사업의 정보를 통해 프랜차이즈 카페의 원가율이 개인 카페에 비해 높다는 사실을 알게 되면서 서서히 불만이 생기게 되었다. 사장님은 개인 카페로의 전환을 고민하면서 여러 사람을 만나 조언을 듣게 되었고 사장님의 고민을 도와주려는 사람들을 만나게 되었다.

　그중에 한 명은 스스로를 바리스타 겸 파티쉐라고 소개하며 자신이 직접 로스팅도 가능하고 케이크와 디저트도 개발할 수 있으니, 사장님을 도와 새로운 카페를 만들어 보겠다며 사장님에게 손을 내밀었다. 조력자가 생긴 사장님은 프랜차이즈 카페를 개인 카페로 전환하기로 했다. 프랜차이즈 카페보다 다소 매출은 떨어지더라도 원가율이 좋아질 테니 손익 측면에서는 비슷하거나 오히려 나을 거라고 판단했다. 하지만 사장님의 판단은 완벽하게 빗나갔다. 처음에는 개인 카페로 변했는지 모르고 사람들이 찾아왔다. 하지만 얼마 지나지 않아 사장님을 도와주던 조력자가 다른 사업을 이유로 매장을 떠나자, 카페에 제품을 책임질 수 있는 사람이 없어졌다.

게다가 사장님이 프랜차이즈 카페를 정리하려고 할 무렵 주변 상가에 국내 1위의 대형 카페가 오픈한다는 소문이 돌고 있었는데, 사장님이 개인 카페로 전환함과 거의 동시에 그 카페가 오픈했다. 엎친 데 덮친 격으로 개인 카페로 전환 후 3개월도 채 되지 않아 코로나가 전국을 강타했다. 카페의 매출은 80%가 하락했고 그때부터 사장님의 진정한 고난이 시작되었다.

타이밍이 좋지 않았던 점도 있지만, 만약 사장님이 프랜차이즈 카페를 운영하고 있었다면 그렇게나 심한 매출 하락은 피할 수도 있었을지 모른다. 국내 1위 카페가 인근에 입점하더라도 대형 프랜차이즈 카페라면 어느 정도 매출 하락을 방어할 수 있었을 테고, 코로나19 사태에도 해당 지역의 프랜차이즈 카페 매출은 배달의 증가 덕분에 큰 변동이 없었기 때문이다. 물론 장담해서 이야기하기는 어렵겠지만, 적어도 이 매장처럼 80%의 매출이 사라지는 일은 피할 수 있었으리라고 본다. 프랜차이즈 카페가 개인 카페보다 더 경쟁력이 있다고 피력하는 바는 아니다. 하지만 이 매장의 사례를 들여다보면 프랜차이즈 카페가 가진 안정성이라는 장점을 확실하게 파악할 수 있다.

프랜차이즈 카페를 운영하는 사람들 대부분은 카페 사업에 경험이 부족한 사람들이다. 경험이 부족한 사람들에게 운영에 대한 노하우를 전수함으로 보편적인 제품과 서비스를 고객에게 제공해 안정적인 매출을 확보할 수 있도록 도와주는 것이 프랜차이즈의 핵심이다. 그래서 프랜차이즈 카페는 한두 명의 직원에 의해 매장의 가치가 변경되는 일을 피할 수 있고, 경쟁 환경에서도 개인 카페에 비해 조금은 더 우위를 점할 수 있다. 코로나19와 같이 경제적, 사회적 위기의 상황이 오면 고객의 소비는 자연스레 검증된 곳으로 쏠리기 때문에 프랜차이즈 카페가 매출 하락을 방어하는 면에서 더 유리하다고 볼 수 있다.

개인 카페와 프랜차이즈 카페를 고민하는 분들에게 항상 조언하는 바가 있다. 자신의 역량이 충분하다고 판단되면 개인 카페를 하되 어설픈 자신감은 독이라는 사실을 기억하라고 말이다.

중국집이 몇 개 있는 동네에 새로운 중국집이 생겼다면 그 중국집을 차린 사람은 누구일까? 아마 기존에 있던 중국집의 주방장일 확률이 높다. 기존 중국집에서 홀 서빙을 하던 사람이 아니라 주방장이라는 사실에 주목해야 한다. 외식업에서 원천기술 즉, 제품을 생산할 수 있는 기본 기술은 반드시 주인에게 있어야 한다. 위 사례와 같이 개인 카페를 시작하려고 하면서 사장이 스스로 기술을 보유한 것이 아니라 직원에게 일을 맡기려고 한다면 이미 망하는 사업을 구상하는 것과 같다.

개인 카페의 사장이라면 스스로 커피와 디저트에 대한 기준과 실력을 갖추어야 한다. 베이커리 명장이나 바리스타 챔피언이 되어야만 카페를 운영할 수 있다는 뜻은 아니지만, 내가 운영하려는 카페의 콘셉트에 맞게 제품 품질을 일정한 수준으로 유지할 수 있을 정도의 기술력은 반드시 사장이 직접 가지고 있어야 한다. 사장이 기술력을 가지고 있어야 직원 한두 명이 그만두더라도 다른 직원을 가르쳐 카페를 계속 운영할 수 있기 때문이다. 스스로 기술력이 부족하다고 판단된다면 지금이라도 늦지 않았으니 배우고, 배운 것을 가르칠 수 있도록 제품 제조의 프로세스를 아주 정교하게 세우기를 바란다.

프랜차이즈 카페를 운영하며 쌓은 노하우로 개인 카페를 열어 성공한 사례도 있다. 강원도의 한 사장님은 오랜 시간 성공적인 프랜차이즈 카페 사업을 통해 카페 사업의 본질에 대해서 알게 되었다. 커피에 관한 관심을 꾸준히 발전시켜 본인만의 기준을 완성했고, 상권을 읽어내는 시야도 갖게 되었다.

스스로 자신감이 생기자, 목 좋은 자리에 개인 카페를 차렸고, 매끄러운 운영으로 고객의 사랑을 받는 카페로 자리매김했다. 이 사장님이 성공할 수 있었던 핵심은 바로 자기 자신이었다. 사장님 스스로가 카페에 관한 철학을 가지고 있고, 자신만의 기준을 구현할 수 있는 기술까지 가지고 있었기 때문에 좋은 카페를 만들어낼 수 있었다.

그렇게 되기까지 오랜 기간 카페 사업에 대한 이해를 꾸준히 늘려나갔고, 지속적인 관심이 결국 사장님 자신을 단단하게 만들었다. 개인 카페를 준비한다면 서두르지 않기를 바란다. 조금 더디다 싶을 정도로 서서히 자신의 카페를 준비하는 시간을 충분히 갖기를 바란다. 커피에 관한 관심과 더불어 카페 운영에 관해서도 관심 두기를 바란다. 단단한 카페를 만들려면 사장인 나 스스로가 단단해져야 한다.

KEY POINT

카페의 실무에 자신감이 부족하다면 개인 카페보다는 프랜차이즈 카페를 검토해 보기를 추천한다. 프랜차이즈 카페는 세분화된 업무 프로세스를 바탕으로 보편적인 제품의 품질을 추구하기 때문에 운영력 부족으로 인한 실패의 확률은 줄일 수 있다. 프랜차이즈 카페의 원가율이 다소 높은 것은 사실이지만, 프랜차이즈 업체가 가진 경험과 기술을 돈을 주고 구매한다고 생각하면 아주 터무니없이 비싼 가격은 아닐지도 모른다.

6

내 카페 건물에 문제가 생겼다

작은 지방 도시의 관공서 앞에 신규 택지가 조성되면서 상가들이 지어지기 시작했고, 새로 지어진 건물에 자리를 잡은 한 카페가 있었다. 상가를 지은 시행사는 인근 택지에 여러 개의 건물을 신축으로 짓고 있었는데, 건물 준공 초기부터 건물 임대를 활성화하려는 목적으로 1층과 2층을 아주 저렴한 가격에 카페 사장님께 임대하였다.

주변 상권이 제대로 들어서기 전이었지만, 저렴한 임차료와 성장 가능성을 보고 사장님은 투자를 결정했다. 신규 상권이라는 점을 감안한다면 장사 자체는 그리 나쁘지 않았다. 기대한 만큼의 매출이 처음부터 나오지는 않았지만, 시간이 가면서 입소문이 나자 인근의 관공서 직원들을 필두로 점심시간 고객의 방문이 이어지게 되었다.

　그런데 운영 일 년 정도 지나가는 시점에 건물에 문제가 생겼다. 건물을 지은 시행사의 자금 조달에 문제가 생겨 카페자리가 공매 물건으로 나온 것이었다. 공매는 세금과 같이 정부에 돈을 제때 내지 못했을 때 발생하는데, 공매가 뭔지도 몰랐던 사장님은 불안한 마음을 감추지 못해 전전긍긍하게 되었다. 사장님은 더 큰 사고가 일어나기 전에 서둘러 카페를 양도하기로 마음먹었다. 부동산과 컨설팅 업체에 문의하여 희망하는 양수자를 구한 사장님은 건물을 소유한 시행사 법인에 양도양수를 하겠다고 의사를 전달했다.

　그런데 건물 측에서 뜻밖의 대답이 돌아왔다. 현재 수준의 임차료가 적정하지 못해 수익이 나지 않으니, 양도양수를 하려면 임차료를 대폭 상승시켜야 한다는 대답이었다. 사장님뿐만 아니라 양수를 결정한 예비 사장님까지 매우 난감한 상황이 되어버렸다.

　사장님은 담판을 지으려 법인의 대표를 만났지만 법인 대표는 확고한 입장을 굽히지 않았다. 사장님이 법인에서 같은 금액의 권리금으로 카페를 양수할 것을 제안하자 법인은 원상복구 조항을 감면해 줄 테니 권리금 없이 매장을 인계하라고 역으로 제안했다. 사장님은 무척이나 황당했다. 눈 뜨고 코 베인다는 게 이럴 때 쓰는 말이 아닐까 싶었다. 결국 사장님은 양도양수를 포기해야 했고 지금까지도 건물에 또 다른 좋지 않은 상황이 발생할까 전전긍긍하며 운영을 이어가고 있다.

　건물에 이슈가 생기게 되면 자영업을 운영하는 임차인들이 할 수 있는 일이 별로 없다. 그저 이슈가 우리 매장에 별다른 손해를 끼치지 않고 지나가 주기를 바랄 뿐이다. 대출이 과한 집에 전세 세입자를 받기 어려운 것처럼, 이슈가 발생한 매장이라면 권리금을 받고 양도하기에도 어려울 수 있다. 그래서 많은 사장님이 내 건물에서 영업하고 싶어 하는지도 모르겠다.

　임대차 계약을 하기 전에 건물 소유주에 대한 조사를 조금 더 세밀하게 해야 한다. 건물을 소유한 개인이나 법인이 무리하게 사업을 확장하고 있지는 않은지, 자금의 흐름은 적정하게 유지되고 있는지, 건물에 근저당이 잡힌 내역은 없는지 등을 부동산 중개인과 함께 꼼꼼하게 확인할 필요가 있다. 이러한 확인만으로 미래에 발생할 건물의 문제 사항까지 예측하고 대비할 수는 없을지도 모르지만, 때로는 작은 관심으로 큰 화를 피할 수도 있기 때문이다.

　분쟁이 발생할 수 있는 사항들이 무엇인지 미연에 파악해 두는 일 또한 필요하다. 가장 기본적으로는 임대료와 관련된 분쟁이 있을 수 있다. 위 사례와 같이 건물 측에 자금 흐름이 좋지 않다는 이야기는 적정한 임대료를 받지 못했다는 뜻이다. 주변 시세와 달리 임차료가 너무 저렴하다면 적정한 임대료를 받지 못한 건물 측이 언젠가 임대료의 조정과 관련하여 분쟁 상황을 만들 수 있다고 판단함이 마땅하다.

권리금 또한 분쟁의 요소가 될 가능성이 크다. 건물주가 새로운 임차인과의 계약을 거부하고 자신이 직접 해당 자리에 사업을 하겠다고 나오면 기존의 임차인은 양도를 통해 확보할 수 있는 권리금을 거부당할 수도 있다. 이러한 사례는 보통 건물을 매각하는 과정에서 왕왕 발생하는데, 상가건물 임대차보호법을 제대로 알고 있지 못한다면 피해를 볼 수도 있는 상황이다.

시설물의 원상회복 의무도 분쟁의 사유가 되곤 한다. 대부분 계약서에 원상복구 조항은 빠지지 않고 들어가 있기 마련인데, 이러한 조항을 꼬투리 삼아 재계약이나 폐업을 어렵게 만드는 건물주가 있기에 주의해야 한다.

분쟁이 발생해 소송으로 가게 된다면 시간적으로나 감정적, 경제적으로 엄청난 손실이 발생하게 된다는 사실을 기억해야 한다. 일반인이 관련 법을 모두 이해하기는 어렵고, 설령 이해한다고 하더라도 스스로 법적 대응을 하기에는 무리가 있다. 기본적으로 소송을 진행하기 위해서는 변호사 선임비 등의 비용이 발생하고, 소송이 진행되어 결론이 나기까지 시간도 오래 걸리기 때문에 그동안 겪어야 할 마음고생은 오롯이 사장의 몫이다.

건물주와의 분쟁으로 소송을 결심하기 전에 상가건물임대차분쟁조정위원회의 도움을 받아보도록 하자. 대한법률구조공단이나 서울시 공정거래 종합상담센터, 한국부동산원 등에서 운영하는 이러한 분쟁조정위원회는 법적 소송을 진행하는 데 비해 상당히 저렴한 비용으로 건물주 혹은 분쟁 당사자와의 원만한 합의에 이를 수 있도록 도와주는 역할을 한다. 건물 측과의 분쟁이 발생하면 처음부터 소송을 생각할 것이 아니라 우선은 스스로 분쟁을 해결하기 위해 건물 측과 협상을 진행해 보고, 혼자서 역부족이라 생각이 된다면 분쟁조정위원회에 도움을 요청해 본 후, 그래도 문제가 해결되지 않을 것 같다고 판단되면 전문가의 도움을 받아 소송을 준비하는 수순을 밟아야 할 것이다.

자금이 넉넉해 내 건물에 카페를 차리면 좋겠지만, 대부분 카페가 그러하지 못하기 때문에 언젠가는 발생할지도 모르는 이러한 리스크를 항상 안고 살아간다. 그렇다고 생길지 안 생길지도 모르는 이러한 리스크가 두려워 사업을 포기할 필요는 없다. 카페를 운영하게 되면 이러한 문제가 발생할 수도 있다는 사실을 인지하고, 이러한 문제가 발생했을 때 어떻게 대처해야 할지 스스로 한 번쯤 계획을 세워보도록 하자. 건물 매각과 같은 이슈 사항은 우리가 컨트롤할 수 있는 부분이 아니다. 발생할 수 있는 리스크를 미리 걱정하기보다 일이 발생했을 때 어떻게 대응할지 구상할 수 있는 능력을 키우는 것이 무엇보다도 중요하다.

KEY POINT

건물에 생기는 크고 작은 문제는 점포 사업을 운영하는 카페 사장님이라면 받아들여야 하는 숙명과도 같다. 카페는 제품보다 공간을 판매하는 사업이기 때문에 자리와 환경에 투입되는 투자가 더 크고, 그만큼 이슈가 발생할 경우 받을 수 있는 타격이 크다.

7

내 사업에 카페도
겸해볼까?

강원도의 한 해수욕장 앞에 고급 펜션을 운영하던 사장님이 있었다. 서울에서 사업에 성공한 사장님이 휴양차 방문한 곳이 너무도 마음에 든 나머지 그곳에 자신의 별장 겸 펜션을 지어 운영하고 있었다.

훌륭한 건물 외관에 세련된 인테리어를 더해 펜션은 일 년 내내 예약이 끊이지 않을 정도로 금세 유명해졌다. 사장님의 펜션이 유명해지니 인근에 유사한 콘셉트의 고급 펜션들이 속속 지어지기 시작했다. 경쟁이 심화한 것이었다. 사장님은 어떻게 하면 경쟁 펜션들과는 차별화된 서비스로 고객에게 더 좋은 혜택을 제공할 수 있을지 그 방법을 계속해서 강구했다.

그러다 생각이 든 것이 카페였다. 펜션 고객들이 편하게 차를 마실 수 있는 공간을 1층에 만들어준다면 확실히 다른 펜션들과 차별화될 수 있을 것으로 생각했다. 1층 일부를 잘라 조그맣게 카페를 차리기로 결심하고 카페 프랜차이즈 업체 몇 곳을 컨택해 입점을 제안했다. 카페와 관련해서 아는 바가 전무했던 사장님이었기에 프랜차이즈 카페를 창업하는 편이 오픈과 운영에 더 유리하다고 판단해서였다.

카페 사업이 펜션과 시너지를 낼 것이란 사장님의 예상은 말 그대로 적중했다. 여행을 온 펜션 고객들이 입실 시간까지 기다리기 위해 멀리 돌아다닐 필요 없이 1층 카페를 이용할 수 있었고, 카페가 흔하지 않은 외진 상권에 위치한 펜션이라 이용 고객은 오로지 펜션 고객뿐일 거로 생각했지만 프랜차이즈 카페라는 이유로 사람들이 알음알음 찾아와 펜션이 더욱 많이 알려졌기 때문이다.

카페에서 바다로 이어지는 계단을 만들고 계단 옆에는 간이로 발을 씻을 수 있는 개수대도 설치했다. 그러자 가족과 연인 단위의 고객 방문이 눈에 띄게 늘어났고, 여름이면 펜션을 이용하지 않는 고객들도 카페에 들러 차를 마신 후 모래사장에서 시간을 보내곤 했다. 이에 더 나아가 사장님은 펜션 고객에 대한 서비스로 카페에서 조식 서비스를 제공했다. 당연하게도 고객의 만족도는 더더욱 높아졌고 펜션은 이제 예약이 어려울 정도로 고객의 방문이 줄을

이었다.

　다른 펜션에서는 경험할 수 없는 서비스로 인해 펜션의 확실한 차별화가 가능했을 뿐 아니라 카페 또한 독보적 경쟁력으로 성공적인 영업을 이어가 주말이면 항시 사람들로 북새통을 이루게 되었다. 시너지 효과를 확실하게 경험한 사장님은 일 년도 채 되지 않아 1층의 나머지 부분을 확장해 카페로 꾸몄다. 고객이 머물 수 있는 공간은 더욱 넓어졌고 매출은 계속해서 상승했다.

　카페가 그 자체만으로 제품과 공간, 서비스 면에서 스스로 경쟁력을 갖추고 그로 인해 고객을 꾸준히 유치할 수 있다면 금상첨화이겠지만, 때로는 자체적인 경쟁력의 한계를 보완하기 위해 다른 여러 요소를 결합해 시너지를 낼 방법을 찾기도 한다.

　조금만 관심을 가져본다면 사실상 카페와 시너지를 낼 수 있는 항목을 많이 찾아볼 수 있다. 위 예시와 같이 숙박업소에서 카페를 운영하는 경우는 쉽게 찾아볼 수 있는데, 최근에 생겨나는 대형 리조트에는 대부분 카페가 입점하는 것만 봐도 알 수 있다. 밥집을 운영하는 사장님이 카페를 함께 운영하면서 밥집을 이용한 고객들에게 커피를 할인해 판매하기도 한다. 유명 식당 근처에서 쉽게 카페를 찾을 수 있는 이유이다. 이러한 사업체를 운영하고 있고 운영하는 사업체의 경쟁력을 높이고자 한다면 카페 창업을 고민해 보아도 좋다.

혹은 카페를 창업하기 전이라면 창업하려는 곳의 주변에 카페 사업과 시너지를 낼 가능성이 있는지도 확인하기를 바란다. 내가 운영하는 사업체가 카페와 시너지를 낼 수 있으면 좋겠지만, 그렇지 않다고 하더라도 꾸준히 손님 모으기 역할을 할 만한 장소가 있다면 얼마든지 시너지 효과를 볼 수 있다.

한 카페는 대형 교회의 1층에 입점했다. 이 매장은 창업하기 전에 교회에 다니는 신도들의 수와 예배 주기 등을 꼼꼼하게 분석하고, 직접 해당 교회에 신도가 되어 카페 창업 전부터 단골을 만들기 시작했다. 카페 창업 후에는 교회 공금의 권한을 가지고 있는 주임 목사와 친분을 만들어 교회의 크고 작은 행사에 카페를 연관 지어 꾸준히 매출을 키워나갔다. 카페 스스로의 경쟁력이 성공의 핵심이긴 하지만 경쟁력에 더해 사람의 발길을 끌 수 있는 기회를 찾을 수 있다면 훨씬 더 안정적인 운영과 매출이 가능해진다.

위 사례는 극단적으로 효과가 긍정적인 케이스일지도 모른다. 좋은 자리에 펜션을 오픈했고 펜션이 잘 되는 타이밍에 카페를 오픈해 두 사업체 간에 시너지가 일어날 수 있었다. 하지만 모든 사업이 카페와 시너지를 내지는 못한다. 의외로 자신의 사업체와 함께 카페를 운영해서 더 큰 매출을 만들어 볼 요량으로 카페 창업을 결심하는 경우가 많지만, 많은 카페에서 생각처럼 효과를 거두지는 못한다.

유명한 밥집 옆으로 작은 테이크아웃 카페를 오픈한 한 사장님은 본인의 생각처럼 고객이 카페를 찾지 않자 카페의 운영을 포기했고 결국 가게 한편의 카페는 흉물처럼 남아있게 되었다. 이 정도라면 사실상 카페는 실패한 것이고, 흉물스러운 카페의 모습이 식당 이미지에도 좋지 않은 영향을 미친다는 점을 생각해 보면 차라리 카페를 차리지 않는 편이 나았을 것이다. 시너지의 핵심은 역설적으로 각각의 사업체가 가진 개별 경쟁력에 있다. 아무리 서로 시너지를 낼 수 있는 상관관계에 있다고 하더라도 각각의 사업체가 자체적으로 경쟁력을 확보하지 못했다면 시너지를 기대할 수 없다. 유명한 밥집 옆에 오픈한 테이크아웃 카페가 잘되지 않는 이유이다.

KEY POINT

카페의 경쟁력은 단순히 제품만이 아니다. 제품은 기본이고 공간과 분위기에 서비스까지 카페가 그 자체로 나름의 경쟁력을 충분히 가지고 있어야 고객을 유입시킬 수 있고, 이에 더해 업종 자체의 경쟁력으로 고객을 꾸준히 유치할 수 있어야만 서로 시너지가 난다. 단순한 생각으로 내 사업체에 카페 하나를 차리면 여러모로 쓸모가 있을 것 같아 카페를 차리는 어리석은 일은 저지르지 않기를 바란다. 카페로 시너지를 내기 위해서는 카페에 대해 더 잘 알아야 하고, 더 많은 준비가 필요하다.

8

폐업도 타이밍이 중요하다

충청도 지방의 한 작은 도시에 대형 호수가 있었다. 뛰어난 일몰 풍경을 자아내는 호수는 이미 지역 사람들에게 유명했지만, 이곳에 출렁다리가 생기자 한산했던 도시로 사람들의 발길이 이어졌다. 자연스레 호수 주변으로 크고 작은 카페들이 하나둘 들어서기 시작했고 이 지역 주민들뿐 아니라 이곳을 방문하는 관광객들에게도 명소로 알려져 갔다.

이 호수 근처에서 모텔을 운영하던 사장님은 지역이 점차 명소가 되어가자, 건물을 리모델링하고 1층과 2층은 유명 파티쉐를 초빙한 베이커리 카페로, 3층부터 5층은 호텔 객실로, 6층과 7층은 전망대로 꾸몄다. 오래된 건물이었던 모텔이 호텔로 바뀌고 1층과 2층에 멋진 뷰를 감상할 수 있는 베이커리 카페가 들어서자, 사람들의 관심을 받아 성공적으로 자리를 잡았다. 리모델링한 호텔 사업이 호황을 이루자, 사장님은 본관 옆으로 신관을 증축하고 본관과 마찬가지로 신관에도 카페를 차리기로 했다.

그런데 두 번째로 도전한 카페는 예상과는 전혀 다른 방향으로 흘러갔다. 베이커리 카페에서의 단점으로 꼽혔던 커피 전문성을 보강하기 위해 두 번째 카페는 프랜차이즈를 선택했는데, 바로 옆에 베이커리 카페가 있으니 새로 생긴 프랜차이즈 카페로 고객의 유입이 저조한 데다가 유명한 관광지로 변모하는 호숫가에 저마다 개성 있는 카페들이 속속 생기기 시작하자 프랜차이즈 카페가 가진 장점이 충분히 발휘되지 못했다. 처음 3개월의 매출을 지켜보던 사장님은 과감한 결정을 내렸다. 초기의 투자비를 고려하지 않고 업종을 전환하기로 말이다.

프랜차이즈 카페였기 때문에 대략 3억 원이 넘는 금액을 인테리어와 시설비로 투자했지만, 초반의 매출 추이를 보았을 때 수지가 맞지 않는다고 판단이 되자 지체하지 않고 매장을 경양식 레스토랑으로 바꾸었다. 주변에 카페가 많아져 경쟁은 치열해졌지만 밥을 먹을 수 있는 식당은 부족하다는 판단에서였다. 주변에서는 사장님에게 투자비가 아깝다며 만류했지만, 사장님은 2~3개월의 매출만 보고도 자신만의 손절 타이밍을 정확하게 고수했다.

카페의 지속 여부를 결정하는 가장 주요한 지표는 다름 아닌 매출이다. 한 카페의 전략 방향이나 모든 의사결정 사항은 매출에 좌우된다. 매출의 증감에 따라 원재료의 발주, 인력의 사용, 수익의 정도 등 매장 운영 전반에 걸친 사항들이 변경되기 때문이다. 궁극적인 의사결정은 매장의 손익이 되겠지만, 기본적으로 매출이 있어야만 손익도 있다. 그래서 카페의 사장이라면 매출의 변화를 어느 무엇보다도 예의 주시해야 한다.

지금 당장의 손익은 부진하다 하더라도 매출이 높다면 관리를 통해 수익은 개선될 수 있다. 하지만 매출이 부진하다면 아무리 관리를 잘한다고 하더라도 수익이 개선될 가능성이 작다. 물론 미래의 시점에 매출이 획기적으로 개선될 가능성이 보인다면 그때까지 조금 더 버텨 볼 수도 있다. 하지만 특이한 상황이 발생하지 않는 이상 사람의 힘으로 끌어올릴 수 있는 매출은 현재 수준의 10~15% 범위 내외이다.

카페를 운영하기에 적정한 매출인지를 판단하려거든 미래의 매출이 아닌 현재의 매출을 기준으로 판단하기를 바란다. 창업 초기에는 당연히 매출이 저조할 수 있으니 너무 비관적일 필요는 없지만, 운영 시작 1년이 넘어가는 시점에도 매출에 변화가 없고, 현재까지의 평균 매출을 기준으로 15%가 오른다고 가정했을 때도 수익성이 기대에 미치지 못한다면 빠르게 손절할 타이밍을 잡아야 한다.

안타깝게도 모든 카페가 성공하지 않는다는 사실은 잘 알고 있으리라 믿는다. 성공하는 카페가 있는가 하면 망하는 카페도 있기 마련이다. 잘못된 판단으로 적절하지 않은 카페를 오픈했다면 기대했던 매출이 나오지 않을 가능성이 높고, 기대하는 매출이 나오지 않는다면 원하는 수익을 창출하기 어렵다. 이처럼 기대 수익이 달성되지 않는다면 빠르게 의사결정을 해야 한다.

대부분의 카페 사장님이 카페를 시작하는 일에 모든 신경을 집중해서인지 사업을 어떻게 끝맺을 것인지는 고민하지 않는다. 물론 카페를 준비하면서 생기게 되는 높은 기대감이나 긍정적 사고방식을 잘못된 거라 말하는 바는 아니다. 하지만, 성공적인 카페 창업에 너무 들뜬 나머지 현실을 직시하지 못하는 상황을 만들어서는 안된다. 시작이 있으면 끝도 있는 법이다. 카페를 창업했다면 어떻게 카페를 폐업할 것인지도 고민해야만 한다.

카페와 작별하는 방법은 크게 두 가지이다. 폐업하거나 양도양수를 하는 방법이다. 우리 매장의 매출이 기대에 미치지 못해 임차료 비율이 30%를 넘는다거나 그로 인해 수익성이 좋지 않아 마이너스의 손익이 발생한다고 하면 이는 폐업을 고려해야 한다는 의미이다.

반면 수익성이 좋지는 않지만, 운영적인 변화를 통해 개선할 여지가 있어 보인다면 양도양수를 고민하는 편이 옳다. 쉽게 말해 사장이 직원을 써가며 운영하는 카페라 기대 수익을 내지는 못하지만 부부 혹은 가족이 운영하는 방식으로 바뀌었을 때 수익성이 개선된다고 하면 이는 양도양수가 가능한 카페라고 보아도 무방하다.

물론 양도양수를 먼저 시도해 보고 폐업을 결정하는 게 일반적인 순서이지만, 적어도 내 카페가 양도양수가 가능한지를 가늠해 볼 기준은 알아두어야 한다. 양도양수가 가능하지 않은 상황의 카페를 투자금이 아깝다는 이유로 붙들고만 있다면 기회손실을 막을 수 없다. 답이 나왔다고 판단이 되면 빠르게 의사결정을 해서 다른 기회를 노리는 것이 투자의 정석이다.

KEY POINT

카페를 지금과 같이 계속해서 운영해 나갈지, 양도양수를 통해서 매장을 인계할지, 그도 아니면 카페를 폐업할지 빠르게 결정해야 한다. 카페를 창업하는 과정과 준비도 중요하지만, 카페를 어떻게 정리할 것인지 고민하는 일도 그에 못지않게 중요하다.

9

건물주와 관계를
유지하라

서울의 한 카페였다. 유흥가와 일반 상업 지구가 함께 공존하는 상권에 위치한 이 카페는 아주 살짝 반지하라는 이유로 넓은 공간에도 불구하고 저렴한 임차료가 장점인 곳이었다. 낮에는 상업 지구를 이용하는 사람들과 인근 주민 중 학생들이 주로 매장을 방문했고, 밤이 되면 유흥가에 놀러 온 고객들로 붐비는 소위 말하는 목 좋은 곳에 자리 잡은 카페였다.

목 좋은 곳에 넓은 카페를 오픈했으니, 매출이 꾸준히 상승하는 건 당연했고, 학원을 경영하시는 사장님이 오토로 운영하기에도 수익성이 나쁘지 않았다. 운영 4년 차가 지나가면서 사장님은 가구와 인테리어가 서서히 노후화된다고 느꼈다. 매출이 잘 나오고 있고 손익도 나쁘지 않으니 조금 더 투자해서 매장을 리뉴얼할 계획도

세웠다. 매장의 리뉴얼을 위해 건물 측과의 계약이 조금 더 연장될 필요성을 느낀 사장님이 건물주를 찾아갔다.

그런데 건물주에게서 뜻밖의 이야기를 듣게 되었다. 계약 기간이 이제 1년여 정도밖에 남지 않았는데 자신이 직접 그곳에 카페를 운영하려고 계획하고 있으니 나가달라는 것이었다. 청천벽력과도 같은 통보였다. 임대차 보호법상 10년이 보장되기 전인 2017년도의 일이라 법적인 보호 조치도 받기 어려운 때였다. 사장님은 앞이 막막해졌다. 그동안의 영업 수익으로 투자금은 모두 회수했다고 해도 지금까지 만들어온 내 카페를 고스란히 빼앗기는 것만 같아 분통이 터졌다. 하지만 그렇다고 달리 손쓸 방법이 없었다.

건물주는 서울 강남에서 내로라하는 부자였고, 그런 사람과 소송을 통해서 시비를 가리는 것 자체가 부담이었기 때문이다. 사장님은 울며 겨자 먹기로 일정 수준의 권리금을 받고 건물주에게 넘기기로 마음먹었다. 하지만 건물주는 권리금을 줄 생각이 없었다. 권리금 이야기를 꺼내는 사장님에게 건물주는 원상복구 조항을 들어 협박을 해왔다. 지금의 카페 자리는 이전에 은행이었는데, 반지하의 단점을 보완하고자 통창을 설치했고 은행일 때 있었던 벽체를 허물었기 때문에 이를 전부 원상으로 복구하는 명목으로 권리금 이상의 거액을 물어내라고 말이다. 사장님에게 선택권이란 원상복구를 하고 폐업하느냐, 모든 시설 설비를 그대로 두고 폐업하느냐였다.

원상복구 조항으로 인해 피해를 보는 사례가 예상보다 많다. 일반적으로 원상복구는 철거 수준이지만, 나쁜 마음을 품은 건물주라면 가장 악하게 사용할 수 있는 무기가 원상복구이다. 원칙적으로 본다면 원상복구는 매장의 모든 상태를 원래의 모습으로 돌려놓는 것이기 때문이다.

임대차 계약을 실행하기 전에 원상복구 조항에 대해 협의한다고 해도 원칙적으로 따지고 들면 임차인에게 절대적으로 불리하다. 세상이 바뀌어도 갑과 을의 관계는 존재하고 대부분 분쟁의 상황에서 임차인이 을이 되기 때문이다. 그 때문에 임대인과의 관계는 항시 원만하게 유지하고자 노력해야 한다. 대부분의 카페 사장님이 이 사실을 머리로는 알고 있지만 실제로 어떻게 노력해야 하는지는 알지 못한다. 딱 정해진 방법이 있지는 않지만, 기본적으로 좋은 관계를 유지하는 방법은 잦은 노출이다.

주기적으로 안부 인사를 묻는 것만으로도 관계 형성에 도움이 될 때가 많다. 혹시 매장에 자주 방문하는 건물주라면 지나치지 않은 선에서 대접하는 것도 필요하다. 건물주의 비위를 맞추기 위해 노력하라는 의미는 아니다. 방법이야 어찌 되었든 간에 좋은 관계를 위한 노력이 필요하다는 뜻이다. 건물주의 요청에 사사건건 반기를 들거나 원칙대로만 대하려 한다면 결국 손해 보는 쪽은 언제나 임차인일 확률이 높다. 웃는 얼굴에 침 뱉을 수 있는 사람만 아니라면 언젠가 좋은 관계가 효과를 볼 날이 올 것이다.

건물 계약과 관련해 분쟁의 소지가 있다고 판단된다면, 아니 당장은 그렇지 않다고 하더라도 언젠가 발생할 분쟁을 대비해서 항상 백업 플랜을 가지고 있어야 한다. 카페 사업에 있어서 백업 플랜은 결국 점포의 이전이다.

건물의 재계약이 원만하게 진행되지 않을 가능성이 있다면 인근 상권에 다른 상가로의 이전을 검토해야 한다. 건물주와 사이가 틀어지거나 계약이 원만하지 않게 마무리될 때는 인근 상가로 매장을 옮겨 단골은 유지하되 새롭게 시작하겠다고 결심할 수 있어야 한다. 언제 있을지 모르는 이러한 상황을 대비하기 위해서 우리 매장 인근의 상가 임대 상황과 임차료 현황을 유심히 지켜보면 도움이 된다. 물론 인테리어 공사에 추가 투자비가 들기는 하겠지만, 호의적이지 않은 건물주를 피하는 것만으로도 투자의 가치는 충분하다고 본다.

물론 이전을 검토하기 전에 건물주와의 원만한 협의를 유도하는 편이 몇 배는 더 중요하다. 적정한 권리금을 받을 수만 있다면 건물주에게 카페를 양도하는 방법도 사용할 수 있는 무기 중 하나이다. 최근에는 상가 임대차 보호법이 임차인에게 유리한 쪽으로 계속해서 개정되고 있으니, 분쟁의 상황에 놓이게 되면 전문가의 도움을 받는 것 또한 검토해 볼 수도 있다.

KEY POINT

건물주와 원만한 관계를 유지해서 오랜 기간 매장을 운영하는 것이 가장 좋은 해결책이다. 하지만 자의든 타의든 그렇지 못한 상황이 발생하기 마련이니 사전에 이 점을 숙지하고 대응할 방법 하나 정도는 마련해 두도록 하자.

10

공간확장이 필요한지 고민하라

유흥가와 상업 지구가 밀집한 중심 상권의 한편에 카페가 있었다. 중심 상권에 위치함에도 불구하고 주요 먹자골목과는 조금 거리가 있어 오픈 초기부터 사람들이 몰려들지는 않았지만, 점차 사람들에게 알려지기 시작하면서 1년 정도가 지난 후부터는 꾸준히 손님이 찾아와 안정적인 매출이 발생하는 그런 카페였다. 좋은 자리에서 장사를 시작했으니 어쩌면 당연한 일이었을지도 모른다.

하지만 매출이 안정되고 나서 보니 주말이면 60여 평의 적지 않은 크기임에도 좌석이 모자라 돌아가는 손님이 종종 발생했다. 카페에서 서비스를 못받고 돌아가는 손님들을 보며 사장님은 마음이 아팠다. 돌아가는 손님들을 받아 줄 공간만 있다면 더 높은 매출이 가능하겠다는 고민을 이쯤부터 했던 것 같다. 그러던 와중에 건물

측으로부터 제안이 왔다. 2층에 미용실이 있는데 잘되지 않아서 월세가 더 낮은 3층으로 이전할 예정이니 2층을 카페로 확장하지 않겠느냐는 것이었다.

사장님은 기다렸다는 듯이 제안을 수락했다. 인테리어와 가구 설치 비용이 1억 원 남짓 들었지만, 그로 인해 상승할 매출과 이익의 효과가 더 크다고 판단해서였다. 사장님은 1층과는 조금 다른 콘셉트로 2층을 꾸미려는 생각으로 고민했다. 매장이 좁아서 놓지 못했던 반 밀실 형태의 커뮤니티 룸과 스터디 테이블을 2층에 만들어 카공족과 회의가 필요한 고객을 위한 공간으로 꾸몄고, 1층의 의자와 탁자 일부를 2층으로 옮기고 대신 그 자리에는 편안한 소파를 배치해 아이를 동반한 고객을 배려했다.

이처럼 다양한 공간으로 매장을 정리하자 사장님의 기대와 같이 매장의 이용 고객이 눈에 띄게 늘어났다. 우선 그동안 다른 고객과 직원의 눈치 때문에 이용하지 못했던 카공족이 늘어났고, 독립된 공간에서 자유롭게 회의하거나 모임을 하는 고객의 방문 또한 증가했다. 평일 낮에 1층은 아이를 데려온 여성 고객들의 공간이 되었고, 저녁이면 식사를 마치고 차를 마시러 온 고객들로 붐비게 되었다. 매출은 40% 이상 증가했고 몇 개월 지나지 않아 투자비를 모두 회수할 수 있었으니 성공한 사례라 할 수 있다.

카페를 수학적으로 접근하는 사람들의 큰 실수 중 하나가 단위 면적당 매출을 계산해서 적은 평수로 큰 매출을 기대한다는 점이다. 작은 매장에서 더 많은 매출을 만들어낸다면 임차료를 포함한 모든 비용이 적게 들어갈 테니 당연히 효율적이라 할 수 있지만, 사실상 카페의 매출은 이론처럼 흘러가지 않는다.

　　상권에 따라서는 작은 매장에서도 큰 매출을 만들 수 있겠지만 기본적으로 카페는 공간을 판매하는 사업이다. 설령 테이크아웃을 전문으로 하는 카페라 할지라도 단순히 제품만으로 카페의 가치를 모두 보여줄 수 없는 것이 카페 사업의 현실이다. 아무리 브랜드가 좋고 콘셉트가 확실하다고 할지라도, 공간적 여유가 없다면 고객은 카페의 가치를 느끼지 못할 가능성이 크다. 사실 고객은 좁은 공간에서 나누는 대화를 카페의 사장님이 모두 들을 수 있는 곳이라면 그 카페를 자주 이용하지 않을 가능성이 높다. 고객은 언제나 카페 직원의 눈을 피해 숨으려는 습성을 가지고 있고, 그래서 항상 매장의 사각지대부터 좌석이 채워져 나간다.

　　매장에 사각지대가 많아지려면 그만큼 더 큰 공간이 있어야 하고, 사각지대에서 직원의 눈치를 보지 않을 수 있는 매장을 고객은 더 편하게, 더 자주 방문할 수 있다. 그래서 카페를 창업하려는 사람들은 조금이라도 더 좋은 자리에, 조금이라도 더 넓은 곳에서 카페를 꾸미려 발품을 팔아 숱한 상가들을 검토하고 또 검토한다. 카페에서 공간이 차지하는 비중이 그만큼 크다는 의미이다.

설령 저가형 카페를 창업한다고 해도 공간적 우위를 차지해야 함은 변함이 없다. 경험적으로 대형 카페 인근에 저가 카페가 규모 있게 차려지면 대형 카페 매출을 상당 부분 빼앗아 오는 듯했다. 제품과 가격의 경쟁력에 공간적 우위까지 확보할 수 있다면 고객이 방문하지 않을 이유가 없기 때문이다. 카페를 창업하고자 하는 상가를 여러 개 방문해 보았고 유사한 조건의 상가들 사이에서 고민이라고 한다면 단층으로 큰 공간을 추천한다. 고객은 넓은 공간에서부터 카페의 가치를 판단하기 때문이다.

내가 운영하는 카페의 공간이 다소 아쉽다고 판단된다면 공간의 확장을 적극적으로 검토해 보기 바란다. 단골이 늘어나 안정적으로 매출은 일어나지만, 방문하는 고객을 모두 소화할 수 없다고 판단되면 더욱 그래야 한다. 일시적으로 병목현상이 발생하는 경우라면 굳이 그럴 필요는 없겠지만, 지속적으로 고객의 이용이 제한되는 느낌을 받기 시작한다면 확장을 검토해 볼 만하다. 대부분의 경우에 점포 확장에 필요한 투자비에 비해 확장을 통한 수익성이 훨씬 더 높기 때문이다.

내 가게 옆 칸 혹은 위 칸으로 매장을 확장할 수 있는지 알아보자. 때로 어떤 매장은 몇 칸을 건너뛴 곳에 별관을 만들기도 하고,

심지어는 1층의 매장을 4층에 확장하기도 한다. 확장을 고민할 때 매장이 연속성을 가지고 있다면 좋겠지만, 여건상 그렇지 못하다고 하면 별관을 운영하는 방법도 고민해 볼 만하다. 단, 별관을 운영한다고 하더라도 고객이 제품을 받아 이동할 거리까지 감안되어야 한다. 1층에서 제품을 받아 3층 혹은 4층으로 이동해야 한다면 반드시 엘리베이터가 있어야 하고, 별관이 건물 밖에 있다면 제품을 가지고 이동하는 동안 비를 맞지 않을 수 있는 환경을 만들어주어야 한다. 혹시라도 별관까지 제품을 받아 이동할 수 없는 구조일 것 같다면 별관의 개념이 아니라 주문부터 제품 수령까지 모두 분리되는 분점의 개념으로 운영해야 할지도 모른다. 확장이 필요하다고 판단은 되지만 공간이 절대적으로 부족하다면 이전도 고민해 보아야 할일이다. 어떤 형식이든 더 많은 고객이 매장을 이용함에 불편이 없게 하겠다는 생각으로 고민한다면 방법을 찾을 수 있을 것이다.

KEY POINT

확장을 검토하려면 적정한 기준이 있어야 한다. 우선은 안정적으로 매출이 발생하고 있는지 확인해야 하고, 공간적 한계로 인해 고객의 방문에 불편함이 있는지도 파악해야 한다. 매장을 확장했을 때 어느 정도로 매출이 상승할지도 예상해 보아야 하는데, 확장 시에 늘어날 좌석 수를 계산해서 기대 상승 매출을 예측하고, 그로 인해 발생하는 수익금으로 추가 투자금을 얼마 만에 회수할 수 있는지도 판단해 보아야 한다.

이때, 투자 회수 기간을 최초 투자비와 함께 계산하기보다는, 증가한 수익으로 추가 투자금을 어느 정도 기간 안에 회수가 가능한지를 보고 결정하는 편이 좋다. 경험적으로 확장을 위해 추가로 투자되는 비용이 신규 창업에 비해 훨씬 저렴했고, 매출 상승의 폭은 더 넓어서 투자비 회수에 유리했다. 고객 만족의 측면과 아울러 투자 수익성 측면에서도 확장이 유리할 수 있고, 매출 한계를 극복하기에도 좋은 수단이니만큼 가능성이 있다면 적극적으로 타진해 보기 바란다. 획기적인 매출 상승을 위해서는 획기적 변화가 필요한 법이다.

11

카페 2호점 만들기

작은 도시에서 카페를 운영하던 사장님이 있었다. 카페 운영에 대해 전혀 모르는 상태에서 사업에 도전했고 아이 둘을 뒷바라지하면서 카페를 운영하느라 자리를 잡는 데까지 여러 해의 시행착오를 겪어야만 했다. 3년 정도 지나자 점차 카페의 운영에 대한 이해도가 높아지기 시작했고, 직원들에 대한 의존도도 상당히 줄일 수 있게 되었다. 그런데 이 카페에서 차로 약 5분 거리에 있는 상가 건물 1층에 대형 카페가 들어온다는 소식이 들렸다. 어느 누가 봐도 좋은 자리였고 언제든 카페가 들어올 수 있는 자리였다. 사장님은 걱정이 되기 시작했다. 이제야 비로소 카페가 자리를 잡은듯싶었는데 경쟁사가 생긴다고 하니 긴장되는 게 당연했다. 사장님은 어떻게 대응해야 할지 고민했다.

그런데 부동산에서 연락이 와서는 걱정하는 그 자리에 사장님이 직접 카페를 차리면 어떠냐는 제의가 들어왔다. 어차피 카페가 들어올 자리이고 애매한 카페가 들어올 바에는 사장님이 운영하는 건실한 카페가 들어오는 게 건물주 입장에서는 유리하다고 판단해서였다. 여러 해 동안 카페를 운영하며 카페의 수익구조와 운영 방식을 잘 알고 있는 사장님은 상가의 보증금과 임대료 등을 파악해보고는 가능성이 있다고 판단해 2호점을 차리기로 했다. 기존 카페가 입소문이 나면서 좌석이 부족한 점도 있었고, 새로 차리는 카페의 상권이 기존과 조금은 달라서 새로운 고객을 만들어 낼 수도 있을 거란 생각에서였다. 게다가 기존 카페와는 달리 새로 검토하는 카페에는 큰 주차장이 마련되어 있어서 차를 가지고 찾아오는 손님들을 소화할 수 있을 거라 예상했다.

2호점의 오픈 준비는 처음 카페를 차릴 때보다 훨씬 더 매끄럽고 자연스럽게 진행되었다. 오픈을 준비하며 인테리어를 계약하는 일부터 직원을 채용하고 교육하는 일까지 한번 경험해 본 일이었기에 능숙하게 일을 처리했다. 2호점의 준비는 순조롭게 진행되어 일정에 맞춰 오픈할 수 있었고 사장님은 오픈과 동시에 밀려드는 손님들로 두 매장을 오가며 바쁜 일상을 보내야 했다. 2호점 오픈 초반에는 1호점에 거의 신경을 쓰지 못했지만, 1호점에는 자신을 대체할 수 있는 직원들을 심어두었기에 걱정하지 않아도 됐다. 시간이 흐르면서 지역 내에 소문이 퍼지자 2호점뿐만 아니라 1호점을 찾는 고객들도 더 많아졌다. 1호점과 2호점이 서로 경쟁하며 서로의 고객을 빼앗은 것이 아니라 오히려 두 매장을 경험한 고객의 만족도가 높아져 충성고객이 더욱 늘어났다. 처음 몇 개월은 두 매장을 돌보느라 정신없이 바쁜 일상을 보내야 했지만, 두 매장이 모두 자리를 잡고 나니 사장님의 관여도가 크게 줄어들 수 있었다.

카페와 같은 점포 사업의 최대 위기는 경쟁 카페의 입점이다. 내가 운영하는 카페 옆으로 유사한 카페, 혹은 더 프리미엄급의 카페가 입점한다고 하면 사실상 고객을 빼앗길 상황을 걱정하지 않을 수 없다. 인근에 새로 생기는 카페가 있다면 호기심 많은 고객을 일정 기간 빼앗기는 일은 어지간한 경쟁력이 아니고서야 피할 수 없을지도 모른다.

카페를 운영하며 어느 정도 자리를 잡았다고 판단이 선다면 경쟁에 대응하기 위해서라도 몸집을 더욱 키울 필요가 있다. 내 카페 인근에 심각한 위험이 될 것 같은 자리가 나왔다고 하면 내가 직접 그 자리를 차지하면 어떨지 검토해 보도록 하자. 하나보다는 둘이 둘보다는 셋이 싸움에 유리한 게 당연하다. 어차피 어떤 카페든 들어올 자리라고 판단되면 내가 차려버리는 편이 낫다.

2호점은 카페를 운영하는 많은 사장님의 바람이다. 내 카페의 운영이 잘 되어서 분점을 낸다는 상상만으로도 기분이 좋아지니 말이다. 하지만 2호점을 검토하기에 앞서 기억해야 할 사실이 있다. 하나부터 제대로 해야 한다는 점이다. 많은 사장님이 분점을 차리고 싶어 하지만 성급하게 덤벼들었다간 큰 손해를 피할 수 없다. 분점을 차리고 싶거든 지금 내 카페가 잘 굴러가고 있는지부터 파악해야 한다.

카페가 잘 굴러간다는 말의 의미는 내가 지금 당장 이 카페에서 빠진다고 해도 운영에 지장이 없고, 수익성도 보장이 된다는 뜻이다. 내가 카페에서 빠졌을 때 운영에도 지장이 있고, 늘어난 인건비 때문에 손익이 발생하지 않는다고 하면 이는 잘 굴러가는 카페가 아니라는 의미다. 잘 굴러가는 카페는 결코 한두 해에 만들어지지 않는다. 적어도 3년 이상은 카페를 운영하며 안정적인 매출을 경험해 보아야 한다. 최소한 3년 정도는 운영해 보아야 카페의 기본적인 매출 흐름이나 운영의 특이 사항을 파악할 수 있기 때문이다.

처음 차린 카페에서 단기간에 기대 이상의 매출을 만들어 내는 걸 보고 이에 현혹되어 바로 분점부터 차릴 생각을 하기보다는 차라리 시간이 걸리더라도 천천히 매출의 흐름을 지켜보면서 분점을 차릴만한 자리가 나오는지 알아보는 시간을 가지라고 권하고 싶다. 경험이 쌓이면 자신의 기준이 세워질 것이고, 기준이 올바로 서야만 판단이 흐려지지 않기 때문이다.

　2호점을 검토할 타이밍이 되었다고 하면 좋은 자리를 알아보되 첫 분점은 기존의 매장과 가까운 곳이라야 한다. 전혀 다른 상권에 오픈하기 위해 기존 점포와 먼 곳에 분점을 차리면 사실상 시너지를 낼 수 있는 부분이 매우 제한적일 수밖에 없다. 분점의 핵심은 인력이다. 기존 점포에서 육성된 인력을 분점에 투입하여 빠르게 안정화할 수 있다는 장점을 살릴 수 있어야 분점의 효과가 나타난다. 사장을 포함한 기존 점포의 인력이 수시로 두 매장을 오가며 근무할 수 있으려면 가급적 가까운 거리에 있어야만 인력 호환의 효과를 볼 수 있다. 서로 필요한 물품을 전달하기에도 가까운 거리가 유리하니, 처음 2호점을 검토한다면 기존 매장의 인근부터 자리를 찾아보도록 하자. 아무리 좋은 자리가 난다고 하더라도 기존의 매장에서 거리가 멀다면 복수점 창업으로 효율을 얻기는 어려울지도 모른다.

　분점 성공의 핵심이 인력에 달려있기 때문에 좋은 인력을 발굴하고 육성하는 능력은 카페의 사장이라면 반드시 배양해야 할 필수 역량이다. 어떤 직원을 어떠한 방법으로 동기부여 해서 적재적소에 배치할지를 끊임없이 고민해야 한다. 2호점이 성공한다면 3호점 4호점에 도전할 수 있는 기회가 생길 것이고 이처럼 여러 개의 매장을 운영한다고 가정하면 사장의 매장 관여도는 현저히 낮아져야 한다는 점을 알 수 있을 것이다. 그 때문에 두 번째 매장부터는 사장 없이도 매장이 운영될 수 있는 시스템을 필히 갖추어야 한다.

KEY POINT

사장의 관리 감독이 없이 직원들만으로도 매장이 큰 문제 없이 원활하게 돌아갈 수 있는 구조를 만들어 두면 카페는 더 이상 장사에서 그치지 않고 사업으로 발전할 수 있게 된다. 자신의 카페를 멀티 매장 형식의 브랜드로 키우고 싶다면 첫 매장에서부터 카페 운영의 프로세스와 시스템을 만들려고 노력해야만 한다. 프로세스와 시스템으로 사람을 대체할 수는 없지만, 프로세스와 시스템이 구축된 매장이라면 사람 때문에 문을 닫는 일은 발생하지 않는다.

12

카페 창업으로 건물주 되기

오랜 기간 외식업 관련 장사 경험을 바탕으로 카페 사업에 도전하는 사장님이 있었다. 사장님은 카페가 들어갈 만한 자리를 꾸준히 탐색해 왔고 관공서 앞에 한 4층짜리 건물 상가가 입지에 비해 임차료가 저렴하다고 판단해 카페 창업을 결정했다. 노년의 여성인 건물주가 큰 욕심을 부리지 않은 덕에 넓은 평수를 저렴하게 임차할 수 있었던 사장님은 그동안 장사를 통해 모아둔 돈으로 카페를 차렸다.

관공서 앞이었고 지역에 제대로 된 카페가 없었으니, 장사는 시작부터 나쁘지 않아서 관공서 직원들을 중심으로 점심 러시가 생겼고, 점차 입소문이 나면서 동네 주민들도 자주 이용하는 카페가 되었다. 몇 개월의 운영만으로도 사장님은 빠르게 카페 사업에 적응할 수 있었고, 자신만의 기준을 만들어 차근차근 카페를 성장시켰다.

매출과 수익이 안정되자 사장님은 욕심이 생기기 시작했다. 지금 내는 월세가 시세에 비해서는 저렴하다고 하지만 그럼에도 월마다 고정적으로 비용이 지출되는 것이 아깝다고 생각했고, 한편으로는 카페가 자리한 1층 매장을 단정하게 꾸미자, 건물이 활기를 띠는 모습을 보며 이 건물이 내 것이면 좋겠다는 생각이 들었다.

사장님은 임대를 알선해 준 부동산에 연락을 취했다. 건물주인 노 여사님에게 주선을 해서 건물을 매입할 수 있도록 도와달라고. 혹시나 하는 마음에 취한 연락에 노 여사님은 선뜻 건물을 팔겠다고 수락했다. 건물주는 그렇지 않아도 건물을 관리하기가 힘에 부치고 세입자들이 수시로 들락거려 지치기도 했다면서 카페 사장님에게 좋은 가격으로 건물을 매입하도록 양보해 주었다.

사장님은 뜻밖의 제안에 서둘러 자금을 마련했다. 우선 가지고 있던 작은 상가와 아파트를 팔아 일부 자금을 마련하고 건물을 담보로 대출을 일으켜 잔금을 치르면 어찌어찌 융통이 가능할 듯했다. 아파트를 파는 대신 건물의 4층을 개조해 그곳으로 가족의 터전을 옮겨야 하는 불편함이 있었지만, 카페의 관리 측면에서는 훨씬 낫다고 판단했다.

이 결정으로 사장님은 1층 카페를 자가 소유할 수 있었고 2층과 3층에 월세를 받으며 4층에도 추가로 2개의 원룸을 만들 수 있게 되어 적지 않은 월세 수익을 낼 수 있게 되었다. 건물 매입에 필요한 대출금의 원금과 이자를 갚고도 남을 만큼의 큰 수익이 매월 고정적으로 발생하게 되었으니 더할 나위 없는 투자 성공인 셈이다.

카페 창업을 희망하는 사장님들이라면 누구나 자기 건물에서 카페를 운영하고자 한다. 자가로 보유한 건물에서 카페를 운영할 수 있으면 절반은 성공한 채로 시작하는 것과 같다. 기본적으로 임대료가 발생하지 않으니 수익성 측면에서 월등히 우월하고, 카페가 들어선 건물은 전체적 이미지가 좋아져 부동산 시장에서도 가치가 더 생기기 마련이다. 건물을 가진 사람들의 입장에서라면 카페를 차리지 않을 이유가 없다.

하지만 카페 창업을 준비하는 사장님들 중 대다수는 건물을 갖고 있지 않다. 특히나 생계형으로 카페를 시작하는 사람들이라면 더구나 그러하다. 건물을 매입하는 일은 나와는 전혀 상관없는 사람의 일이라고 생각할지도 모른다. 하지만 앞서 예시의 사장님과 같이 카페를 운영하면서 안정된 수익을 창출하고 있다면, 좋은 기회에 건물을 매입할 수도 있다.

건물 매입에 필요한 비용의 상당 부분을 대출로 충당해야 할지 모르고, 대출 이자에 따라 투자의 수익성이 매우 달라질 수는 있지만, 기본적으로 매입한 건물에서 카페를 운영한다면 잃는 것보다 얻는 것이 훨씬 더 많다. 건물 임차료를 대출에 대한 이자로 환산해 보면 이해하기 쉽다. 예를 들어 어떤 카페의 임차료가 한 달에 300만 원이라고 가정한다면, 1년의 월세는 3,600만 원이 된다. 이 3,600만 원이라는 돈을 월세가 아닌 5%의 은행 이자로 계산해 보면 7억 2천만 원의 대출을 받는 것과 같은 셈이다. 말하자면 매월 300만 원을 꼬박꼬박 건물주에게 주는 것보다 7억 2천만 원의 대출을 일으켜 내 건물을 위한 이자로 내는 편이 낫다는 뜻이다.

건물을 매입하게 되면 단순히 카페의 임차료만 절감하는 것이 아니라, 건물의 다른 부분까지 소유하게 되면서 추가 이익이 발생할 확률이 높다. 예시의 사장님처럼 주거 비용이 절감될 수도 있고, 다른 상가에서 발생하는 보증금과 임차료를 받아 금융 자산을 늘릴 수도 있다. 상황을 종합적으로 고려해 본다면 사실 실제로 건물 매입에 투자되는 비용은 생각보다 크지 않을 가능성이 높다.

갑작스러운 대출 금리 인상이나 임차인을 구하지 못해 공실이 되는 등의 불안 요소가 존재하기는 하지만, 장기적으로 건물 가치 상승에 따른 이익까지 고려한다면 결코 손해 보는 일은 아니라고 생각한다. 안정적으로 수익이 발생하는 카페가 있는 건물이라는 전제하에서라면 말이다.

모든 카페가 운영의 목적이 있어야 하듯이 자기 건물에 카페를 차리는 사람도 반드시 그에 맞는 목적이 있어야 한다. 카페의 임차료 절감이 가장 단순한 목적일 수 있다. 월세를 내는 것보다 은행 이자를 내는 편이 더 저렴한 경우가 많기 때문이다.

자기 건물에서 카페를 운영하면서 건물 가치의 상승을 노려 시세차익을 얻을 생각이라면 카페 중에서도 중고가의 대형 카페이면서 프랜차이즈를 고려하는 편이 합리적이다. 일단 대형 프랜차이즈 카페가 입점한 상가라면 그 주위로 또 다른 프랜차이즈들이 입점할 가능성이 높고 그로 인해 새로운 상권이 조성되기 때문에 자연스럽게 건물 가치는 상승한다.

또한 부동산의 건물 가치는 시장의 인지도와 직결된다는 면에서도 중고가의 대형 프랜차이즈가 유리하다. 저가의 카페거나 개인 카페가 입점함으로 인한 건물 가치 상승의 효과는 미비하거나 없을 수 있다. 중고가의 대형 프랜차이즈 카페는 많은 점포 수를 기반으로 축적한 브랜드의 평판과 이미지를 가지고 있기에 프리미엄 카페가 건물 1층에 입점해 있다고 하면 자연스레 건물의 가치가 상승하게 된다.

물론 중고가 프랜차이즈 카페라면 아무 데나 점포를 개설해 주지는 않을 테니 기본적인 진입장벽은 매우 높을 테지만, 만약 자신이 건물을 가지고 있고 카페를 통해 건물의 가치를 살리고 싶다면 어떤 브랜드든 한 번쯤은 입점 제안을 받아볼 필요가 있다.

위 예시의 사장님이 카페 창업을 고민하면서 처음부터 부동산 매입을 계산한 것은 아니다. 카페가 안정적으로 운영이 되고 좋은 기회가 있었기에 가능했던 일이었다. 안정적 운영이라는 준비가 되자 좋은 기회를 잡아 건물을 매입했고, 그로 인해 추가적인 수익 창출이 가능했다. 좋은 기회는 준비된 자에게 먼저 주어지는 법이듯, 우선 내 카페의 안정적 운영이 최우선이다. 좋은 자리에서 안정적인 카페 영업을 이어나가다 보면 자연스레 기회의 요소를 발견하게 될 것이다.

KEY POINT

자기 건물에 카페를 운영하고 싶다면 반드시 현재의 위치가 아니더라도 인근 상가나 건물에 대한 정보를 수시로 얻고 관심을 기울여야 한다. 그래야 실패의 리스크가 더 줄어들 수 있다. 그러므로 최우선 과제는 당신 카페의 성공적 안착이다. 착실하게 내 카페의 경쟁력을 하루하루 키워가다 보면 어느 순간에 뜻하지 않은 좋은 기회가 오리라 믿어보길 바란다.

13

카페 컨설팅 업체를 조심하라

    지방 대도시에서 사업을 하던 사장님이 산세가 좋은 자연휴양림 관광지에 대형 프랜차이즈 카페를 차렸다. 지역에서 공기 좋기로 소문난 이곳은 평일과 주말 할 것 없이 사람들이 수시로 찾아들어 쉼을 즐기는 명소가 되었다.

    완만한 산책코스의 중간지점에 위치한 카페는 멋진 풍경과 함께 자연휴양림을 찾는 사람들 사이에서 필수 코스가 되었다. 외부에는 계곡을 끼고 야외 데크가 준비되어 있었고, 뒤편으로는 넓은 공터가 마련되어 있어 아이들이 뛰놀기도 좋은 장소로 주말이면 내부와 외부 모두 만석을 이루곤 했다. 멋진 경관에 자연환경까지 카페의 외부적 환경만 본다면 더할 나위 없이 훌륭한 카페였다.

    장사가 잘되자, 사장님은 카페를 매각하여 수익을 발생시키기로 했고 컨설팅 업체에 의뢰하자 얼마 지나지 않아 양수 희망자가 나타났다. 양수자는 카페를 보고 단번에 마음에 들었다. 누구나 좋아할 만한 외관이었으니 그럴 수밖에 없었다. 양수자는 컨설팅 업체에서 제시한 권리금과 컨설팅비까지 지불해 거금을 들여 카페를 양수했다. 프랜차이즈 담당자는 양수자를 만나 전후 사정을 전해 듣고 매우 놀랐다. 적정한 수준의 금액을 넘어선 권리금이 책정되어 있었기 때문이다. 게다가 컨설팅 업체에서 제시한 예상 수익이 터무니없이 뻥튀기처럼 부풀어져 있었다. 실제 상황을 잘 아는 프랜차이즈 담당자는 양수자에게 조심스럽게 현실에 대해 조언했다. 하지만 웬일인지 양수자는 프랜차이즈 담당자의 이야기를 귀담아듣지 않았다. 몇 번이고 같은 조언을 해 주는 프랜차이즈 담당자의 이야기가 묵살당하자, 담당자는 조언을 포기하고 양도양수에 협조해 주었다.

그렇게 점포를 양수받은 후 실전 카페 운영에 들어선 양수자는 얼마 지나지 않아 현실을 자각하게 되었다. 권리금은 시세보다 비쌌고, 제반 경비 중에 누락 된 항목들이 많아 컨설팅 업체에서 이야기 한 20%의 수익률은 절대 달성이 불가능한 숫자라는 걸 뒤늦게 깨달았다.

그제야 프랜차이즈 본사 담당자의 조언이 머릿속에 떠올랐다. 담당자의 말은 안타깝게도 모두 사실이었다. 좋은 자리를 차지했으니 당연히 매출은 나쁘지 않았지만, 높은 임차료와 제반 경비를 제하고 나니 실제로 남는 게 거의 없었다. 터무니없이 높은 권리금을 지급한 탓에 운영수익만으로 투자금을 회수하는 것도 절대 쉽지 않아 보였다.

사장님은 프랜차이즈 담당자에게 그동안의 일을 털어놓았다. 컨설팅 업체는 협상 단계에서 양수자에게 프랜차이즈 담당자의 말을 결코 듣지 말라고 세뇌했다. 프랜차이즈 담당자는 일이 늘어나는 게 귀찮아 부정적인 이야기를 많이 할 테지만 실제와는 다르니 새겨듣지 말라는 말이었다. 모든 사실을 직접 경험으로 알게 된 사장님은 그제야 후회했지만 이미 무를 수 있는 방법이 없었다.

카페를 포함한 모든 장사에 있어서 매출은 매우 중요한 지표이다. 높은 매출이 높은 수익을 가능하게 하기 때문이다. 하지만 매출이 높다고 해서 무조건 수익성이 좋다고만은 할 수 없다. 가게마다, 상가마다, 카페마다 비용구조가 서로 많이 다르기에 매출과 수익성이 연관되지 않는 경우도 많다.

높은 매출에 현혹되어 카페를 양수해 뚜껑을 열어보았더니 빛 좋은 개살구인 상황도 허다하다. 이미 운영 중인 카페를 양수하려거든 반드시 비용구조를 세세하게 살펴보아야 한다. 매출이 아무리 높아도 수익이 나지 않으면 존재의 가치를 가지지 못하는 게 사업이다. 특히나 카페는 화려한 겉모습에 현혹되기가 매우 쉽다. 양수하려는 카페를 방문했더니 사람들이 북적거려 대박 가게로 판단할 수도 있지만, 그러한 바쁜 시간대가 얼마나 지속되고 그로 인해 매출이 어느 정도로 발생하는지, 그러한 매출을 만들어 내기 위한 비용구조는 건전한지 반드시 꼼꼼히 따져보아야 한다.

카페를 이루는 기본 비용인 원가, 임차료, 인건비는 반드시 확인하도록 하자. 기본적으로 임차료는 매출의 20%를 절대 넘어서는 안 되고, 인건비 또한 매출의 25% 이상을 차지한다면 수익성을 재검토해 보아야 한다. 원재료의 비율은 판매되는 제품의 종류나 카페의 콘셉트에 따라 달라질 수 있기 때문에 딱 특정해서 비율을 말하기는 어렵지만, 위 세 가지 비용의 합이 매출 대비 85%가 넘어간다고 하면 사업을 다시 검토해 보아야 한다. 일반적으로 수도·광열비나 판촉비 등으로 10% 정도의 비용이 추가로 발생하기 때문에 수익성은 5% 이하로 떨어질 수밖에 없다.

사실상 수익의 적정성은 투자수익률로 판단해야 한다. 한 달에 벌어들이는 이익 금액을 전체 투자비로 나눈 것을 투자수익률이라 부르는데, 투자수익률이 1.7% 이하로 떨어지는 사업이라면 투자의 가치가 떨어진다고 판단하고 투자를 재고하는 편이 낫다.

수치를 예로 들어 설명하자면, 3억 원을 주고 카페를 양수하는

데 매출이 5천만 원이고, 한 달의 영업이익률이 10%라면 한 달의 이익금은 500만 원이 된다. 3억 원을 투자해서 매월 500만 원을 벌어들이면 투자수익률은 1.66%가 되고 이는 은행의 이자보다도 낮은 수익성으로 사실상 투자의 가치가 많이 떨어지는 것이라 보면 된다. 카페를 차리기 전에 예상되는 수익 금액을 판단해 보고 투자수익률을 가늠해 본 후 투자 가치가 있는 사업에 투자해야 함을 명심하도록 하자.

컨설팅 업체의 입장에서 생각해 보면, 그들은 계약이 성립되는 권리금을 기준으로 자신들의 수수료가 책정되기 때문에 굳이 양수자의 이익을 보장해 주려는 노력을 기울일 필요가 없다. 예를 들어 2억 원짜리 계약을 1억 5천만 원으로 떨어트린다고 하면 물론 계약 자체는 조금 더 수월하게 이루어지겠지만, 그로 인해 얻게 되는 수수료는 25%나 줄어들게 된다. 그러니 컨설팅 업체는 최대한 양도자의 이익을 보장해 주기 위해 양수자를 설득하려 노력하려는 것이 현실이다.

카페를 양수받을 계획이라면 다양한 방법으로 해당 물건을 검증하기 위해 스스로 노력해야 한다. 스스로 건전한 매장을 숨아낼 수 있는 능력을 갖춘다면 금상첨화겠지만, 그렇지 못하다고 하면 반드시 크로스체크를 진행하도록 하자. 양도자와 따로 만나 내부 상황을 세세하게 들여다보아야 하고, 인근 부동산에도 들은 바와 같은지 물어볼 수 있다. 프랜차이즈를 거래하려고 한다면 가맹거래 사와 같은 전문가에게 문의해 볼 수도 있다. 일정 부분 비용이 들어 갈 것을 각오하더라도 꼼꼼히 체크해 보아야만 막대한 손해를 피할 수 있다는 사실을 기억하자.

KEY POINT

카페의 양도양수를 전문적으로 취급하는 컨설팅 업체들이 많다. 그들은 시중에 매물로 나온 여러 카페의 물건을 소개해 주는 대가로 수수료를 받는다. 컨설팅 업체를 전부 싸 잡아 비난하고 싶지는 않지만, 시장에 존재하는 다수의 컨설팅 업체를 주의해야 할 필요 가 있다고 말하고 싶다.

카페 창업 집중 탐구

카페 창업을 검토하기 전에 우선 카페의 종류에 대해서 알아야 한다. 크게 봤을 때 카페는 네 가지로 구분된다. 개인 카페와 프랜차이즈 카페, 저가 카페와 프리미엄 카페. 개인 카페와 프랜차이즈 카페는 상반되는 개념이고 마찬가지로 저가 카페와 프리미엄 카페가 상반되는 개념이라 볼 수 있다.

개인 카페는 말 그대로 개인이 카페의 모든 사항을 결정해서 창업한 카페이다. 반면 프랜차이즈 카페는 본사가 있고 본사에서 지정한 콘셉트로 모든 요소가 본사에 의해 조정되고 통제되는 카페를 말한다. 개인 카페는 자유롭게 매장을 꾸밀 수 있지만 모든 책임을 사장이 짊어져야 한다는 단점이 있고, 프랜차이즈는 대부분의 사항을 본사에서 조언을 해주기 때문에 운영이 편할 수는 있지만 사장 마음대로만 할 수는 없다는 단점이 있다.

자신이 카페의 시작부터 끝까지 모두 결정해서 만들어낼 자신이 있다면 개인 카페를 하면 되겠지만, 카페에 관한 경험이 전혀 없는 상태라면 프랜차이즈로 시작해 보는 것도 나쁘지 않다. 개인 카페를 창업할지 프랜차이즈 카페를 창업할지를 결정했다면 그다음은 카페의 콘셉트를 고민해야 한다. 저가 카페로 많은 고객에게 박리다매의 혜택을 줄지, 아니면 높은 투자비를 통한 넓은 공간을 활용해 프리미엄 한 가치를 제공할지 결정하는 것이다. 투자비가 넉넉하다면 당연히 후자가 좋기야 하겠지만, 투자비가 높은 만큼 감당해야 할 리스크도 크다는 사실을 기억하도록 하자.

개인 카페를 창업하려는 사람이라면 강한 개성을 표현할 수 있는지 자문해 보아야 한다. 남들과는 다른 차별성으로 유니크한 감성을 고객에게 어필하는 것이 성공하는 개인 카페의 핵심이라 할 수 있다. 반면 프랜차이즈 카페라면 어디에서나 통일되게 경험할 수 있는 보편적인 공간과 서비스가 필요하다. 프랜차이즈 카페를 방문하는 사람이라면 특별한 맛이나 서비스보다는 실패하지 않는 경험을 추구하기 때문에 프랜차이즈 본사에서 제공하는 매뉴얼을 준수해 주는 것이 무엇보다도 중요하다.

저가 카페를 창업한다면 가성비 즉, 가격 대비 가치를 중요시해야 한다. 저가 카페에서 맛이 중요하지 않다는 의미는 아니다. 맛이 좋으면서도 가격이 합리적이라는 인식을 심어줄 수 있어야 고객의 꾸준한 사랑을 받을 수 있다. 프리미엄 카페의 성공 포인트는 사실상 공간이라고 보아도 무방하다. 넓고 쾌적한 실내 공간에 카페를 둘러싼 자연경관까지 더해지면 자연스레 사람들의 방문이 늘어나게 된다. 거기에 주차 공간까지 여유롭고 다양한 편의시설도 갖춰진다면 더할 나위 없을 것이다. 프리미엄 카페는 높은 투자비로 대부분 제품의 가격이 상대적으로 높게 책정되기 때문에 가격에 어울리는 서비스가 제공되기 위해서는 그만큼 높은 퀄리티의 제품이 준비되어야 할 것이다.

이처럼 다양한 카페의 종류 중에 내가 추구하는 카페가 어떠한 모습인지 머릿속으로 상상해 보자. 각각의 종류에 따라 수익성과 집중해야 할 항목들이 다르므로 창업 전 기획 단계에서부터 카페의 콘셉트를 정해두는 것이 바람직하다.

어떤 카페를 창업할지 결정하지 못했다면 여러 카페를 다녀보고 어떤 상권에 어떠한 카페가 잘 어울리는지 파악해 보도록 하자. 도심에 위치한 저가형 카페나 프랜차이즈 카페는 물론이고 한적한 외곽에 자리 잡은 넓은 개인 카페들도 직접 방문해서 어떤 부류의 고객들이 주로 방문하는지 살펴보자. 그렇게 감을 잡다 보면 어떤 상가에 어떤 카페가 어울리는지 대충 짐작을 할 수 있게 된다.

카페가 공간 소비형 감성 사업이기 때문에 어울리는 상권에 어울리는 콘셉트로 입점해야만 실패를 면할 수 있다. 예를 들어 번화한 오피스 상권에 넓은 규모로 카페를 창업한다고 하면, 당연히 매출은 다른 카페에 비해 높게 발생할 수 있겠지만, 터무니없는 임차료 수준을 감당하기 어려워 폐업을 결정해야 할지도 모른다. 혹은 한적한 교외에 저가형 카페를 차린다면 가뜩이나 고객 수가 적은 상권에서 제대로 된 매출을 발생시키기 어려울 것이다.

구상하는 카페의 콘셉트를 명확히 하는 일도 중요하지만, 구상하는 카페가 어울릴만한 상가를 먼저 찾아보는 것도 하나의 방법이다. 여러 상가를 검토하면서 각각의 장단점을 확인하고, 해당하는 상가에 어울릴만한 콘셉트와 가격대를 설정해 보도록 하자. 가장 정확하게 예측하는 방법은 유사한 카페를 찾아내 비교분석 하는 것이다.

다행히 대한민국에는 보고 따라 할만한 카페가 차고 넘친다. 마음만 먹으면 누구나 쉽게 내가 구상하는 카페와 유사한 카페를 벤치마킹할 수 있고, 이를 통해 대략적인 매출과 손익을 미리 따져볼 수 있다. 카페를 창업하기 전에 아무리 힘들고 귀찮더라도 반드시 수치적 근거가 뒷받침되어야 한다. 매출과 손익의 예측은 투자의 규모를 정하고 투자를 결정하는 가장 중요한 지표이기 때문이다. 감성과 막연한 기대로만 카페를 창업할 것이 아니라 예상 매출과 손익 등의 수치적 기준을 바탕으로 창업을 위한 투자의 범위를 결정해야 한다.

그럼, 카페를 창업하기 위해서 얼마의 비용이 필요할까? 사실 정해진 답이 없다는 사실은 잘 알고 있을 테다. 저마다 추구하는 콘셉트와 규모가 다르고, 프랜차이즈인지 개인 카페인지에 따라서도 크게 차이가 나니 말이다. 하지만 투자비가 필요한 항목들을 유추해 볼 수는 있다.

우선 인테리어 투자비가 있고, 이는 매장의 규모에 따라 달라진다. 인테리어 업체별로 평당 공사비용이 다르고 규모가 클수록 평당 비용은 떨어지기 마련이다. 커피 머신이나 냉장고 등의 구입을 위한 설비 투자비도 필요하다. 이 또한 새 제품을 구매할 것이냐, 중고 제품을 구매할 것이냐에 따라 달라진다.

상가 임대차 계약을 위한 보증금도 필요하다. 보증금은 계약 종료 후에 돌려받을 수 있는 비용이지만 초기 투자비에서는 큰 비중을 차지하기 때문에 자금 계획을 세울 때 반드시 고려해야 할 부분이다. 토지를 매입해 카페 건물을 짓는다고 하면 카페 조성 투자에 필요한 비용들이 더 많아진다. 토지나 건물 매입비부터 시작해서 건축자금이나 부대 공사비, 제반 인허가 비용과 세금 등 고려해야 할 자금들이 매우 많다. 하지만 토지나 건물에 투입된 비용은 부동산 투자에 해당하므로, 향후 카페의 수익성을 계산할 때는 이를 제외한 순수 카페 창업 투자비만을 바탕으로 지급이자와 감가상각비를 계산하도록 하자. 프랜차이즈라면 가맹비나 교육비도 필요하다. 이 또한 프랜차이즈 본사의 정책에 따라 다양하니 직접 프랜차이즈 본사에 문의해 금액을 확인해야 한다. 이처럼 투자비 항목도 다양할 뿐 아니라 투자비의 규모 또한 천차만별이기에 더더욱 내가 어떠한 콘셉트의 카페를 어디에 창업할 것인지를 정하는 일이 중요하다. 공정거래위원회에 따르면 2022년 기준 프랜차이즈 카페의 평균 투자비는 1억 1,489만 원이었다는 점을 참고하자.

창업하고자 하는 카페의 투자비를 검토했다면 이제 카페의 수익구조를 알아야 한다. 카페는 물장사라서 많이 남는다는 속설을 들었다면 모두 머리에서 지워주기를 바란다. 카페에서 커피의 원가율이 다른 사업에 비해 경쟁력이 있다는 사실은 틀린 이야기가 아니다. 하지만 그 외 나머지 제품의 원가율과 원가율을 제외한 비용들의 구조를 들여다보면 사실상 수익구조가 좋다고만은 평할 수 없다.

통계청에서 발표한 자료에 따르면 2022년 기준 커피전문점의 월평균 매출은 12,824,250원이고, 월평균 비용은 11,897,833원이었다. 이를 기준으로 한 영업이익률은 7.2%, 영업이익 금액은 926,417원이다. 이러한 수치는 잘 되는 카페와 잘되지 않는 카페의 평균치이기 때문에 저마다 편차는 크다고 보아야 한다. 하지만, 카페의 수익 구조가 흔히 알고 있는 것처럼 매우 좋지 않다는 사실을 반드시 기억해야 한다.

카페 사업에서 위치와 공간이 차지하는 비중이 매우 크기에 높은 임차료를 수반해야 하고, 카페가 비교적 저렴한 원재료로 높은 부가가치를 창출해야 하는 서비스업이기에 인건비는 더 들어간다. 게다가 100% 수입에 의존해야 하는 원재료를 사용하기에 원가를 내가 원하는 대로 조정할 수 있는 여력도 크지 않다.

이러한 불리한 환경으로 사실상 카페의 수익구조는 타 사업 대비 경쟁력 있다고만 볼 수는 없는 것이 현실이다. 그렇다고 카페의 수익구조가 전혀 가능성 없는 사업도 아니다. 다소 높은 고정비를 상쇄할 수 있는 수준의 매출이 확보된다면 충분히 투자금을 회수할 수 있을 만한 영업이익을 거둘 수 있기 때문이다. 실제로 오랫동안 운영을 지속해오는 많은 카페가 이를 증명하고 있다. 경쟁력 있는 임차료로 좋은 자리를 발견했다면 카페 창업을 도전해 보아도 좋다.

창업하고자 하는 카페의 콘셉트와 투자비 규모를 결정했다면 내 카페에 어울리는 상권과 위치를 찾아 예상되는 투자비와 매출, 임차 구조를 검토해 보고 이를 바탕으로 수익성까지 가늠해 보자. 상권을 조사할 때는 시간대별 유동 인구와 주변 경쟁사를 반드시 확인해야 하는데, 하나의 후보지만 검토할 것이 아니라 최소 3개 이상의 후보지를 검토해 의사 결정해야 한다.

후보지가 추려지면 대략적 손익을 예상해 보자. 후보지에서 기대되는 매출과 예상 비용을 대입해 대략적인 영업이익을 책정한다. 처음부터 세세하게 영업이익을 계산하기는 어렵기 때문에 원가, 임차료, 인건비를 대략 예상해 보고 그 외 기타 비용을 예상 매출의 10% 수준으로 책정한다.

손익 계산을 마치고 나면 창업에 필요한 대략의 투자비를 책정해 보는데, 이때 약 2개월 간의 운영비도 투자비로 포함하도록 한다. 이유는 간단하다. 창업과 동시에 현금 융통이 된다면 다행한 일이겠지만, 대부분 사업에서 초도 물품을 포함한 초기 운영자금의 회수에 대략 2개월 정도가 걸리기 때문이다. 더구나 처음부터 매출이 높지 않을 것을 대비해 버틸 수 있는 체력도 필요하니 초기 운영비를 반드시 고려해서 투자비 예산을 책정하도록 하자.

예산이 수립되었다면 예산의 조달 방식을 고민해야 한다. 대출을 실행시킬 계획이라면 그 금액이 너무 커서 감당할 수 없는 수준이 되지는 않을지 고민해 보아야 한다. 최소 자기자본을 30% 이상 보유할 수 있는 환경을 갖춘 뒤에 창업을 검토하도록 하자. 앞서 대략 구해본 월평균 기대 수익을 투자비로 나누어 ROI를 구해본다. ROI는 투자수익률을 의미하는데 만약 ROI가 1.7% 이하로 계산된다면 투자를 재고해야 한다. 아무리 입지가 좋은 자리가 나왔다고 하더라도 투자수익률 기준만큼은 철저히 지켜서 섣불리 계약하지 말고 다시 처음부터 입지를 재검색 하기를 권한다.

이러한 복잡한 검토 과정에 비해 실제로 카페를 준비해서 오픈하는 일은 생각보다 단순하다. 점포 실측과 인테리어 공사를 진행하고 제반 인허가를 받는다. 설비와 집기, 가구를 배치하고 운영 시뮬레이션을 거친 후에 실제 오픈이 이루어진다. 프랜차이즈라면 본사에서 이러한 오픈의 대부분 과정을 알려줄 것이고, 개인 카페라 할지라도 많은 업체로부터 조언을 구할 수가 있다. 하지만 창업은 시작에 불과하다.

카페 창업 프로세스

컨셉 정하기	개인카페
	프랜차이즈 카페
	저가 카페
	프리미엄 카페

▼

투자비 규모 및 조달방식 확정	은행 대출
	가족지원
	자기자본

▼

상가구하기	임대	보증금
		권리금
		임대료
		관리비
	매입	부동산투자비
		건축비
		부대공사비
		세금

▼

예상매출 조사	유동인구 조사
	인근카페 매출 확인
	전문가 의견 수렴

예상 손익	임차료	10~15% 수준
	인건비	25~30% 수준
	원가	30~40% 수준
	기타비용	10% 내외

투자수익률(ROI) 예측	"1.7% 이상 달성 불가능일 때 투자 재검토"

더 중요한 사실은 잘 차려 놓은 카페를 얼마나 잘 운영해서 꾸준히 수익을 창출하느냐이다. 창업 후 몇 달은 반짝 고객의 선택을 받아 매출이 높을 수 있지만, 운영력이 좋지 않고 고객의 호기심을 자극할 만한 무언가도 없다면 금세 시들어져 버리는 게 바로 카페이다. 많은 조건과 경우의 수를 살펴서 창업을 검토하는 일도 중요하지만, 창업 그 자체보다 창업 후에 카페를 꾸준히 유지하는 일이 훨씬 더 어렵고 중요하다는 사실을 반드시 기억하기 바란다.

2장

매출이 있어야
카페가 있다

매출 관리의 기본은 분석이다. 우리 매장의 매출이 어떻게 변화하고 있는지, 어떤 특성이 있는지 분석하는 일에서부터 매출 관리가 시작된다. 분석을 위해서는 일정 기간 데이터가 필요하다. 카페는 제품뿐만 아니라 공간을 함께 판매하는 사업이기 때문에 상권에 따라, 위치에 따라, 규모에 따라 매출의 편차가 매우 크게 나타난다. 그래서 카페의 매출은 예측하기가 쉽지 않다. 하지만 일정 기간 운영을 통한 데이터가 쌓이고 나면 매출의 등락을 파악할 수 있다. 전년 대비, 전월 대비, 전주 대비 매출의 등락을 살펴보고 우리 매장의 매출이 어떻게 변하고 있는지 수시로 파악해야 한다.

매출에 결코 우연이란 있을 수 없다. 고객의 모든 구매에 이유가 있듯이, 모든 매출에는 이유가 있다. 매출 한 건 한 건의 이유를 모두 찾아낼 수는 없다고 하더라도 매출 추이에 있어서는 이유를 찾아낼 수 있어야 한다.

1

단골손님
만들기

A 매장을 오픈할 때 이야기다. 왕복 10차선 도로 옆 공터가 있던 자리에 드라이브스루로 건물을 새로 지어서 오픈할 계획이었다. 당연히 상당한 규모로 높은 투자비가 필요했다. 투자비가 높다는 말은 곧 투자비를 회수하기 위해 그만큼 높은 매출이 필요하다는 뜻이다.

그런데 이 매장이 이 위치에 크게 투자한 이유가 있다. 도로를 조금만 거슬러 올라가면 또 다른 대형 드라이브스루 매장이 이미 자리를 잡고 운영 중이었는데 그 매장의 매출이 높다는 소문을 들은 점주가 인근에 유사한 형식으로 승부를 볼 계획이었다. 기획 단계에서 경쟁 점포를 둘러보니 매일 같이 차량이 붐비고 줄이 서 있어 고객의 대기 시간이 아주 길었다. 이런 매장 근처에 유사한 형식의 매장을 오픈하면 경쟁 점포가 소화하지 못하는 고객을 흡수할 수 있지 않을까 하는 계산이었다. 하지만 고객의 판단은 냉철했다. 이미 기존 매장에 방문하는 루틴이 짜여 있는 고객이 우리 매장을 찾아야 할 이유가 충분치 않았다. 점포의 위치, 브랜드의 가치, 공간의 효율성, 제품 퀄리티, 직원의 서비스 등 모든 이유를 감안해 단골이 된 고객은 쉽사리 충성도를 내려놓지 않았다.

반면 작은 지방 도시의 동네 상권에 오픈한 B 매장이 있었다. 이 매장 또한 말하자면 후발 주자였다. 인근에는 이미 넓은 좌석의 카페가 성업 중이었고 단골도 꽤 많은 상황이었다. 어떻게 하면 단골을 조금이라도 빼앗아 올 수 있을까 고민하다가 점주와 함께 떠올린 방법은 VIP 제도였다.

일정 금액 이상을 구매한 고객을 VIP로 칭하고 매장을 다시 방문할 때 할인 혜택을 주기로 했다. 예전에는 VIP 카드를 많이 사용했지만, 플라스틱 카드는 들고 다니기도 불편하고 제작 비용 또한 비싼 단점이 있었다. 그래서 고안해 낸 것이 VIP 스티커다. 휴대전화나 지갑, 카드 등에 붙일 수 있는 VIP 스티커를 고급스러운 황금색 디자인으로 만들었다. 엄지손톱만 한 사이즈에 전자파 차단 기능까지 있으니, 고객의 불편함은 대폭 줄어들었다. 매장 오픈과 동시에 케이크를 구매하는 고객 200분께 선착순으로 배포하고 이 VIP

스티커를 보여주는 고객에게는 조건 없이 10%의 할인을 제공하기로 했다.

결과는 대성공이었다. VIP 스티커를 받기 위해 일부러 케이크를 구매하는 고객이 생길 정도로 고객의 반응이 좋았다. 그뿐만 아니라 VIP 스티커를 받은 고객은 자연스럽게 단골이 되어 지인들과 모임이 있을 때마다 매장으로 몰려와 대형 충성 고객이 되었다.

사실 후발주자로 창업하는 건 쉽지만은 않다. 일단 먼저 자리를 잡은 점포는 이미 단골의 수가 상당하다. 장사는 단골이 많아야 안정적인 운영이 가능한 단골 싸움인데 후발주자가 그러한 단골을 빼앗아 오려면 엄청난 노력이 필요하기 때문이다.

최소한 경쟁 점포보다 뭐 하나라도 좋은 점이 있어야 우리 매장을 구경이라도 해볼 일이다. 그래서 후발주자라면 오픈 행사를 아주 크게 한다. 다른 일반적인 점포보다 더욱 크게 해서 일단 우리 매장을 한 번씩은 와보도록 만드는 것을 최우선 목표로 한다. 그런데 보통 새로운 점포를 오픈하면 고객들은 특별한 행사를 하지 않더라도 자연스레 한 번씩은 우리 매장에 관심을 두기 마련이다. 진짜 중요한 시점은 그다음이다. 우리 매장을 방문한 고객이 특별함을 느끼지 못한다면 어떨까? 그럼에도 우리 매장의 단골이 되어주기를 자처할까? 천만의 말씀이다. 기존 상권 내에서 후발주자라면 고객이 어떻게든 다시 한번 발길을 돌릴 수 있는 장치를 만들어야만 한다.

많은 매장에서 진행하는 프리퀀시 카드(도장 쿠폰) 행사 또한 결국 목적은 단골을 빼앗아 오는 것이다. 10잔을 드시면 아메리카노 한 잔을 무료로 드리는 행사는 너무 유명하고 너 나 할 것 없이 다 하는 행사라 차별적이지도 신선하지도 않다. 하지만 이 특별한 것 없는 프리퀀시 행사도 잘만 구성하면 단골 유치에 꽤 유용하게 쓰인다.

어떤 점포는 프리퀀시 개수를 15개 만들어 5잔을 드시면 사이즈 업, 10잔을 드시면 아메리카노 1잔, 15잔을 드시면 아무 음료나 한 잔을 제공했다. 어떤 점포는 프리퀀시 개수를 30개까지 만들었다. 10번 드시면 음료 1잔, 20번 드시면 조각 케이크 하나, 30번 드시면 머그컵을 증정했다. 10개 이상 도장을 받은 고객이 30개를 채우기 위해 더 자주 우리 매장에 들르는 것은 당연한 일이다. '음료 고객에게 머그컵을 드리면 무엇이 남나?'라고 질문할지 모른다. 하지만 프리퀀시 카드의 유효기간을 짧게 주고 그 안에 수량을 다 채우도록 한다면 의미를 만들어 낼 수 있다. 무한정 30번은 올 수 있는 고객이라도 3개월에 30번을 오게 만들기는 쉽지 않다. 한 달에 10번은 와야 하는 꼴이니 분명 우리 매장의 단골이라는 뜻이다. 이처럼 프리퀀시 카드 행사를 하더라도 남들과는 다르게 하고, 목적에 맞게 하면 효과를 볼 수 있다.

단골을 만들기 위해 시도해 본 행사로 재방문 할인이 있다. 구매 고객의 영수증에 할인 쿠폰이 따라 나오게 했다. 쿠폰의 제목은 '보고 또 보고'. 유명 드라마의 제목을 따다 썼다. 일주일 이내에 매장을 다시 방문하면 음료를 1+1으로 제공하는 쿠폰이었다. 호기심에 매장을 방문한 고객의 머릿속에 우리 매장의 존재감을 각인시키기에 유용한 방식이었다.

이러한 행사를 할 때에도 기간 설정이 매우 중요하다. 얼마 만에 우리 매장을 다시 방문하도록 할 것인지 확실한 목적을 갖는 편이 좋다. 할인 혜택이 증정일 경우는 일주일 이내에 사용할 수 있도록 해도 좋고, 1+1이라면 유효기간을 발급일로부터 2주 이내로 설정해 2주 이내에 다시 매장을 방문하도록 유도해 볼 수 있다.

선불카드 제도는 고객을 우리 매장의 울타리 안으로 가둘 수 있는 유용한 방법이다. 일정 금액 이상 선불카드를 구매할 때 할인을 적용해 주도록 하자. 금액의 크기에 비례하여 할인율을 적용하는 것도 방법이다. 일단 우리 매장에서 선불카드를 구매한 고객은 그 금액을 전부 사용하기 위해서라도 우리 매장을 다시 방문할 수밖에 없다. 주목해야 할 사실은 선물카드를 충전하여 사용하는 금액이 많으면 씀씀이도 같이 커진다는 점이다. 이유는 아주 간단하다. 혹시 그 고객에게 미팅 장소가 필요하다면 많은 카페 중에 어디를 선택하겠는가? 돈을 내야 하는 새로운 카페일까? 아니면 이미 충전된 금액이 있는 우리 매장일까? 답은 말하지 않아도 알 거라 믿는다.

KEY POINT

카페의 단골 비중은 우리가 생각하는 것보다 훨씬 더 높다. 결국 새로운 고객을 어떻게 끌어들일 것이냐의 싸움이 아니라, 우리 매장을 방문한 고객을 어떻게 더 자주 끌어들일 것이냐의 싸움에 따라 매장의 매출이 달라진다. 이미 포화상태인 대한민국 카페 시장에 불모지는 없다고 보는 편이 합리적이다. 어디든 경쟁은 있게 마련이고, 만약 후발주자로 참전을 희망한다면, 경쟁 점포의 단골을 어떤 방식으로 빼앗아 올지 고민해야 한다. 단골을 빼앗아 오기 위해서 가장 먼저 되어야 할 일은 경쟁 점포 조사이다. 경쟁 점포가 어떠한 활동을 하고 있는지, 고객은 어떤 이유로 그 매장에 단골이 되었는지를 파악해야 한다. 경쟁 점포가 하지 않고 있는 방식을 차별적으로 도입해야 고객의 시선을 돌릴 수 있다.

매출보다
고객을 늘려라

작은 지방 도시 주택가에 한 매장이 있었다. 이 매장이 위치한 곳은 흔히 말하는 항아리 상권으로 적정한 배후 세대를 가지고 있는 데다 상권이 한곳에 몰려 있어 안정적으로 매출을 일으킬 수 있는 곳이었다. 오픈 이래 3년 정도는 자연스럽게 입소문을 타고 찾는 고객들이 꾸준히 늘어났다. 그런데 3년을 넘겨 4년째가 되자 날이 갈수록 손님이 줄어드는 것을 느꼈다.

아침마다 테이크아웃으로 커피를 포장하러 들르던 단골의 방문도 현저히 줄어들었고, 점심 러시도 눈에 띄게 줄었다. 그런데 이상한 점은 매출은 전년과 비슷한 규모로 유지하고 있었다는 사실이다. 이 점포의 매출을 조금 더 들여다보았더니 고객 수는 점차 줄어들고 있었지만, 영수증 한 건당 단가는 점차 올라가고 있는 것이 보였다.

케이크와 샌드위치 맛집으로 지역 내에 소문이 난 터라 푸드류 제품을 구매하려는 고객의 방문은 줄어들지 않고 오히려 늘어났지만, 순수하게 음료를 구매하려는 고객의 방문은 줄어든 것이었다.

이유를 찾아보니 의외로 간단했다. 근래에 몇 개의 카페가 이 매장 주변에 새로 생겨나면서 커피와 음료에 대한 수요를 흡수한 것이다. 항아리 상권으로 안정적인 매출을 기대하던 사장님은 이제 상권에 대한 기대와 자신감을 버리고 손님을 더 끌어들이기 위한 전략이 필요해졌다.

카페 운영에 있어서 고객의 수는 우리의 생각보다 훨씬 더 중요하다. 많은 카페 사장님이 매출에만 정신을 팔려 우리 매장을 찾아주는 고객의 수가 어떻게 변하는지 파악하지 못하곤 한다. 카페에서 고객 수는 결국 지속성과 안전성을 확보해 주는 지표이다. 많은 고객이 찾아온다는 이야기는 그만큼 많은 면에서 우리 매장이 매력적이라는 뜻이다. 그 매력이 위치의 경쟁력일 수도 있고 인테리어의 경쟁력일 수도 있고 제품의 경쟁력일 수도 있다. 아무튼 고객 수가 많은 매장이라면 꾸준히 고객의 선택을 받는 매장이라고 판단해도 좋다는 의미이다. 많은 고객의 방문으로 매출이 높은 매장이라면 운영 효율성을 높일 수 있고, 이는 결국 점포의 운영 건전성에 기여한다.

고객 수는 우리가 돈을 들이지 않고 활용할 수 있는 마케팅 수단이다. 흔하게 이야기하는 입소문이라는 방식으로 말이다. 우리 매장을 다녀간 사람의 수가 많다면, 그만큼 우리 매장에 대한 평가가 널리 퍼진다는 뜻이다. 우리 매장이 가진 매력, 우리 매장에의 만족스러운 경험, 우리 매장의 가치 등 실제 우리 매장을 경험한 손님들로 인해 이러한 내용들이 여기저기 말을 타지 않고 멀리멀리 뻗어나가게 된다. 우리 매장에 대한 소문을 접한 고객은 호기심을 갖게 되고 이 호기심을 해소하기 위해 언젠가 기회가 된다면 매장을 방문하여 줄 것이다. 그러니 고객 수는 얼마나 중요한 마케팅 수단이란 말인가! 모든 마케팅 활동에는 비용이 필요하다. 인풋이 있어야 아웃풋이 있다는 것은 상식에 준한다. 그러므로 고객 수를 늘리는 활동 또한 인풋 즉, 비용이 수반된다.

고객 수가 떨어질 때 어떤 행사를 해야 할지 물어보면 가장 먼저 나오는 대답이 할인 행사이다. 틀린 대답은 아니지만 단순한 할인 행사는 오히려 독이 될 수 있으니 주의해야 한다. 개그맨 박영진이 TV 프로에서 한 말이 있다. "할인율은 내가 살 확률이다." 이 말을 들었을 때 무릎을 '탁' 쳤다. 우리가 무작정 할인한다고 해서 고객이 감사함을 느끼거나 혹하는 일은 기대만큼 자주 일어나지 않는다. 오히려 이유나 명분 없는 할인 행사는 고객의 기대감만 낮추게 될 뿐이다. 5천 원짜리 커피를 갑자기 2천 원에 판매한다고 하면 즉각적인 관심을 유도할 수는 있겠지만, 이 커피의 금액이 다시 5천 원으로 돌아갔을 때 고객은 주머니를 열지 않을 확률이 매우 높다. 이미 2천 원에 경험한 기억이 고객의 머릿속에 강하게 자리 잡았기 때문이다. 그래서 우리가 할인 행사를 할 때는 '허들'이라는 것을 사용해야 한다. 할인을 받을 수 있는 특정한 장치를 만들어서 그 장치를 넘은 고객들에게 보상으로 할인을 제공하여 할인에 대해 특별한 일로 인식하도록 하는 것이다.

　　가장 쉬운 예로 블랙프라이데이 세일이 있다. 미국의 추수감사절 다음 금요일을 블랙프라이데이로 부르는데, 언제부턴가 이때가 1년 중 가장 큰 폭의 세일이 시작되는 날로 자리 잡았다. 이 시즌이 되면 고객은 너 나 할 것 없이 그동안 사고 싶었지만 비싼 가격으로 구매를 꺼리던 제품을 온라인 할인을 적용받아 구매하곤 한다. 사실 블랙프라이데이에 판매하는 제품이 정말 기존제품보다 저렴한 것인지 확인할 길은 없다. 하지만 고객이 지갑을 여는 이유는 바로 허들을 넘어섰기 때문이다. 갖고 싶은 물건이 있었지만 이를 꾹 참고 대대적인 할인 행사가 일어나는 블랙프라이데이까지 견뎌냈다는 보상 심리로 구매를 결정하는 것이다. 1년 중 가장 할인 폭이 큰 날이니 이보다 더 싸게 살 수는 없다는 생각도 있을 테지만 말이다.

이처럼 형식적이라고 할지라도 허들은 꼭 필요하다.

고객에게 무작정 할인 혜택을 주기보다는, 적정한 기준을 두고 이를 달성한 고객만 혜택을 부여하는 행사가 고객을 더욱 특별하게 만든다. 군인 할인, 학생 할인, 특정 회사의 임직원 할인 등 특정 계층의 고객도 허들이 될 수 있고, 생일자 할인, 수능 할인 등 특별한 날에 해당하는 고객도 허들로 활용할 수 있다.

고객 수를 올리는 또 다른 행사로 쿠폰북을 활용할 수 있다. 작은 홍보물에 여러 가지 행사를 쿠폰 형식으로 넣어서 고객에게 배포하는 방식이다. 쿠폰을 배포하는 방식도 다양하게 구사해 볼 수 있다. 특정 금액 이상을 우리 매장에서 구매한 고객에게 배포하는 쿠폰이라면 현실적이고 혜택이 큰 편이 낫다. 아메리카노 1+1이나 조각 케이크 구매 시 아메리카노 증정 등 혜택이 크면서도 실질적인 쿠폰을 제공해 보자. 쿠폰을 사용하기 위해 다시 우리 매장을 들러주실 확률이 높을 뿐만 아니라 쿠폰 사용과 함께 다른 제품도 구매할 수 있기 때문에 효과는 배가될 것이다.

반면, 무작위 고객에게 배포하는 쿠폰은 창의적으로 구성해 볼 수 있다. 실제로 시행해 본 것 중에 비 오는 날 할인이나 무더위 할인 같은 것들도 있었다. 비가 오다 그치며 어떡하냐고 난감해할 만도 하지만, 사실 비가 진짜 오는지, 무더위의 기준이 몇 도인지는 중요한 사실이 아니다. 어찌 되었든 우리의 목적은 고객이 한 번이라도 더 우리 매장을 떠올리고 방문하게 하려는 것이기 때문에, 완벽하게 기준에 맞지 않더라도 서비스 차원에서 충분히 할인을 적용해 줄 수 있다. 혹시라도 발생할지 모르는 클레임에 대비하여 주의 사항 문구를 작게나마 삽입하는 일 또한 잊지 않도록 하자.

KEY POINT

고객 수를 높이기 위한 가장 기본적인 행사는 노출이다. 우리가 아무런 노력을 기울이지 않는데 고객이 알아서 찾아오는 일은 감나무 밑에 가만히 앉아 감이 떨어지기만 기다리는 것과 다를 바가 없다. 고객이 찾아오기 위해서는 우리가 먼저 고객을 찾아 나서야 한다. 고객을 찾아 나서는 전통적인 방식은 전단지 배포이다. 심지어 한자리에서 오랫동안 운영해 온 유명 프랜차이즈 매장도 정기적으로 전단지를 배포하곤 한다. 카페의 인지도가 아직 저조하다면 아르바이트생을 써서라도 고객에게 우리 매장의 위치와 지금 우리 매장에서 진행하는 프로모션을 적극적으로 알릴 필요가 있다.
최근에는 온라인과 SNS를 통해 매장을 홍보하는 방식이 흔해졌다. 매장의 SNS를 신규로 생성해 신제품이나 프로모션을 꾸준히 업로드하면 매장 홍보에 큰 비용을 들이지 않고도 효과를 볼 수 있다. 매장 직원 중 한 명에게 전담할 수 있는 권한을 위임해서 지금 바로 시작해 보도록 하자.

3

영수증 단가 올리기 전략

교통의 요지인 터미널 인근에 자리를 잡은 한 점포가 있었다. 시 규모의 작지 않은 도시의 터미널인 데다가 그 주위로 흔히 말하는 시내 거리가 형성되어 있어 항상 오가는 사람이 많았다. 터미널을 이용하려는 사람들뿐만 아니라 친구, 연인, 가족 등 모임을 가지려는 사람들이 수시로 이 매장 앞을 지나치기 마련이었다. 목이 좋은 만큼 고객의 출입은 거의 끊이지 않다시피 했다. 한동안 매출은 꾸준히 상승했고, 점포에서 소화할 수 있는 한계치에 다다랐다.

이 매장의 특이한 점이라고 하면, 방문하는 고객 수에 대비해서 영수증 단가가 낮다는 것이었다. 아무래도 카페 방문의 메인이 되는 음료는 필수로 한 잔씩 구매를 하지만 그 외에 다른 디저트는 구매로 이어지지 않는 듯했다. 하지만 점포 사장님은 크게 불만이 없었다. 오히려 매출 대비 원가율이 높으니, 수익에는 더 도움이 되는 듯했다. 그런데 이 매장에 문제가 생겼다. 중동호흡기증후군 즉, 메르스가 대한민국을 강타하면서 외출하는 인구가 급격히 줄어든 것이다. 고객의 수가 급격히 빠지자, 매장의 민낯이 낱낱이 드러났다. 그 매장을 찾아온 고객은 순수하게 자리를 보고 결정한 것이지, 제품에 대한 충성도는 없었다. 같은 시기에 디저트 판매가 높았던 매장의 매출 하락 추세와 현저하게 비교될 정도로 매출이 줄어든 것을 확인할 수 있었다.

카페의 영수증 단가는 곧 고객의 충성도와 연계된다. 카페에서 원재료의 비율이 상대적으로 높은 디저트나 델리 제품을 포기하지 않는 이유는 바로 여기에 있다. 경험에 비추어보면 상대적으로 디저트의 판매량이 많은 점포가 그렇지 못한 점포보다 위기에 더 유연하게 대처할 수 있었다. 이유는 바로 충성도 때문인데, 고객의 머릿속에 제품에 대한 충성도가 쌓이게 되면 경기 불황이나 사회적 이슈에도 매출이 큰 폭으로 하락하지 않았다. 말하자면 디저트가 탄탄하게 받쳐 주기 때문에 고객의 선택을 받을 수 있고, 디저트를 먹기 위해 방문한 카페에서 음료를 구매하는 일은 아주 당연하기 때문이다. 장기적으로 안정적인 매출을 꾀한다면 반드시 영수증 단가를 올려놓을 필요가 있다.

영수증 단가를 올리는 활동의 기본은 노출이다. 고객은 보이지 않는 제품을 구매하지 않는다. 음료라고 하면 메뉴판만 보고도 어느 정도 유추를 통해 구매를 결정할 수 있지만, 푸드류라고 하면 실물을 보여주는 편이 구매에 훨씬 효과적이다. 고객이 구매를 결정할 수 있도록 다양한 방식으로 제품을 노출해야 한다. 매장에 쇼케이스를 구비해서 푸드류를 노출하는 방식은 기본 중의 기본이다. 우리 매장이 판매하는 제품을 더 정갈하게, 더 먹음직스럽게 보일 수 있도록 수시로 쇼케이스를 점검하고 이리저리 진열을 바꾸어 보도록 하자. 필요하다면 쇼케이스 외에 매대를 설치하여 제품을 홍보할 수도 있다.

예를 들어 크리스마스 시즌이라고 하면 점포 출입구 근처에 케이크를 노출할 수 있는 매대를 설치할 수도 있다. 관심을 가지고 지켜보는 사람이 적더라도 이러한 노출이 언젠가는 구매로 이어질 수 있으니 폐기를 감수하고라도 적극적으로 노출해 보는 것이 좋다.

노출과 함께 반드시 해야 할 일은 권유 판매이다. 직영점과 가맹점의 매출 차이는 권유 판매에서 비롯된다고 해도 과언이 아닐 만큼, 우리의 생각보다 권유판매가 영수 단가 향상에 미치는 영향은 크다. 권유 판매는 단순하게 "더 필요한 거 없으세요?" 하고 물어보는 데서 멈추는 게 아니다. 시간과 노력이 들더라도 음료를 주문하는 고객에게 그 음료와 어울리는 푸드류를 설명하여 함께 구매할 수 있도록 유도하고, 매장에서 진행되는 행사의 내용을 고객에게 안내하여 고객이 한 번 더 고민할 수 있는 기회를 만들어 주는 것이 권유 판매이다. 카페를 방문하는 고객의 대부분은 점원의 권유 판매를 들어줄 어느 정도의 여유는 있다. 정작 귀찮은 것은 점포의 직원일지도 모른다. 권유 판매의 긍정적 경험을 지속해서 쌓는다면 어느 순간 달라진 매출을 볼 수 있을 것이다.

영수증 단가를 높일 수 있는 다양한 프로모션도 있다. 가장 흔한 행사는 세트 메뉴이다. 맥도날드에서는 세트 메뉴를 골든트라이앵글이라 부른다. 햄버거와 음료, 포테이토의 구성이 세트 메뉴의 정석이 되었기 때문이다. 카페에서는 페어링이라는 표현을 사용한다. 커피와 디저트를 묶은 표현이다. 매장의 특성에 따라 다양한 세트 메뉴를 구성해 볼 수 있다. 1인 세트, 2인 세트, 3인 세트 등. 보통 할인율은 10%부터 시작해 최대 20%를 넘지 않도록 구성하도록 하자.

머그컵이나 텀블러 등 MD 상품을 활용해 행사를 구성하면 단기간에 영수증 단가를 올리기에 유리하다. 여름이라면 아이스 전용 텀블러를 구비 하여 일정 금액 이상 구매 시 증정 행사를 진행할 수 있고, 따뜻한 음료가 많이 나가는 가을과 겨울에는 보온력이 뛰어난 텀블러를 판촉물로 활용할 수 있다. 텀블러를 구매하는 고객에게 텀블러 금액만큼의 혜택을 줄 수도 있는데, 예를 들어 텀블러가 3만 원이고 아메리카노가 5천 원이라면 텀블러를 구매한 고객에게 6잔의 아메리카노 무료 쿠폰을 증정하는 행사를 구성해 볼 수 있다. 단골이라면 머지않은 시일에 어차피 구매할 아메리카노를 미리 사면서 텀블러를 받을 수 있으니 이익이고, 점포에서는 원가가 낮은 아메리카노를 증정하면서 고가의 텀블러를 판매할 수 있으니 손해 보는 장사는 아니다. 물론 원가율이 다소 높아지는 점은 감안해야 할 부분이지만, 절대 매출이 우선 목표가 되어야 함을 기억하도록 하자.

대형 프랜차이즈가 주기적으로 신제품을 출시하는 이유에는 여러 가지가 있지만, 신제품 구매 유도를 통해 영수증 단가를 올리려는 목적이 공공연히 숨어있다. 아무래도 아메리카노나 라테와 같은 기본 커피 음료는 경쟁사의 눈치를 보며 가격을 조율하게 되지만 신제품이라면 조금 더 비싼 금액을 책정할 수 있기 때문이다. 신제품을 출시하면서 프리퀀시 카드를 새롭게 구성해 보는 방법도 좋다. 10잔을 드시면 한 잔을 무료로 드리는 똑같은 프리퀀시 카드라 하더라도 10잔 안에 신제품 3잔을 포함한다면 영수 단가도 올릴 수 있고 자연스레 신제품에 대한 홍보도 가능해진다. 어떤 음료를 고를지 망설이는 고객이 보인다면 적극적으로 말을 걸어 신제품을 권유해 보도록 하자.

KEY POINT

매출은 기본적으로 많은 고객이 찾아와 줄 때 올라가지만, 결국 얼마나 더 많은 제품을 구매하는지에 따라 그 규모가 달라진다. 찾아온 고객에게 하나라도 더 팔려는 노력을 기울여야 더 높은 매출, 더 높은 이익을 얻을 수 있다. 영수증 단가가 떨어지는 느낌이 들었다고 하면 어딘가 잘못된 부분이 없는지 여러 방향으로 진단해야 한다. 실제로 한 사장님은 음식을 남기는 고객이 있는지, 남겼다면 어떤 이유로 남기는 건지, 혹시나 제품에 이상이 있거나 고객 반응이 좋지 않지는 않은지 끊임없이 확인한다.

제품에 대한 만족도가 낮아지면 구매로 이어지지 않을 것이고 그 때문에 영수증 단가가 하락한다고 하면 머지않은 미래에 고객 수의 하락으로 이어질 확률이 있다는 뜻이다. 찾아오는 고객 한 분 한 분에게 우리의 제품을 조금이라도 더 많이 드시게 하면 할수록 단골이 되어 안정적 매출을 일으켜주는 고객도 늘어난다고 생각하자.

매출 분석은 기본이다

평범한 상권에서 평범하게 운영을 이어가던 점포가 있었다. 이 카페의 사장님은 아무런 경험 없이 처음 카페를 오픈한 터라 대략 1년을 정신없이 적응하는 데 시간을 투자해야만 했다. 내가 이 사장님을 만난 것은 운영을 시작한 지 1년여가 지난 시점이었는데, 사장님은 스스로 조금씩 감이 생기기 시작했고, 손님들도 서서히 눈에 들어오기 시작했다고 했다. 사장님에게 우리 매장의 매출에 관해서 물어보자, 뜻밖의 대답이 돌아왔다.

"매출이요? 그냥 잘 되고 있겠죠?"

이와 같은 대답을 하시는 사장님이 의외로 많다. 돈을 벌기 위해 카페를 차려놓고 우리 매장에 매출이 얼마나 나오는지, 어떻게 변화하고 있는지 등에 관해 신경을 쓰지 못하곤 한다. 나는 사장님에

게 온화한 미소를 지으며

"지금 매출에 만족하신다는 거죠? 잘 알겠습니다."

하고는 자리에서 일어났다. 그리고 대략 3개월 정도가 흐르자, 사장님에게서 연락이 와서 매출이 떨어진 것 같다고 했다. 나는 전년보다 매출이 떨어졌느냐 물었지만 사장님은

"글쎄요. 지난달보다는 확실히 떨어졌어요."

라고 대답했다. 처음부터 다시 알려드려야겠다는 생각이 들어 매출 분석 자료를 가지고 사장님을 만나야 했다.

매출이나 손익에 대한 데이터가 없이 매장을 운영하게 되는 상황이 왕왕 발생한다. 카페를 너무 쉽게만 생각한 건지 대충 감으로 매출을 파악하고 정확한 데이터를 스스로 분석해 볼 생각은 하지 못한다. 평소 숫자와 친하지 않았던 환경적 영향도 있을 거라 이해하지만, 사업을 시작한 이상 숫자와 담을 쌓고는 어떠한 방식으로든 성공할 수 없다. 아니, 실패를 피할 수 없다.

많은 기업이 매출 신장에 목숨이라도 내놓을 것처럼 일하는 까닭은 결국 매출에 모든 답이 있기 때문이다. 모든 답이 숨겨져 있는 매출을 분석하지 않고 매장 운영의 성공 혹은 실패 요소를 찾아내는 것이 가능하기나 할까?

매출 분석의 방법에는 여러 가지가 있지만 가장 간단한 기준은 전년 대비 신장률이다. 앞서 이야기한 사장님처럼 지난달보다 매출이 떨어졌다고 하면 제일 먼저 찾아봐야 하는 자료는 전년 매출이다. 예를 들어 무더위 성수기인 8월을 지나 9월에 접어들면서 매출이 떨어지는 현상은 너무도 자연스러울 건데 이에 큰일이 난 것처럼 호들갑을 떨 필요는 없다.

1년간 매출 추이를 바탕으로 심하게 차이가 나는지 확인하도록 하자. 우리 매장의 데이터가 없다면 주변 카페 사장님들과 비교해 보는 것도 좋은 방법이고, 부동산에 물어보는 것도 방법이다. 부동산 사장님들과 친하게 지내다 보면 인근 상권의 매출 정보를 습득할 기회가 생길 것이다.

전년의 매출, 혹은 추세의 매출과 비교하면서 매출을 분석할 수 있다. 시간대별로, 요일별로, 제품별로 매출에 어떠한 변화가 있는지 확인하고 이에 맞는 대응 전략을 수립하고 실행하면 된다. 어느 정도의 매출이 어디에서 하락했는지 살펴보기도 하고 전체 매출에서 특정 항목이 차지하는 비중이 어떻게 변화했는지도 들여다보자.

예를 들어 전년보다 오전 시간대에 매출이 10%가 하락한 것을 확인했다면, 오전 매출이 하루 전체의 매출에서 차지하는 비중이 변했는지도 확인해 보자. 오전 매출이 10% 하락했지만, 비중에는 변화가 없다면 전체 매출이 하락한 것으로 보아야 하지만, 오전 매출이 10%가 빠졌고 비중에서도 하락이 있다면 오전 손님을 돌리려는 전략이 필요하다는 뜻이다. 거창해 보이고 어려워 보이지만 누구나 할 수 있는 일이고, 모든 카페에서 해야만 하는 일이다. 경우에 따른 몇 가지 방법을 소개해 보도록 하겠다.

앞선 예시와 같이 시간대별 매출을 분석해 보았더니 특정 시간의 매출이 눈에 띄게 줄었다고 하면 우선 이유를 찾아보아야 할 것이다. 그 시간대에 우리 매장을 꾸준히 방문하던 고객이 어떤 이유로 우리 매장을 찾지 않는지. 이런 경우에 대응 방안으로 '해피아워' 행사를 진행할 수 있다. 매출이 하락한 시간에 할인 혜택을 주어서 이탈한 고객을 다시 빼앗아 오는 전략이다. 해피아워 행사는 고객이 인지하고 자리를 잡는데 시간이 다소 걸리는 경향이 있다. 처음부터 폭발적인 반응이 일어나지 않더라도 동일한 시간대에 꾸준히 운영하여 많은 고객이 경험을 통해 인지하도록 해야 한다. 한 달 이상 행사를 지속해도 효과가 없다고 느껴진다면 행사를 중단하거나 시간대를 바꾸는 것도 고려해 보자.

같은 맥락으로 특정 제품군에 매출이 하락한다고 하면 해당 제품군으로 행사를 기획할 수 있다. 유학 시절에 거의 매주 수요일마다 써브웨이를 방문하곤 했다. 왜 하필 수요일인지 궁금할 텐데 이유는 매우 간단하다. 내가 좋아하는 미트볼 샌드위치가 매주 수요일마다 반값 할인을 했기 때문이다.

이처럼 특정 제품군에 오늘의 제품 형태로 행사를 걸어주면 의외로 해당 제품군 전체의 매출이 상승하는 효과를 볼 수 있다. 고객의 반응에 따라, 점포의 운영 전략에 따라 주기적으로 제품을 바꿔주는 것도 신선한 변화가 될 것이다. 주중 5일간 매일 다른 샌드위치나 샐러드를 할인해서 판매할 수도 있고 아메리카노를 끼워 세트 메뉴를 구성해 볼 수도 있다. 디저트의 매출이 하락했다면 많이 먹어볼 수 있도록 하는 게 가장 효과적이다. 시간대를 정해서 정기적으로 맛보기를 할 수 있도록 해보자. 당장은 비용이 들지라도 장기적으로 효과가 있을 것이다.

요일별 매출도 반드시 분석해 보아야 한다. 주중에는 매출이 괜찮게 나오는데 주말 매출이 하락한다거나, 혹은 일주일 중에 유독 한 요일만 매출의 폭이 다른 요일에 비해 낮다면 이유를 찾아 대책을 마련해야 한다. 우리 매장의 주요 타깃층과의 대화를 나누다 보면 의외의 부분에서 원인 파악이 가능할지도 모른다.

한 점포에서는 매주 수요일마다 매출이 급등하는 원인을 알지 못했는데, 고객들과 이야기를 나누다 보니 매주 수요일 인근 부동산에서 투자 설명회를 하는 바람에 고객이 몰린다는 사실을 알게 되었다. 사장님은 수요일 원재료 주문량을 늘려 기회손실을 방지했고, 더 나아가 부동산에 찾아가 제휴를 맺어 1+1 쿠폰을 배포하기도 했다. 설명회를 마치고 다른 카페로 흘러 나가는 고객을 모두 우리 매장으로 유치할 수 있게 되고 두 업체 모두의 고객이 만족하는 상황이 발생하자, 결국 매주 수요일 매장에서 부동산 투자 설명회를 열게 되었다.

매출에 관한 관심과 분석, 그리고 실행력이 가져온 결과였다. 이처럼 요일별로 매출을 분석하면 정확한 타깃의 고객에게 혜택을 주기에 유리하다. 혜택을 받은 고객은 우리 매장에 단골이 될 것이고, 기회가 있을 때마다 우리 매장을 찾아 줄 것이다.

KEY POINT

다양한 방식으로 매출을 분석해서 우리의 주요 고객을 찾아내고 그들에게 혜택을 주어 단골로 만들어 보자. 기억해야 할 점은 모든 전략의 시작은 숫자의 분석에서 이루어져야 한다는 것이다. 데이터를 기반으로 매장의 문제 혹은 현상을 분석하고 이를 개선하기 위한 혹은 강화하기 위한 방향을 수립해 실행에 옮겨야 한다. 분석만 되어서도 안 되고 실행만 있어서도 안 된다. 분석과 실행은 떼려야 뗄 수 없는 관계이다. 그동안 어렵게 느껴져 미루고 있었다면 지금부터라도 매출을 분석해 보자. 생각하지 못한 곳에서 인사이트를 발견할지도 모른다.

5

물 들어왔을 때
노 저어라!

카페 컨설턴트로 근무한 지 얼마 되지 않았을 때였다. 고즈넉한 지방 관광지 앞에 자리한 점포였다. 경쟁이 치열하지 않던 때에 오픈해서 인지도를 쌓을 수 있어 지역 내에서 고정 단골을 충분히 확보할 수 있었고, 주말이면 매장 앞 관광지를 구경하기 위해 모여든 사람들로 문전성시를 이루어 자연스럽게 매출이 높았다.

게다가 해마다 여름이면 관광지에서 축제를 열어주는 덕에 성수기 중에 극성수기를 맞이해야 했다. 해마다 이맘때면 유명 관광지에 고즈넉한 카페에서 소중한 사람들과 차 한 잔을 나누기 위해 몰려드는 손님들을 쳐내느라 사장님을 포함한 전 직원이 제대로 식사도 하지 못할 정도로 정신없는 시기를 보내곤 했다. 축제를 앞둔 시점에 준비 상황을 점검해 보려 매장을 방문해 사장님과 대화를 나누었다. 인력과 원재료 등 놓치는 부분이 없는지 물어보는 나에게 사장님은 전혀 다른 이야기를 꺼냈다. 축제 기간에 텀블러와 같은 상품을 활용해 행사를 하자는 것이었다. 나는 이해가 되지 않는다는 투로 바쁜 와중에 행사까지 운영할 수 있을지 의문이라고 우려를 표했다. 하지만 사장님의 마음은 확고했다. 왜 행사를 하려고 생각하시는지 묻자, 사장님이 답을 들려주었다. 이 짧은 대답으로 그동안의 내 관점이 상당히 달라졌다.

"물 들어왔을 때 노 저어서 고기 잡아야죠."

매출이 좋은 매장의 사장님들은 보통 행사에 인색하다. 가만히 있어도 밀려드는 손님을 쳐 내느라 정신이 없는데, 행사까지 할 필요를 못 느낀다고 한다. 사실 매출이 높으면 다른데 신경 쓸 여지가 없는 것도 이해한다. 성수기에 행사까지 겹쳐 오시는 손님을 정성스레 대접하지 못하는 상황이 발생하기도 하니 틀린 생각은 아니다. 하지만 오퍼레이션에 지장을 주지 않는 선에서 적절하게 기획된 행사라면 앞서 사장님이 이야기한 바와 같이 물 들어왔을 때 노 저어서 더 많은 고기를 잡을 수 있다.

성수기라면 기본적으로 방문하는 고객이 많은 시기 즉, 고객 수가 많은 시기이다. 마구잡이로 고객이 몰려들면 POS에서도 픽업에서도 고객을 응대하고 추가 주문을 유도하는 것이 거의 불가능하다. 매장이 바쁜 상황임을 인지한 고객은 간단한 음료만 구매하려 할 가능성이 높다. 뒤에서 계산하려고 기다리는 줄이 길다면 더욱 그렇다. 게다가 음료의 제조 대기 시간이 짧게는 십여 분에서 길게는 3~40분이나 걸린다는 소리를 들으면 애초에 마시고 싶던 제품 대신 아메리카노를 주문할지도 모른다. 고객이 기본 음료를 주문한다는 것은 결국 객단가가 하락한다는 뜻이고, 더 큰 매출을 일으킬 수 있는 기회손실이 발생한다는 의미이다. 쉽게 설명하자면, 성수기 영업일에 500분의 손님이 매장을 방문하는데 이 손님들에게 각각 3,000원씩만 더 쓸 수 있도록 장치를 만든다면 그것만으로 150만 원의 추가 매출을 일으킬 수 있다는 말이다. 물론 모든 고객에게 3,000원의 지출을 유도하기란 쉽지 않고, 이를 위해 투입되어야 하는 인건비, 원가 지출도 무시할 수 없을 테지만, 이런 대목이 아니고서야 언제 그렇게 높은 매출을 달성해 보겠단 말인가?

평소보다 높은 매출이 발생하는 성수기에 맞춰 행사를 진행하고자 한다면 반드시 기억해야 할 원칙이 있다. 첫째, 오퍼레이션에 지장을 주지 말아야 한다. 성수기에는 구성원들의 호흡이 매우 중요하다. 조금이라도 손발이 맞지 않거나 어긋나버리면 사고가 발생하고 고객의 클레임으로 이어질 수 있다. 여기에 행사까지 복잡하게 만들어버리면 직원의 대응 미숙으로 더 큰 클레임이 발생하기 마련이다. 행사는 최대한 간단하고 직관적이게, 고객이 한눈에 보아도 어떤 행사인지 알아볼 수 있도록 구상하자.

둘째, 구매로 이어지지 않더라도 모든 고객이 인지할 수 있어야 한다. 가장 좋은 방법은 계산할 때 권유하는 것이다. 주문을 마친 고객에게 한 번 더 인지를 심어주어 추가 구매를 유도하자. 너무 바빠서 대응할 시간이 없을지도 모르지만, 빠짐없이 모든 구매 고객에게 짧게나마 행사를 설명하도록 하자. 귀찮고 성가신 일로 생각하지 않도록 모든 직원에게 인식을 심어주어야 한다.

앞서 언급한 원칙을 지키는 선에서 행사를 기획해 보자. 가장 간단하게는 일정 금액 이상 구매 시에 판촉물을 증정하는 방법이 있다. 성수기에 혼자 오는 고객은 거의 없다고 보면 될 터이니 커피 두 잔과 디저트를 합친 가격에 2~3천 원의 금액을 추가하면 받을 수 있도록 기준을 설정하면 좋다.

예를 들어 우리 매장에서 판매한 커피 한 잔에 5천 원이고 잘 팔리는 디저트 하나에 5천 원이라면, 두 명이 디저트까지 15,000원 정도를 소비하게 될 것이다. 여기에 3천 원을 얹어 18,000원 이상을 구매하시면 머그컵을 증정하는 행사를 진행한다면 고객은 이 머그컵을 받기 위해 추가 구매를 망설이지 않을 확률이 높다. 성수기 특별한 날이라면 지갑이 조금씩은 두툼할 테니 말이다. 고객이 3천 원의 금액을 충족시킬 수 있도록 제품도 구비 해야 한다. 마카롱이나 초콜릿, 쿠키 등 쉽게 가져갈 수 있는 그랩 앤 고(Grab&Go) 제품을 사전에 계산대 근처에 구비 한다면 고객이 고민하는 시간을 대폭 줄여줄 수 있다.

판촉물을 선택할 때도 고려해야 할 사항들이 있다. 가장 먼저는 계절적 영향을 고민해야 한다. 여름이라면 우산이나 캠핑용품 등 야외 활동에 쓸만한 제품들이 인기 있지만, 겨울이라면 머그컵이나 양말 등 실내에서 활용이 가능한 제품을 고객은 선호한다. 판촉물의 원가는 허들 금액의 30%를 넘지 않는 수준으로 구성하자. 위에서 예시로 든 18,000원 이상 구매 고객에게 판촉물을 증정하는 행사라면 판촉물의 원가는 5,400원이 넘지 않아야 한다는 뜻이다. 온라인에서 조금만 찾아보면 이 정도 금액대의 다양한 판촉물을 구할 수 있다.

성수기에도 세트 메뉴를 활용해 더 많은 제품을 판매할 수 있다. 단, 평소처럼 많은 수의 메뉴로 세트를 구성한다면 고객의 선택에도 혼란이 있고, 직원 간의 의사소통에도 지장을 줄지 모른다. 성수기 바쁜 날이라면 세트 메뉴를 단출하게 구성해 보자. 가장 잘나가는, 직원이 제조하는 데 가장 손이 덜 가는 메뉴 한두 개만 꼽아서 세트를 구성하자. 제조하는데 손은 덜 가지만 잘 팔리지 않는 제품으로 세트를 구성하면 판매로 이어지지 않아 매출 상승에 도움이 되지 않을 것이고, 잘나가기는 하지만 제조에 시간이 오래 걸리는 제품이라면 제품이 떨어졌을 때 급하게 대응하기가 어려울 것이다.

직원들과 머리를 맞대고 고민해서 손이 덜 가면서도 고객이 자주 찾는 제품으로 세트 메뉴를 구성하도록 하자. 한정된 종류로 행사를 진행하면 원재료의 관리 또한 쉬워 수율이 높아지는 효과도 보게 될 것이다.

KEY POINT

높은 매출은 우리의 명함이다. 많은 고객이 우리 매장을 방문해서 높은 매출을 일으켰다는 이야기는 그만큼 많은 사람이 우리 매장을 홍보해 준다는 뜻이다. 이익으로만 따지면 높은 매출은 겉 좋은 개살구와 같아 보이겠지만, 높은 매출은 매장 지속의 가능성을 높여준다는 사실을 잊지 말자. 매출이 하락한 후에 고객을 유치하는 일 보다, 고객이 많은 시점에 조금이라도 더 많은 제품을 판매하는 편이 노력 대비 효율 면에서 백 배는 유리하다.

6

고객이 오지 않으면
찾아가라

신도시가 한창 생겨나고 있는 장소에 주유소와 카페가 동시에 오픈하였다. 인근에 주유소도 흔하지 않았고, 카페도 거의 없던 초창기에 입점한 터라 매출이 좋을 거로 생각했다. 하지만 매장의 상황은 기대와는 다르게 흘러갔다. 인근 아파트 주민들이 외곽 도로변에 자리한 매장을 도보로 방문하기에는 다소 무리가 있었고 주유를 하러 방문하는 사람들이 카페를 함께 이용하는 빈도도 예상보다 낮았다.

오픈과 동시에는 잠깐 고객의 관심을 받는 듯 보였지만 일정 기간이 지난 후 매장의 매출은 고전을 면치 못하게 되었다. 특단의 조치가 필요해 보이는 시점이었다. 사장님이 꺼내든 카드는 배달이었다. 높은 임차료를 조금이라도 감당해 줄 수 있는 매출이 필요했기 때문이었다. 당시는 배달을 시작한 카페도 몇 없었고 넓은 공간을 만들어 두고 배달 장사를 한다는 것 자체가 선뜻 이해되지 않는 시기였다.

하지만 사장님의 의지는 간절했다. 이대로 가다가는 매장이 곧 문을 닫을 것만 같았기 때문이었다. 사장님은 배달 시작과 함께 배달 고객에게 판촉물을 증정했다. 배달 가능 금액보다 조금 더 구매하는 고객에게 매장에서 판매하는 쿠키에 자그마한 쪽지로 감사하다는 글을 적어 선물로 보냈다. 이 쿠키의 원가는 약 3천 원으로 다소 비싼 제품이었지만, 사장님은 과감히 투자해 보기로 결심했다.

시간이 흐르면서 자연스레 배달 건수와 리뷰가 쌓여갔다. 주변에 배달하던 카페가 없었으니 조금씩 늘어나던 배달 수요를 모두 흡수한 것은 당연한 결과였다. 배달로 매장을 이용하는 고객이 점차 늘어났고 더불어 매출도 함께 조금씩 상승했다. 그리고 얼마 지나지 않아 코로나19 사태가 전국을 강타했다. 이 매장이 어떻게 되었을지는 더 이상 설명하지 않아도 알 것이다.

사장님의 선견지명이었는지, 아니면 억세게 운이 좋았는지 판단하기는 애매하지만, 아무튼 점포는 살아남았다. 단순히 우연이라고 치부해 버리면 배울 수 있는 점은 없다. 사장님이 코로나19를 정확하게 예측한 것도 아니고, 다가올 배달 시장의 성장을 확신 있게 전망한 것 또한 아니다. 다만, 사장님은 살아남기 위해, 어려운 시간을 버텨내기 위해 조금씩 준비하고 있었다. 가만히 앉아 찾아와 줄 손님만 기다리는 것이 아니라 스스로 고객을 찾아갈 생각을 하고 있었다. 시기와 우연히 맞아 사장님에게 좋은 기회를 가져다주었지만, 준비가 되어 있지 않았다면 그 기회를 잡을 수 없었을지 모른다.

배달은 우리가 직접 고객을 찾아갈 수 있는 좋은 기회이다. 배달 앱에 우리 매장을 노출하는 일은 온라인상에 매장을 새로 하나 오픈하는 것과 같다. 목 좋은 곳에 오픈한 점포는 그 자체만으로 홍보 효과를 볼 수 있듯이, 배달 앱에 우리 매장이 노출되는 그 자체만으로 고객에게 홍보가 된다. 그런데 목 좋은 자리를 선점하기 위해서 수천만 원의 권리금도 아까워하지 않지만, 온라인상에 투자는 망설이는 경우가 대다수이다. 노출을 위해 무한정 비용을 사용할 수는 없는 일이지만, 필요하다면 자금을 투입해서라도 노출을 늘리겠다는 최소한의 의지는 가지고 있어야만 한다.

배달에서 가장 중요하게 생각해야 할 부분이 바로 리뷰이다. 점포를 운영하는 사장님들을 만나보면 좋지 않은 리뷰를 보면서 억울해 하기도 하고 안타까워하기도 한다. 때로는 너무 억울한 나머지 고객과 언쟁을 벌이는 경우도 종종 볼 수 있다. 좋은 리뷰가 더 많은 고객을 데려올 거라는 기대감 때문일 것이다. 처음 배달을 시작한다면 리뷰 이벤트를 기획해 보자. 별점을 후하게 주는 조건으로 고객에게 서비스 제품을 보낼 수 있다. 카페에서 가장 쉽게 사용할 수 있는 제품은 초콜릿이나 마카롱 등과 같은 가벼운 디저트이다. 고객이 돈을 주고 사 먹기는 부담되지만, 선물로 받았을 때 만족도가 매우 높다. 우리 매장에서 판매하는 가벼운 디저트를 사은품으로 증정하면 맛을 본 고객이 매장에 방문해서 추가 구매로 이어지는 경우가 많다.

배달에서도 쿠폰이나 프리퀀시 행사를 활용할 수 있다. 배달 플랫폼에서 제안하는 행사를 적극 활용할 수도 있고, 우리 매장만의 재방문 쿠폰을 발행할 수도 있다. 어떤 매장에서는 배달 구매 고객에게 매장 방문 시 할인 쿠폰을 제공했더니 배달 매출과 함께 매장 방문 매출 또한 상승하는 효과를 볼 수 있었다. 배달을 매개로 고객 유입을 증대시킬 수 있는 좋은 방법이다. 치킨집에서는 쿠폰 10개를 모으면 한 마리를 무상으로 제공하는 행사를 흔하게 진행한다. 카페에서도 음료의 잔 수만큼 쿠폰을 발행하고 일정 수량을 채웠을 때 무료 음료나 디저트 쿠폰을 제공할 수 있다. 개인적으로는 디저트 쿠폰을 제공하라고 권하고 싶은데, 음료는 카페의 필수 제품이라 할 수 있지만 디저트는 기호식품이기 때문에 많이 먹어 본 사람이 더 자주 구매할 확률이 높기 때문이다.

배달비를 활용한 행사도 고민해 보자. 현재 운영 중인 한 매장에서는 배달을 시작한 이래 지금까지 모든 고객에게 배달 팁을 받지 않고 있다. 이 매장의 반경 내에서 카페를 운영하는 사장님들의 원성을 사기도 하지만, 고객의 만족도는 매우 높기에 배달이 이곳으로 몰리는 것은 당연하다. 배달비를 받지 않고 장사를 하면 무엇이 남느냐 반문하는 사장님들이 있을 수 있다. 나 역시도 이러한 방침이 옳은 방향이라고 보지는 않는다.

하지만 사장님의 생각은 조금 다르다. 남는 게 없다고 하더라도 최대한 많이 팔아서 효율을 증대시키겠다는 게 이 사장님의 전략이다. 이러한 방식의 장사가 옳다는 말은 아니지만, 의지만큼은 높이 사고 싶다. 처음 배달을 시작하는 상황이라면 일정 기간 행사를 진행해서 배달비를 받지 않거나 매우 저렴하게 배달비를 책정해 보자. 일단 우리 매장을 경험해 볼 수 있도록 허들을 낮추어 보자는 의미이다. 박리다매를 각오하더라도 투자를 아끼지 않는다면 머지않은 시일 내에 효과를 보게 될 것이다.

배달은 최소 주문 금액을 충족할 때만 이용이 가능한데, 이 최소 주문 금액을 이용해서 행사를 진행할 수도 있다. 배달을 시작하는 시기, 혹은 특정 기간에 최소 주문 금액의 기준을 다른 경쟁사보다 낮게 책정해서 고객의 유입을 꾀하는 것이다. 예를 들어 인근 경쟁사의 최소 주문 금액이 12,000원이라고 한다면 우리는 8,000원으로 기준을 낮게 책정해 보는 것이다. 최소 주문 금액을 낮추면 주문 단가가 떨어질 거라 예상할지 모르지만, 경험적으로 보았을 때 최소 주문 금액을 낮추더라도 실제 주문 단가에 큰 영향을 주지는 않았다. 오히려 고객의 접근성이 좋아지니 주문 건수가 늘어나면서 배달이 활성화되는 효과를 가져왔으니 잃는 것보다 얻는 것이 더 많은 전략이다. 행사 기간이 종료된 후에 기준이 다시 높아지더라도 우리 매장에서 경험한 배달 제품의 만족도가 높다면 재구매로 이어질 확률이 매우 높다.

KEY POINT

배달은 이제 시대의 흐름이 되었고, 선택이 아닌 필수로 자리 잡았다. 배달 그 자체로 인한 매출도 포기하지 못할 이유이지만, 배달을 도입함으로 매장 운영의 효율이 증대되고 또한 온라인에서의 홍보 효과도 가져갈 수 있기에 배달은 카페 시장에서 반드시 고민해 보아야 할 판매 방식이 되어버렸다. 우리 매장의 콘셉트가 배달 서비스와 정확하게 대치되지 않는다면 어떠한 방식으로든 고민해 보도록 하자. 더 많은 고객에게 우리의 제품과 서비스를 경험하게 할 수 있는 주요한 수단이 될 테니 말이다.

7

고객을 위한
맞춤 서비스

오피스 상권에 자리한 직영 점포를 관리할 때의 일이다. 상권의 특성상 점심시간 러시가 뚜렷했고 반면 주말과 휴일에는 고객의 모습을 찾아보기도 어려울 정도로 한산해졌다. 평일에는 꾸준히 매출이 발생하여 안정적인 모습을 보였지만, 주말 공백을 생각하면 만족할 만한 매출이라고 할 수는 없었다. 점심 러시 시간이면 가득 찬고객으로 매장은 한없이 붐볐지만, 한정적인 시간, 한정적인 인원으로 대응하다 보니 매출에도 한계가 있었다.

건물에 상주하는 회사와 제휴를 맺어 건물 임직원에 한 해 커피음료의 20%를 할인해 주고, 건물 외에 인근 회사들과도 제휴를 맺어 10%의 할인을 제공했더니 매출은 꾸준히 올랐지만, 어느 순간부터 정체되기 시작했다. 높은 임차 수준을 감당하기에 조금은 모자란 매출을 어떻게든 올리기 위해 점장과 함께 여러 방향으로 고객을 분석했다.

　러시 시간에 자리를 차지하고 가만히 앉아 오가는 고객을 한동안 분석해 보니 20대의 여성 고객이 많이 찾는다는 사실을 발견했고, 다른 점포에 비해 높았던 샌드위치와 샐러드의 매출이 조금씩 하락하고 있음을 알게 되었다. 점장의 아이디어로 샐러드 식단을 도입했다. 샐러드와 샌드위치 5가지를 섞어 일주일의 식단을 지정한 후에 5일 치를 한 번에 구매 시 정가에서 약 15%가량 할인해 주는 방식이었다. 고객은 일주일 치의 가격을 미리 지불하고 해당하는 요일에 해당하는 제품을 수령할 수 있었다. 혹시라도 해당하는 요일에 제품을 수령하지 못한 고객에게는 다음 날 두 가지 제품을 한 번에 수령하도록 배려했다.

　샌드위치/샐러드 식단은 기대 이상의 효과를 가져왔다. 생각보다 많은 고객이 식단에 관심을 가졌다. 식단 프로그램이 자리를 잡기 전까지 다소 시간이 걸렸지만, 일정 시간이 흐른 후에는 식단 프로그램을 선점하기 위해 월요일 아침 결제 대기가 걸리는 상황도 발생할 정도였다. 샐러드와 샌드위치 판매량이 증가함은 당연한 결과였고, 이에 더불어 매일 거의 동일한 샌드위치와 샐러드를 대량으로 만들 수 있으니, 원재료의 수율 또한 높아졌다. 건강을 생각하는 고객은 매일 같이 무얼 먹을지 고민하지 않으니 좋고, 점포는 고객이 무얼 먹을지 미리 알고 있으니 좋았다.

우리 매장을 찾아 주는 고객을 잘 분석해서 주요 고객층에 딱 맞는 행사를 기획하고 서비스를 확대했을 때 성공한 사례가 매우 많다. 대학교 안에서 매장을 운영하던 한 매장은 학교의 학과 사무실마다 전단을 뿌리고 케이터링 서비스를 도입했다. 30잔 이상 주문 시 보온 케이터링 박스에 커피를 채워서 현장에서 고객들에게 제공하는 방식이었다. 간단한 쿠키나 초콜릿 등을 함께 구매하면 할인도 제공했다. 세미나가 많은 대학교의 특성을 잘 활용한 좋은 예시였다. 한번 자리를 잡은 케이터링 수요는 지속적이고 안정적인 매출을 일으킬 수 있었다.

지방 도시 외곽에 자리한 한 점포에서는 본사의 지침과는 달리 고객이 직접 픽업해서 제품을 수령하는 것이 아니라 직원이 제품을 가져다주는 테이블 서비스를 도입했다. 바쁜 러시 시간을 제외하고는 주문을 마친 고객이 편하게 자리에서 기다리면 직원이 제품을 직접 가져다주었다. 이미 대한민국 카페 시장에 셀프서비스가 자리를 잡았지만, 주요 고객의 연령대가 다소 높은 이 매장에는 잘 어울리는 서비스가 아니었을까?

또 다른 오피스 상권의 한 매장에서는 샌드위치 배달 서비스를 시행하기도 했다. 대기업의 사옥 1층에 자리한 이 점포에서는 아침 출근 시간에 매장에 들러 결제를 마치면 매일 11시경 매장에서 직접 제조한 샌드위치를 직원이 사무실 책상으로 배달해 준다. 신선한 샌드위치를 자리에 앉아서 받을 수 있으니 아주 편리하다. 샌드위치와 함께 마실 수 있도록 착즙 주스를 세트로 구성하면서 구매 고객은 더욱 늘었다.

이러한 고객 맞춤형 서비스는 특수한 상권의 몇몇 매장에만 국한되지 않는다. 오피스 상권이 아니라 하더라도 충분히 고객의 원하는 바에 꼭 맞는 맞춤형 서비스를 제공해 매출을 증대할 방법은 많다. 우리 매장의 주요 고객이 카공 쪽이라면 한 잔의 음료를 오랫동안 즐기려 할 것이다. 그들에게 추가 요금을 받고 리필 서비스를 제공한다면 우리 매장으로 끌어당길 수 있지 않을까? 카공족들이 지나치게 오래 매장의 좌석을 차지하는 것이 못마땅하다면 매장에 한편을 카공족 전용 좌석으로 구성해 보는 것도 좋은 방법이다. 우리 매장의 주요 고객이 어린아이를 둔 엄마라면 좌석을 조금 양보하고 아이들을 위한 공간을 마련해 보는 건 어떨까?

KEY POINT

결국 답은 고객에게 있다. 고객을 잘 분석하면 해결책이 나온다. 어떤 고객이 우리 매장을 주로 이용하는지, 그러한 고객의 관심사는 무엇인지, 고객의 방문 빈도는 어떠한지. 이러한 사항들을 꼼꼼하게 분석하는 일에서부터 고객 맞춤 서비스는 가능해진다.

고객이 원하는 바를 정확하게 파악할 수만 있다면 언제든 어느 때든 기회가 주어진다. 고객을 분석하지 않고 높은 매출은 바랄 수 없다. 우리가 집중해야 할 주요 고객층을 선정하고 그들에게 필요한 서비스를 제공할 준비를 하자. 막무가내로 아무 서비스나 도입한다고 해서 효과를 볼 리는 만무하다. 고객 분석 없이 내 고집대로만 제품을 판매하는 것도 어리석은 일이다. 세상은 점점 빠르게 변하고 있고, 고객의 니즈는 점점 더 세밀해지기 때문에 고객의 원하는 바에 꼭 맞는 맞춤 서비스가 더더욱 필요로 한다.

8

내 카페
소문내기

서울 중심 번화가에 자리한 한 점포는 좋은 입지에도 불구하고 3층이라는 위치적 핸디캡으로 고객의 발길이 잘 닿지 않는 곳에 있었다. 오픈했을 당시부터 고객의 편의를 위해 여러 가지 노력을 기울였지만, 주말 몇 시간을 제외하곤 거의 모든 시간대에 매출이 넉넉하지 못했다. 시간이 흘러 매장의 위치가 고객에게 알려지면 자연스레 매출이 오를 거로 생각했지만, 오히려 날이 갈수록 고객의 방문은 점점 줄어드는 듯 보였다.

문제점이 무엇인지부터 파악하기 위해 설문조사를 해보기로 했다. 매장을 이용하지 못하는 이유와 우리 매장을 이용하는 데 불편한 점이 무엇인지를 묻는 설문 항목을 뽑아 전단지 형태로 만들어 거리로 나갔다. 아르바이트생을 동원해 짧은 시간 안에 많은 사람들의 의견을 받아내기로 했다. 설문조사에 응하는 시민들에게 매장에서 판매하는 소정의 상품도 제공했다. 예상보다 많은 시민들이 설문에 순순히 응해주었다.

가장 큰 문제는 역시나 노출이었다. 응답한 시민 중 절반 이상이 우리 매장의 존재 자체를 알아채지 못했다. 일단 우리 매장을 고객에게 알리는 활동이 필요했다. 사장님과 함께 논의해서 매일 같이 전단지 배포 작업을 진행하기로 했다. 직원을 한 명 늘려 유동 인구가 많은 저녁 시간과 주말 시간에 전단지를 배포했다. 사장님은 매장을 알리는 간판을 추가 설치하기 위해 건물 측과 끊임없이 논의했다. 결국 간판 설치에 대한 승인은 받아냈고, 고객의 시선에 잘 보이는 위치에 간판을 설치했다. 그러자 매장 이용 고객 수가 약 30% 가량 늘어나는 결과를 보였다.

고객에게 많이 노출된 매장이 많은 고객의 선택을 받는다. 많은 카페 사장님이 고객의 눈에 띄고자 부단히 애를 쓰는 이유이다. 사람들은 모르는 것, 보지 못한 것에 돈을 쓰지 않는다. 매장을 잘 차려만 놓으면 알아서 고객이 방문해 우리 매장의 단골이 되어줄 거란 기대는 허황된 망상이다. 심지어 프랜차이즈 매장이라 할지라도 수단과 방법을 가리지 않고 우리 매장을 노출하고 알리는데 힘을 쏟아야 한다. 거리에서, 매장의 입구에서 보게 되는 수많은 현수막과 포스터, 배너와 POP 등 다양한 홍보물은 조금이라도 더 우리 매장과 매장의 제품, 서비스를 고객에게 노출시키기 위한 방법들인 것이다. 단순한 홍보물이라고 할지라도 어떻게 사용하느냐에 따라 노출의 효과가 달라진다.

한 점포에서는 해마다 크리스마스 시즌이 되면 현수막을 지역 곳곳에 설치한다. 신도시 외곽에 위치해 유동 인구가 적다는 핸디캡을 극복하기 위해, 매장에서 약 500m나 떨어진 대로변으로 나와 현수막을 설치한다. 그것도 한두 개가 아니다. 무려 10개씩이나 설치한다. 그 비용만 해도 무시할 수 없을 정도다. 그뿐만 아니라 같은 내용의 대형 현수막을 건물 외벽에도 설치한다. 지나가는 시민들이 이 매장의 케이크를 안 보려야 안 볼 수 없도록 말이다. 이러한 홍보의 노력 덕분인지 지역 내에서 이 매장의 케이크 판매량이 가장 높다. 집 앞에서도 구매할 수 있는 케이크를 굳이 차를 몰아 이곳까지 와서 구매한다니 신기한 일이 아닐 수 없다. 위치적 한계를 극복하기 위해서는 이렇게라도 해야 하는 게 아닐까?

간판은 많으면 많을수록 좋다. 허가를 받을 수 있는 선에서 가급적 많은 간판을 설치해 고객의 주의를 끌어야 한다. 추가 간판을 설치할 수 없다면 위 점포의 사례와 같이 주기적으로 현수막을 여러 곳에 게시해 보자. 비용 면에서 간판보다는 저렴하고, 내용으로 변화를 주기에도 유리해 매장의 행사나 활동 사항을 홍보하기에 유리하다. 건물 벽면이나 유리면 등 자투리 공간에 시트지를 붙일 곳이 있는지도 확인해 보자. 정갈한 제품의 이미지가 들어간 시트지를 붙이는 것만으로도 간판의 역할을 대신해 낼지 모른다. 실제로 1층에 자리 잡은 한 점포에서는 2층 사무실의 승인을 받아 2층 창문에 시트지를 붙여 효과를 보기도 했다. 이가 없으면 잇몸이듯, 고민하다 보면 방법을 찾을 수 있을 것이다.

SNS는 거스를 수 없는 트렌드로 자리 잡았다. SNS야말로 매장을 알리고 제품을 소개하기에 더없이 좋은 방법이다. SNS에 노출을 늘리는 방식도 여러 가지이다. 가장 쉽게는 우리 매장의 SNS 계정을 생성해 우리 매장의 여러 가지 행사를 홍보할 수 있다. 본인이 직접 SNS를 관리하면 좋겠지만, 여력이 없거나 실력이 모자란다고 판단된다면 직원을 고용해 관리를 맡길 수 있다.

혹은 SNS 홍보를 대신해 주는 마케팅 업체가 많이 있으니 그러한 업체를 이용해 보는 것도 방법이다. 전단지를 제작하고 아르바이트를 써서 고객에게 뿌리는 데 비용이 들듯이, SNS 홍보에도 비용이 든다는 사실을 기억하자. 비용을 들이지 않고 매장의 노출을 늘릴 수 있다면 금상첨화겠지만, 사실상 모든 마케팅 활동에는 비용이 수반된다. 10년 이상 한자리에서 장기간 영업으로 이미 소문 난 맛집이 아닌 이상, 홍보와 마케팅을 위한 비용 지출은 필수라고 생각해야 한다.

KEY POINT

다양한 방향, 다양한 각도에서 우리 매장을 바라보고 고객의 눈높이에서 우리 매장이 잘 노출되고 있는지 점검해 보자. 때로는 사장의 관점이 지나치게 함몰되어 객관적이지 못 할 수 있다는 사실을 인정해야 한다. 우리의 눈에는 잘 보이는 매장이지만 정작 고객에 게 잘 노출이 되고 있는지 계속해서 확인해야만 한다. 그러려면 매장을 벗어날 수 있어 야 한다. 출근할 때와 퇴근할 때만 매장 외관을 점검하는 것이 아니라, 주기적으로 매장 을 나와 고객의 시선을 따라가 보고 그 시선에 우리 매장이 들어오고 있는지를 관찰해 야 한다. 노출이 즉각적인 효과를 가져올 수는 없겠지만, 작은 노출이 쌓이면 큰 흐름이 되어 매장으로 돌아온다는 사실을 명심하고 꾸준하게, 지속해서 관리하고 고민해 보자.

9

호기심
자극하기

　대한민국의 중심 강남 한복판에 오픈한 점포였다. 하루에 이 주위를 오가는 사람이 족히 10만 명은 될 만큼 번화가였다. 이 매장의 유일한 단점이라고 하면 2층이라는 사실이었다. 접근성이 좋은 1층에 매장을 열면 훨씬 더 많은 노출이 가능하겠지만, 억 소리 나는 임차료를 감안한다면 손익 면에서 2층이 낫다는 판단이었다. 매장이 2층에 위치한다는 사실이 다소 핸디캡으로 작용하긴 하지만, 넘쳐나는 유동인구를 감안하면 이 정도 핸디캡은 충분히 극복할 수 있다. 사장님은 오픈과 동시에 즉각적인 홍보를 원했다. 짧은 시간 안에 안정적 매출이 발생해 주기를 바랐기 때문이다. 유동 인구가 많고 그중에도 젊은 층의 인구가 많은 강남이었기에 선택한 방식은 고객의 호기심을 자극하는 것이었다. 우선 홍보 에이전시를 통해

훈훈하고 훤칠한 외모의 훈남 한 명과 귀엽고 통통 튀는 여성 한 명, 이렇게 두 명의 판촉원을 섭외했다. 두 사람에게 아메리카노 무료 쿠폰이 포함된 전단 뭉치를 쥐여주고 강남역 주변을 돌며 뿌리도록 했다. 단순히 전단만 뿌리는 것이 아니라 고객들과 가벼운 게임을 진행해 승리한 사람에게만 쿠폰을 나눠주라고 했다. 물론 고객이 이길 때까지 게임은 계속해도 좋다고도 귀띔했다.

판촉원들은 전문가답게 매우 활기차면서도 활발하게 주변 거리를 돌아다녔다. 판촉원들 주위로 점점 인파가 몰리기 시작하자 위치를 매장 입구로 유도해 입구에서 게임을 진행했다. 화기애애한 분위기에서 게임에 참여하고 아메리카노 무료 쿠폰까지 받은 고객은 당연하게도 매장으로 발걸음을 옮겼다. 두 명의 판촉사원 덕분에 오픈 당일 2층이라는 핸디캡에도 불구하고 천만 원이라는 매출 기록을 세울 수 있었다.

한때 필자가 근무하는 브랜드에서는 신규 매장이 오픈할 때 아주 긴 롤케이크를 만들어 커팅식을 진행했다. 약 10m에 달하는 긴 롤케이크를 매장 구성원과 직원들이 함께 잘라 매장 앞을 지나는 고객에게 시식용으로 제공했다. 흔히 볼 수 없는 오픈 행사에 고객의 시선이 쏠리는 것은 당연했다.

홍보는 결국 관심이다. 고객의 관심을 어떻게 하면 끌어올 수 있는지 꾸준히 고민한다면 위 사례와 같은 결과를 이룰 수 있다. 고객의 관심을 끌게 할 오픈 판촉 프로모션을 기획할 수도 있고, 고객의 이목을 집중시키기 위해 광고를 이용하는 것도 같은 이치다. 그런데 이러한 관심은 호기심에서 시작한다. 고객의 뇌리에 '어? 저게 뭐지?'하는 의문을 만들어 낸다면 그 고객에게서 관심을 끌어 내기가 훨씬 수월해진다. 많은 카페에서 돈이 되지 않는 다양한 이벤트를 진행하는 이유이다.

필자 브랜드에서는 해마다 구정이 되면 신년 뽑기 이벤트를 진행한다. 종이판에 여러 개의 뽑기를 붙이고, 각 뽑기마다 등수를 매긴다. 등수에 해당하는 사은품은 뽑기 판 옆에 별도로 게시해서 고객이 인지할 수 있게 한다. 이러한 뽑기 행사는 고객에게 행운의 기운을 전달하면서 사은품도 받아 갈 수 있도록 해주니 고객이 싫어할 리 없다. 행사에 참여할 수 있는 조건은 유동적으로 설정할 수 있다. 물건을 구매한 고객에게 무료로 한 번을 뽑게 할 수 있고, 혹은 별도의 금액을 책정해 구매와 상관없이 뽑기만 구매할 수 있도록 할 수도 있다. 매장을 운영하면서 재고로 쌓아두었던 제품이 있다면 이러한 행사를 통해 정리하기에도 용이하니, 누이 좋고 매부 좋고, 도랑 치고 가재 잡고, 마당 쓸고 동전 줍는 격이다. 잊을만하면 찾아오는 이러한 행사라면, 시들해지는 고객의 호기심을 자극할 만하다.

한 매장에서는 고객의 호기심을 자극하기 위해 스톱워치 행사를 진행했다. 필요한 것은 오직 스톱워치 하나. 제품을 구매한 고객에게 스톱워치를 주고, 설정해 놓은 시간의 범위 안에서 스톱워치를 멈추면 즉석에서 가격을 할인해 주었다. 손해 볼 것 없는 행사에 고객이 관심을 두지 않는다면 그게 더 이상할 일이다.

이 단순한 행사 하나로 매장의 분위기가 확 바뀐다. 여기저기서 깔깔거리는 소리가 터져 나오고 고객과 활기찬 직원들의 소리가 어우러져 생동감 있는 매장이 연출된다. 카페의 콘셉트에 따라 다르게 적용할 수 있겠지만, 지나치게 매장이 가라앉아 있다고 판단된다면 한 번쯤 시도해 볼 만한 작은 이벤트이다. 단, 매출이 많은 시간대에는 대기 시간이 길어질 수 있으니 주의하자.

KEY POINT

때로는 의미 없어 보이는 활동이 극적인 반전을 일으키는 상황이 있다. 누차 설명한 바와 같이 카페는 이용에 만족을 느낀 고객이 더 자주 방문하게 만들 수 있을 때 매출이 오른다. 말하자면 단골에 의해 매출이 달라진다는 것이다. 그런데 아이러니하게도 단골은 우리 매장의 일상적인 제품과 서비스에 금세 싫증을 느낀다. 우리 매장의 특정한 요소가 마음에 들어 자주 방문하는 고객이라도 매장에 싫증을 느낀다면 매장을 다시 방문하는 재방문 주기가 길어지기 마련이다.

어느 순간 자주 방문하던 고객이 뜸하게 느껴진다면 그때가 바로 호기심을 자극하는 행사가 필요한 시점이다. 카페는 살아 숨 쉬는 유기체와 같다. 지속해서 움직여 주어야만 고객에게 생동감 있게 느껴지는 곳이 카페. 주기적으로 고객의 관심을 끌기 위해 호기심을 자극할 만한 행사를 기획하고 실행하자. 고객의 호기심은 곧 우리 매장에 대한 관심이다.

10

목표 의식을
가져라

직영점을 담당할 때의 일이다. 이 매장의 높은 임차료를 감당하기 위해 그만큼 높은 매출이 필요했는데, 높은 매출 목표에 비해 저조한 실적으로 부임한 지 얼마 되지 않은 점장은 고전을 면치 못했다. 점장은 매출을 올려보고자 부단히도 애를 썼다. 다가오는 벚꽃 시즌을 맞이해 남대문 시장을 직접 찾아 매장 연출 장식물도 구매하고, 매장에서 케이터링을 진행했던 업체들에도 연락을 돌려 케이터링 서비스를 다시금 홍보하기도 했다.

하지만 점차 노후화되고 있던 매장과 주변 경쟁 점포의 증가로 인해 매출을 다시 회복하기란 생각보다 쉽지 않았다. 전년보다 확연하게 달라진 경기 영향도 매출 부진에 한몫하는 듯 보였다. 부임 후에 한 달이 지나는 시점에 점장이 꺼내든 카드는 연장 영업이었다. 오피스 상권인 매장에서 연장 영업이 의미가 있을까 싶었지만, 점장은 밀어붙였다. 어떻게든 조금이라도 매출 차질을 줄이고자 하는 의지가 있었기 때문이었다.

밤 11시까지 운영하던 매장을 금요일과 토요일에 한 해 새벽 2시까지 영업으로 변경했다. 그런데 의외의 결과가 나타나기 시작했다. 11시 이후에 매출이 발생하는 것은 당연한 일이었지만, 덩달아 하루 평균 매출도 상승했다. 분석을 해보니 10시부터 11시 대의 매출이 눈에 띄게 늘었다. 11시까지 운영하는 매장이라면 10시 후에 방문하는 고객이 한 시간도 채 남지 않은 시간을 보내기가 망설여졌겠지만, 연장영업을 하며 머물 수 있는 시간이 많이 남은 공간으로 변하자 고객은 기꺼이 들러서 시간을 보내게 된 것이었다. 게다가 늦게까지 회식을 즐긴 직장인들이 새벽까지 영업하는 매장에 들러 3차 혹은 4차를 즐기는 현상도 생기니 없던 매출이 생겨난 것과 다름없었다.

매출이 저조한 점포라면 가장 손쉽게 시행해 볼 수 있는 매출 활성화 방법이 바로 연장 영업이다. 연장 영업에 대한 자신감이 부족하고 늘어날 인건비가 부담된다면 카페의 사장 혹은 총책임자가 스스로 마감 업무를 진행하며 운영 시간을 한 시간씩 늘려볼 수 있다. 예를 들어 10시가 마감인 점포라고 하면 직원들은 기존과 같이 모두 10시에 돌려보낸 후 사장이 혼자 남아 마감 업무를 하면서 11시까지 한두 팀의 고객이 더 방문해 주기를 기다려 보는 것이다. 어느 정도 매출 발생에 확신이 선다면 정규직 직원의 스케줄을 변경하여 추가 인건비가 들지 않는 선에서 연장 영업을 시행할 수 있다.

위 예시의 점포 또한 첫 시작은 점장의 연장 근무에서 시작했다. 연장 영업은 그 자체로 추가 매출 확보라는 결과를 가져올 수 있으면서도, 한편으로는 매장 환경 관리가 꼼꼼해진다는 부수적인 결과물도 가져온다. 위에서 예시로 든 점포는 새벽까지 연장 영업을 하면서 1층과 2층인 대형 매장을 반짝반짝 빛이 날 정도로 청소할 수 있게 되었다. 연장 영업을 하게 된다면 그동안 하고 싶었지만, 시간이 없어 미루었던 매장 환경 관리에 집중해 보자.

매출을 늘리기 위해 무작정 시간을 연장하는 것은 현명한 방법이 아니다. 연장 영업에도 나름의 기준을 수립함이 좋은데, 해당 시간의 매출액 대비 인건비의 비율을 따져보아서 인건비 비율이 30%가 넘어간다면 연장 영업의 효과가 미비하다고 보면 된다.

예를 들어 10시부터 11시까지 추가 인건비가 1만 원이 들어간다고 하면 그 시간대의 평균 매출이 3만 3천 원 이상은 나와 주어야 한다는 의미다. 이에 미치지 못한다면 해당 시간대의 연장 영업은 다시 판단해 보도록 하자. 혹시 연장 영업으로 인해 월평균 인건비 비율이 3% 이상 증가한다면 이 또한 재고의 대상이 된다. 점포별로 이러한 기준을 다르게 수립할 수 있으니 각자 점포의 상황에 맞도록 기준을 세우고 영업시간을 유동적으로 변경해 보자.

한 가지 더 주의해야 할 점은, 영업시간을 단축하는 효과는 즉각적으로 발생하지만, 영업시간을 연장할 때는 효과를 보기까지 시간이 걸린다는 사실이다. 쉽게 표현해서 한 시간 일찍 문을 닫기로 했다면 방문한 고객은 즉시 그 사실을 인지하고 다시는 그 시간에 매장을 방문하지 않게 된다. 반면 운영 시간을 한 시간 연장한다고 하더라도 그 사실을 고객이 인지하는 데에는 시간이 걸린다. 그래서 연장 영업은 가볍게 시도해 볼 수 있지만 단축 영업을 결정할 때는 매우 신중해야만 한다.

KEY POINT

원하는 매출이 나오지 않는다고 상권만 탓하고 앉아 있을 수는 없다. 어떠한 활동이든 시도해 보려는 의지가 매출을 만든다는 사실을 잊지 말아야 한다. 필자 회사의 직영점은 점포별로 연간 목표를 부여하고 이를 월별로 쪼개어 관리한다. 각 점포의 점장은 월별 목표를 일자별로 배분해서 매일매일의 매출 목표를 달성하는지 수시로 점검하고 개선책을 마련한다. 평균 매출 면에서 직영점이 가맹점 보다 두 배 가까이 높은 이유 중 하나가 바로 이 목표 의식이다. 물론 직영점이니 더 좋은 상권에 입점하기도 하지만, 점장과 각 구성원이 목표를 달성하기 위한 의지를 스스로 보이기 때문에 같은 상권, 같은 크기의 점포라도 직영점의 매출이 월등히 높은 것이다. 점포의 직원들에게 어떻게 목표 의식을 심어줄 것인가를 사장이라면 반드시 고민해 보아야 할 이유이다.

매출 관리 집중 탐구

매출 관리의 노하우를 이야기하기 전에 매출이 무엇인지부터 설명해야겠다. 사전적 의미로 매출은 제품이나 상품, 서비스 등을 판매하여 얻는 영업활동의 대가이다. 카페로 말하자면 손님들에게 커피나 디저트를 판매하는 대신 받는 돈이 모두 매출이다. 장사를 해본 사람이거나 사업을 해본 경험이 있는 사람들은 매출에도 분류가 있다는 사실을 알고 있을 것이다.

기업이나 단체에 따라 부르는 말이 조금씩 달라지곤 하지만, 통상적으로 매출은 총매출액, 실매출액, 순매출액 등으로 구분한다. 총매출액은 고객으로부터 받은 전체 금액을 가리키고, 실매출액은 총매출액에서 수수료 등을 제외하고 실제로 우리 통장에 입금받는 금액을 의미한다. 실매출액에서 부가세를 제외하면 순매출액이 되는데, 기업에서는 대부분 이 순매출액을 가장 중요시 생각한다. 나머지 매출액은 조건이나 환경에 따라 변할 수가 있지만, 순매출액은 어떠한 경우라도 변하지 않기 때문에, 기업의 성과 평가 지표로 활용하는 것이다.

이해하기 쉽도록 예를 들어 보면, 아메리카노 한 잔에 5천 원이라고 가정했을 때, 고객에게 받는 5천 원은 총매출액이다. 고객이 5천 원을 카드로 결제했다고 가정하면 카드사에서 정산해 줄 때에는 카드 결제 수수료를 제하고 돌려주게 되는데, 카드 결제 수수료가 1%라고 가정하면 50원은 제하고 4,950원 만 통장으로 입금해 준다. 이 금액이 실매출액이다. 그런데 5천 원의 영수증을 살펴보면 부가세로 10%의 금액인 454원이 포함되어 있다. 정산받는 4,950원에서 이 부가세를 제외한 4,496원이 바로 순매출액이다. 일반적인 가게 사장님이라면 이렇게까지 세세히 알아야 할 필요는 없다. 총매출액을 기준으로 관리해도 매출 관리에는 충분하다.

구분	금액	항목
제품가격(A)	5,000원	총매출
통신사 할인(B)	500원	
할인 후 매출(A-B)	4,500원	실매출
부가세(C)	409원	실매출÷1.1
순매출(A-B-C)	4,091원	순매출

그러면 여기서 질문을 던져본다. 내가 50평의 카페를 운영하는 데 아무리 노력해도 손님이 꽉 차지 않아 10평 정도를 떼어서 월세를 받기로 했다고 치자. 이는 카페의 매출일까 아닐까?

바로 정답을 알려주자면 이는 카페의 매출이 아니다. 카페 사장님의 입장에서 보면 부가수입이긴 하지만, 정확히는 카페의 매출로 계산해서는 안 된다.

그 이유는 간단하다. 매출은 영업활동의 대가로만 책정되어야 하기 때문이다. 카페는 임대 사업이 아니다. 카페에서의 영업활동은 커피나 디저트를 팔고, 공간을 제공하는 것이다. 따라서 카페의 영업활동 외에 부가적으로 얻어지는 수익이 있다면 이를 매출로 반영해서는 안 된다. 매출을 활용해 다양한 분석과 주요 의사결정을 하고 싶다면 매출의 개념을 반드시 이해해야 한다. 순수한 영업활동만으로 고객에게 받을 수 있는 재화가 바로 우리의 매출이다.

매출이 가지는 의미는 무엇일까? 매출이 왜 중요할까? 왜 모든 기업이 손익이 아닌 매출을 기준으로 잘 되고 잘되지 않음을 판단하는 것일까? 사실 매출보다는 손익이 사업에 있어서 몇 배는 더 중요하다. 매출이 아무리 높다고 한들 손실을 보는 사업이라면 그 존재 이유가 없기 때문이다.

하지만 매출은 손익의 기본이자 시작점이기 때문에 매출이 중요하다. 매출이 저조한 매장은 관리를 통해 개선할 수 있는 손익의 범위가 넓지 않다. 부대 비용을 아무리 줄인다 한들 매출이 낮은데 수익이 클 수는 없는 법이다. 하지만 매출이 큰 매장이라면 비용 관리를 통해 확실한 개선의 효과를 볼 수 있다. 수익구조는 경영 환경이나 운영 방식에 따라 달라질 수 있지만, 매출만큼은 정직하게 사업의 건전성을 들여다볼 수 있는 수단이 된다.

또한 매출이 높으면 인력 운영과 원재료 수율 면에서 효율성을 증대시킬 수 있고, 비용 관리를 통해 수익성을 향상할 수 있는 개선의 여지가 상대적으로 더 많다. 예를 들어 5천만 원 매출인 카페의 수익률이 10%이고, 2천만 원 매출인 카페의 수익률이 25%라고 가정하면 두 사업 중 어느 사업이 더 안정적일까? 두 사업의 순이익은 똑같이 500만 원이니 결론적으로 벌어가는 돈은 같을 수 있다.

하지만 운영과 안정성 면에서는 확실한 차이가 있다. 2천만 원 매출의 매장이면 두 명의 직원을 채용할 수 있을 텐데 그중 한 명이 갑자기 매장을 나오지 않으면 답이 없다. 아마 이런 경우라면 사장이 직접 대타로 근무해야 할지 모른다. 하지만 5천만 원 매출의 매장이라면 직원이 네 명은 될 것이다. 네 명의 직원 중 한 명이 갑작스러운 일로 매장에 나오지 않는다고 할지라도 매장 운영에 심각한 타격이 되지는 않는다. 대체할 인력이 있기 때문이다.

이처럼 간단한 예시만 들어 보아도 매출액이 왜 중요한지 알 수 있다. 매출이 높은 매장이라면 그만큼 매장을 더 안정적으로, 더 효율적으로 장기간 운영할 수 있는 확률이 높아지기 마련이다. 그래서 모든 기업 평가의 기준은 매출이 된다.

매출 관리의 기본은 분석이다. 우리 매장의 매출이 어떻게 변화하고 있는지, 어떤 특성이 있는지 분석하는 일에서부터 매출 관리가 시작된다. 분석을 위해서는 일정 기간 데이터가 필요하다. 카페는 제품뿐만 아니라 공간을 함께 판매하는 사업이기 때문에 상권에 따라, 위치에 따라, 규모에 따라 매출의 편차가 매우 크게 나타난다. 그래서 카페의 매출은 예측하기가 쉽지 않다. 하지만 일정 기간 운영을 통한 데이터가 쌓이고 나면 매출의 등락을 파악할 수 있다. 전년 대비, 전월 대비, 전주 대비 매출의 등락을 살펴보고 우리 매장의 매출이 어떻게 변하고 있는지 수시로 파악해야 한다.

매출에 결코 우연이란 있을 수 없다. 고객의 모든 구매에 이유가 있듯이, 모든 매출에는 이유가 있다. 매출 한 건 한 건의 이유를 모두 찾아낼 수는 없다고 하더라도 매출 추이에 있어서는 이유를 찾아낼 수 있어야 한다.

예를 들어 어떤 매장의 3월 셋째 주 주말 매출이 유독 낮았다고 가정해 보자. 이유를 찾기 위해 어떤 자료를 찾아봐야 할까? 그렇다. 전년과 같은 기간의 매출을 확인해야 한다. 전년 3월 셋째 주 주말 매출을 확인해 보면 그즈음부터 벚꽃놀이 시즌이 다가와 고객이 외곽으로 빠져나갔다는 사실을 확인할 수 있다. 어떤 매장은 매주 월요일 매출이 다른 요일에 비해 높았다. 이유를 찾아보니 매주 월요일 인근 기업체의 정례 회의가 이 매장에서 이루어짐을 알 수 있었다. 또 다른 매장은 매월 말일의 매출이 유독 높았다. 이유는 인근 공무원들이 예산을 모두 사용해야 하는 날이었기 때문이었다.

이처럼 과거 데이터를 기반으로 우리 매장만의 매출 추이를 직감할 수 있을 정도가 되어야 하고, 이러한 매출 추이를 기반으로 매장 운영의 기조를 세워야 더욱 효과적인 대응이 가능하다.

매출이 매장 운영의 주요 사항에 영향을 주려면 매출 그 자체뿐 아니라 매출의 구성도 들여다보아야 한다. 쉽게 표현하자면 어떠한 제품이 많이 팔렸는지 확인해야 한다. 카페는 커피를 판매하는 곳이지만 커피만 판매하지는 않는다. 모든 카페는 저마다의 디저트나 베이커리를 구비하고 있고, 사실상 그러한 푸드류에 특색이 있는 카페가 고객의 선택을 확실하게 받을 수 있다. 커피와 디저트뿐만 아니라 그랩 앤 고(Grab&Go) 제품도 판매한다. 쉽게 집어 갈 수 있도록 계산대 근처에 비치하는 초콜릿이나 캔디류가 이에 해당한다.

다양한 구색의 MD 상품을 판매하는 곳도 많다. 텀블러나 머그컵, 팬시류나 액세서리까지 다양한 제품을 카페에서 판매하는 곳이 늘어나고 있다. 이처럼 많은 제품 중에 어떠한 제품이 많이 혹은 자주 판매되는지 수시로 확인해야 한다. 우선 각각의 제품을 분류해 제품군으로 묶어주자. 크게 묶으면 커피음료, 디저트, 상품, MD 등으로 묶을 수 있고, 더 세세하게는 커피류, 음료류, 케이크류, 베이커리류, 상품류, MD 류 등으로 묶을 수 있다.

이처럼 제품군으로 묶어 우리 매장의 주력 상품군이 어떤 부류인지 파악하고, 시즌에 따라 어떠한 제품의 매출이 늘어나고 줄어드는지 수시로 파악해 보아야 한다. 평소 잘 판매되는 제품의 판매가 줄어들었다면 어떠한 이유로 그런 현상이 발생했는지 유추해 보고 그 현상에 특이점이 있는지도 판단해 보자.

예를 들어 잘나가던 아이스크림 제품의 판매량이 현격히 줄어들었다고 가정해 보자. 날씨가 갑자기 추워지는 계절이라면 특이한 사항은 아니라고 판단해야 한다. 전년도의 아이스크림 판매량 변화에 따라 원재료와 부재료의 주문을 줄이고 쌀쌀한 날씨에 어울리는 제품으로 매장의 주력 제품에 변화를 주어야 한다. 프랜차이즈 카페라면 이러한 시기

변화에 따라 본사에서 알아서 신제품을 출시해 줄 가능성이 높지만, 개인 카페를 운영한다면 스스로 이러한 부분까지 세세하게 고려하여 운영의 변화를 줄 수 있도록 훈련이 필요하다. 시기적으로 본다면 여름에는 아이스크림이나 빙수류의 매출이 높아지지만, 겨울 시즌에는 베이커리 제품이나 케이크류의 판매가 늘어난다.

트렌드를 따라잡기 어렵다면 프랜차이즈 업체의 동향을 벤치마킹해도 좋다. 어찌 되었든 제품 판매량 분석에 따라 점포 운영의 변화를 줄 수 있어야 하니 매출의 구성을 면밀히 살펴보도록 하자.

시간대별 매출을 분석하는 방식으로도 매장 운영의 효율성을 증대시킬 수 있다. 대부분의 카페는 상권에 따라 고객이 집중되는 시간대가 정해져 있다. 주거지라면 오전과 오후 시간이 바쁘고, 상업지는 저녁 시간에 손님이 많다. 오피스 상권의 카페는 점심시간 러시가 있어야 안정적 매출을 기대할 수 있다. 두 개 이상의 상권을 복합적으로 가지고 있는 카페라면 여러 번의 집중 시간대를 보일 수도 있다. 이처럼 우리 매장에 손님이 집중되는 시간대가 언제인지 알고 있으면 적은 인건비로 고효율의 운영이 가능하다. 바쁜 시간대에는 인력을 더 투입하고 한가한 시간대에 직원의 휴식을 보내는 등의 방법으로 효율을 증대시킬 수 있다.

경험적으로 러시가 강한 카페의 인건비가 꾸준히 바쁜 매장보다 더 적게 발생하는 듯했다. 아무래도 고객이 집중되는 시간에만 추가 인건비를 투입하면 되기 때문에 운영 효율성이 좋아지지 않았을까 생각한다. 시간대별 매출을 파악해 매장의 핵심 운영시간을 지정하도록 하자.

시간대별 매출을 분석하기 위해서 나름의 기준을 세워서 시간대를 그룹화해 보아야 한다. 예를 들어 오픈부터 오전 11시를 오전, 11시부터 14시를 점심, 14시부터 16시를 오후,

16시부터 마감까지를 저녁으로 그룹화할 수 있다. 각자의 기준에 따라 시간대를 조정하거나 더 세세하게 나누어 보아도 좋다.

시간대를 나눈 후에는 각 시간대의 매출이 전체 매출에서 차지하는 비중을 살펴보자. 어떤 시간대에 고객이 몰리는지를 확인하는 것이다. 몰리는 시간대를 찾는 것에서 그치면 안 된다. 왜 그 시간대에 사람들이 몰리는지, 몰리는 고객은 어떤 부류인지 판단해야 한다. 오전 시간 매출이 많아진다고 하면 주부 고객의 방문이 늘었다는 뜻일 것이다. 주부들이 원하는 서비스가 무엇일까? 간단하다. 어떤 상품이든 주문하지 않은 걸 주면 된다. 얼굴을 알아봐 주며 작은 캔디라도 하나 건네면 그 즉시 단골이 될지 모른다. 점심 러시의 매출이 늘었다면 어떤 고객을 눈여겨보아야 할까? 그렇다. 회사원이다. 회사원이 원하는 서비스는? 바로 스피드다. 회사원에게 점심시간은 천금과도 같다. 그들의 발길을 계속해서 끌고 싶다면 주문을 받는 과정에서부터 제품을 내어주기까지 빠른 스피드가 유지되어야 한다.

이처럼 매출이 일어나는 주요 시간대를 파악하는 것만으로도 운영의 전략이 상당히 달라질 수 있다. 전체 매출의 등락을 분석하는 것과 마찬가지로 전년 대비, 전월 대비, 전주 대비 어느 시간대의 매출이 늘어나고 하락했는지 분석해 보자. 때로는 전체 매출에는 변함이 없지만 시간대 매출만 변하는 경우도 종종 있다. 주요 고객층이 변경되었다는 의미일 수 있으니, 주기적으로 확인하기를 권한다.

매출 분석의 기본 방식

매출 구성 분석	객수 증감		객단가 증감	
기간대비 분석	전년대비 증감	전월대비 증감	전주대비 증감	시즌 기간 분석
매출 세부 분석	제품군별 매출 비중	시간대별 매출 비중	요일별 매출 비중	결제수단별 매출 비중

매출의 변화는 곧 고객의 변화를 의미하고, 고객의 변화는 곧 카페 운영의 변화를 의미한다. 고객의 변화를 파악하지 못하는 카페라면 점점 더 고객의 선택을 받지 못하고 퇴보할 것이 분명하다. 장기적으로 건전한 카페를 운영하기를 원한다면 매출을 분석하라. 매출 분석이 처음에는 다소 어렵고 시간이 걸리는 귀찮은 일일지 모르지만, 매출을 자세히 살펴보고 분석해 보는 일만으로도 앞으로 다가올 상당히 많은 위험 요소를 사전에 파악하고 대비할 수 있다.

매출을 분석하는 일정한 시간을 따로 떼어두라고 조언하고 싶다. 매출 분석은 시간이 날 때 하는 부가 업무가 아니다. 사장이라면 반드시 해야만 하는 일상적인 업무 중 하나이다. 카페가 한가한 시간에 매출을 확인해 보겠다고 막연하게 생각하는 사장님들이 많다. 하지만 생각이 행동으로 옮겨지기는 어려워 매출 관리는 뒷전으로 밀리곤 한다. 우리 매장의 오픈 시간이 9시라면 매일 아침 8시 반경에는 매장에 출근해서 어제의 매출이 얼마였는지, 특기할 만한 점은 없었는지 확인해 보는 습관을 들이는 것이 좋다.

최소 한 달에 한 번은 매출 구성을 확인해 보아야 한다. 어떤 제품이 많이 팔렸는지, 어떤 시간대에 고객의 유입이 감소 되었는지 정기적으로 분석하는 시간을 반드시 가지도록 하자. 처음에는 익숙하지 않은 일이라 시간이 다소 걸릴지 모르지만, 적응이 되면 큰 노력 없이도 파악이 가능한 수준이 될 것이다. 관심만 있다면 누구나 할 수 있는 일이니 두려워하지 말고 노력해 보기를 바란다.

모든 카페에서 매년 12월이 되면 항상 해야 하는 일이 있다. 12월이 크리스마스가 있는 달이니 바쁘게 준비하는 것도 당연하지만 그보다 더 중요한 일이다. 바로 매출 계획을 세우는 것이다. 한 해를 마무리하기 전에 다가올 해의 매출을 예측하고 계획을 세워보는 일이 곧 다가올 크리스마스를 성공적으로 치르는 것보다 훨씬 더 중요하다.

매출 계획은 두 가지 의미를 지닌다. 우선 기업에서의 매출이 모든 예산의 기준이 되듯 카페도 언제 어느 정도의 매출이 예상되는지에 따라 운영해야 할 자금과 비용을 결정한다. 적절한 시기에 적절한 비용을 집행할 수 있으려면 다가오는 해의 매출을 예측해 두어야 한다. 다음으로 매출의 예측은 곧 목표와 연관된다. 다양한 시장 환경이 수시로 변하기 때문에 매출은 예측한 대로 흘러가지 않는다. 그래서 매출에는 반드시 목표가 필요하다. 목표가 있어야만 지치지 않고 전진할 수 있다. 지향점이 있는 사람과 그렇지 못한 사람과의 차이는 굳이 언급하지 않아도 모두 이해할 것이다. 카페의 매출도 마찬가지이다. 매출은 사장과 카페 구성원의 노력이 쌓이고 쌓여 이루어지는데, 지향점이 없는 카페와 그렇지 못한 카페는 노력의 차이가 생기기 마련이다.

매출 목표는 항상 공격적이어야 한다. 적당히 내버려두면 달성할 수 있는 정도의 수준으로는 동기부여 면에서도 실질적 효용성 면에서도 적합하지 않다. 기본적으로는 물가 인상률을 반영해 매년 3% 이상의 매출 증가가 이루어져야 건전한 카페라고 할 수 있다.
이에 더해 카페의 연차별 매출 추이도 반영하자. 대략 1년 차에 비해 2년 차에는 7~10%의 성장을 보이게 되고, 3년 차에는 2년 차 대비 5~7%, 4년 차에는 3년 차 대비 약 3~5%의 성장을 보이다 5년 차부터는 매출 성장의 한계를 느끼게 된다.
이러한 연차별 성장 추이를 반영해 공격적 매출 목표를 설정해야만 성장이 멈추는 일을 방어할 수 있다. 매출 성장을 위한 목표를 공격적으로 세우고 목표를 달성하기 위한 노력을 지속하는 카페는 세월의 흐름으로 인한 노후화의 여파를 비교적 덜 경험하게 될 것이다.

다가올 1년의 매출 목표를 세웠다면 월별로 목표를 분할 해보자. 전년 매출을 기준으로 월별 지수를 뽑아낼 수 있을 것이고, 이를 반영해 월별로 달성해야 할 목표를 수립하자. 몇 가지 고려해야 할 사항이 있다. 기본적으로는 설, 추석 명절과 휴일을 감안해야 한다.

영업 일수가 달라지거나 휴일 수가 달라지는 달은 이를 반영해 매출 목표를 보정해야한다. 밸런타인데이나 화이트데이, 크리스마스 등과 같이 카페 이용이 많아지는 날이 무슨 요일인지도 확인하도록 하자. 그러한 기념일이 주말과 인접해 있다면 더 많은 매출을 기대할 만하다. 월별 매출의 기준은 전년 동월이 되어야 하되, 특이점이 있어 발생한 매출은 제외하고 계획해야 한다. 여기서 특이점이란 전년에는 있었지만, 올해는 발생하지 않을 매출이다. 예를 들어 지인으로 인한 대량 매출이나 일회성 단체 납품과 같은 것이 이에 해당한다.

이렇게 월별 목표가 정해졌다고 하면 이제 일자별로 목표를 분할한다. 매월 말일에 목표 달성 여부를 확인하기보다는 매일매일의 매출 목표 달성률을 체크하고 부족한 부분은 그때그때 대응해서 추가 매출을 확보할 방법을 찾아야 한다. 직영점을 관리할 때는 시간대별 매출 목표까지 수립한 경험이 있다. 시간대별로 부족한 매출을 메꾸기 위해 즉각적인 프로모션을 걸거나 홍보 활동을 위한 인력을 배치하면 조금이나마 매출에 도움이 되었기 때문이다. 직영점처럼은 아니어도 좋다. 매일매일 매출에 관심을 두고 하루하루의 목표를 맞추려는 노력과 의지만으로도 더 나은 매출 달성이 가능하다는 사실을 알아주기를 바란다.

장사하는 사람들에게 매출 관리는 기본 중의 기본이다. 그래서 대부분 자영업자는 그날그날의 매출에 관심을 가지고 지켜본다. 하지만 의외로 시간을 내서 매출을 꼼꼼히 분석해 보고 언제 어떤 매출이 어떻게 생겨났는지는 고민하지 못하는 것이 현실이다. 경험이 부족하거나 자신이 없어서이기도 하지만 그만큼 장사에 정신이 없기에 더더욱 그렇다. 하지만 매출은 우리 사업을 객관적으로 판단할 수 있는 주요한 수단이면서 의사결정을 위해 가장 먼저 살펴보아야 할 지표이다. 우리 카페가 잘 운영되고 있는지, 어떤 어려움이 예상되는지 알고 싶지 않은가? 그렇다면 매출을 분석하라. 매출만큼은 거짓 없이 현

상황 그대로를 말해줄 것이다. 매출 분석이 분석 그 자체에서 그친다면 그야말로 정말 업무가 되어버린다.

매출을 분석한 후에는 이유와 원인을 찾고, 그에 맞는 행동을 취해야 한다. 매출이 하락했다면 하락을 방어하기 위한 활동을, 매출이 상승했다면 더 매출을 끌어올릴 수 있는 기회 요소를 찾는 활동을 지속해야 한다. 장사를 시작한 이상 이러한 활동은 사장이 피할 수 없는 숙명이다. 작은 물방울이 모여 바다를 이루듯이, 적은 노력 하나하나가 성공적 카페의 매출을 만들어 낼 때까지 꾸준한 관심과 실행을 이어나가기를 바란다.

3장

카페 경영은
사람이
전부다

인력 운영의 성패가 카페의 존폐를 위협하는 시대이다. 시대적 변화로 예전처럼 힘든 일을 하지 않으려는 청년들도 많고, 지역적 특색에 따라 사람을 구하기가 무척 어려운 상황도 생긴다. 그러니 사람 때문에 장사가 어렵다는 말이 나올 수밖에. 대부분의 경험 없는 카페에서는 적정한 인력 구성을 이룰 때까지 짧게는 수개월에서 길게는 1년도 걸린다.

이러한 시행착오는 직접 카페를 운영해 보지 않는 이상 경험 할 방법이 없다. 그래서 카페를 창업하기 전에 다양한 경험을 쌓아보도록 권하고 싶고 카페 창업을 고려한다면 이러한 시행착오가 있을 것을 대비하라 이야기하고 싶다. 사람 관리에 속을 썩는 일을 한 번쯤은 경험하게 되겠지만, 좋은 인력들이 우리 매장에서 좋은 고객을 만들어내는 모습을 보게 된다면 그로 인한 성취감은 형언할 수 없을 정도로 클 것이다.

뜻대로 되지 않는
자식 농사

건실한 기업체에서 임원을 역임한 한 사장님이 있었다. 재직 당시에 수십 명 아니, 수백 명의 조직 구성원을 관리하던 사람이었다. 이 사장님은 슬하에 자녀가 셋이었는데, 세 명 모두 해외에서 공부를 해온 터라 사장님은 자녀 셋이 한국 물정에 대해 잘 알지 못하는 것 같다고 생각했다. 그래서 카페를 차렸다. 아직 학교에 다니는 막내는 차치하고라도 두 딸에게 카페 운영을 맡겨 한국에서의 생활에 적응하도록 하기 위함이었다. 물론 카페를 운영하며 발생하는 수익도 기대했을 것이다.

처음 두 따님과 사장님을 만난 날, 나는 사장님에게 가족 경영에 대한 우려를 말씀드렸다. 경험적으로 가족이 운영하는 매장은 높은 확률로 가족 간의 불화가 발생하고, 이에 따라 서로 마음에 상처를 입게 되는 것이 사실이었기 때문이다. 이를 미리 알려주고 사전에 인지할 수 있도록 해드리고 싶었다. 내 이야기를 들은 사장님은 크게 손사래를 치셨다.

"내가 우리 딸들을 잘 알기 때문에 그건 걱정 안 하셔도 됩니다. 우리 애들이랑은 싸울 수가 없어요. 내가 지는데 뭘 싸워. 싸움 자체가 성립이 안 돼요."

대부분 사장님과 다르지 않은 반응이었다. 나는 알겠다고 하며 돌아갔다. 그런데 나의 우려가 기우로 치부되던 시간은 채 삼 개월도 되지 않았다. 어느 날 밤 10시가 가까운 시간에 사장님으로부터 전화가 걸려 왔다. 매장에서 이렇게 늦은 시간에 전화가 걸려 온다는 건 급한 일이 있다는 의미이다. 걱정스러운 마음으로 전화를 받았다. 사장님은 차분한 목소리로

"우리 매장 좀 팔아주세요."

라고 말했다. 갑자기? 운영한 지 삼 개월밖에 되지 않았는데? 내가 이유를 묻자 우려했던 이야기가 술술 흘러나왔다.

첫째와 둘째 사이에 분쟁이 있었고 사장님이 이를 중재하려 했지만, 오히려 한쪽 편만 든다는 비난이 돌아와 역효과만 났다. 화가 난 둘째가 짐을 챙겨 나가버렸고 당장 근무자가 없어 매장을 운영하기 힘들어졌다고 했다. 왜 슬픈 예감은 틀린 적이 없는 걸까?

비단 이 매장만의 문제였을까? 아니다. 내가 카페 컨설팅을 진행하면서 만나게 된 많은 가족 경영체가 이러한 문제를 겪었고, 지금도 겪고 있다. 또 다른 한 점포에서는 크리스마스 빅 시즌을 앞두고 엄마와 딸이 다투어 매장 운영을 도맡았던 딸이 한순간에 매장을 나오지 않는 사태까지 벌어졌다. 가장 가까운 사이, 가장 잘 아는 사이라고 자부하던 가족이 왜 사업을 시작하면 서로 알지 못했던 부분이 튀어나오는 것처럼 싸울까? 나는 절대 그럴 리 없을 거라던 사장님들이 왜 항상 자식은 이기지 못하겠다며 고개를 저을까?

각자의 가정에는 각자의 이야기가 있겠지만, 개인적인 생각으로는 처음 이 사업에 접근하면서부터 문제는 이미 예정되어 있었을 가능성이 높다. 적게는 십수 년, 많게는 수십 년을 함께 살아온 가족이라 할지라도 사업을 함께하기 시작했다면 이 사업을 하나의 기업으로 인식해야 한다. 기업에는 가족이 없다. 가족 같은 직원만 존재할 뿐이다.

카페를 하나의 기업으로 인식했다면, 우리가 피를 나눈 가족이라 할지라도 하나의 인격체, 한 사람의 직원으로 인식해야 한다는 뜻이다. 이는 비단 사장님만의 인식을 뜻함이 아니다.

카페의 사장은 당연하고 그에 더해 카페의 구성원인 딸, 아들, 손자, 삼촌, 누구든 자신을 직원으로, 사장을 사장으로 인식해야 한다. 평소 집에서 하던 것과 같이 서로를 대하면 반드시 문제가 발생한다. 직장에서도 서로를 가족의 범주에 넣으면 감정이 섞이게 되고, 감정이 섞인 상태로 근무 중 갈등 상황이 생기면 서운한 마음과 오해가 걷잡을 수 없이 커지게 된다.

카페를 하나의 기업으로 보고, 서로를 더 이상 가족으로 여기지 않기 위해서는 서열이 필요하다. 예시로 들었던 점포의 사장님께 가장 먼저 권했던 일은 점장을 선임하라는 것이었다. 언니 동생 사이로 두는 것이 아니라 점장과 매니저의 관계로 서열을 정리해야 한다. 한 기업에서 수장 없이 모든 직원이 같은 직급이라고 가정해 보라. 어떠한 일이 발생할지 언급하지 않아도 충분히 가늠할 수 있을 것이다.

가족이 운영하는 카페에서 서열을 명확하게 정하지 않으면 갈등 상황에서 배가 산으로 간다. 각자의 사고방식과 업무 처리 방식에 몰입되어 서로를 이해하지 못하기 때문이다. 누가 되었건 간에 점장이라는 직함을 주고 그에 따른 권한과 책임을 지게 해야 한다.

민주적으로 정하겠단 생각일랑 하지도 마라. 세상 어느 기업도 민주적으로 수장을 뽑지 않는다. 대표라면, 사장이라면 스스로 누가 적격자인지 알 수 있을 것이다. 설령 이에 불복해 한 명이 나가는 한이 있더라도 반드시 서열을 확실히 정하라.

KEY POINT

자식은 뜻대로 되지 않는다. 이 말을 들으면 모두 고개를 끄덕인다. 하지만 이를 적극적으로 인정하고 수용하는 것은 별개의 문제다. 나부터도 그렇다. 뜻대로 되지 않는다는 사실을 이렇게나 설파하고 있지만 지금도 내 자식은 내 뜻대로 해주었으면 좋겠다고 생각한다. 그만큼 쉽지 않은 일이다. 이 말은 결국, 가족 간에 카페를 경영하는 일이 쉽지 않다는 의미이다. 가족과 함께 카페를 창업할 계획이라면 다시 한번 고민해 보기를 권한다. 단순히 가족이 도와주니 편하게 운영할 수 있을 것 같다고 생각해 카페를 창업한다면 돌이킬 수 없는 상처를 서로에게 안겨줄 수도 있다.

2

가족은 튼튼한 지원군

　충남 천안에 오픈한 한 카페의 사장님은 십 년 이상의 오랜 기간 동안 베이커리 프랜차이즈를 운영한 경험이 있는 여성이었다. 그래서인지 처음 사장님을 만났을 때 작은 체구에서 뿜어져 나오는 강단 있는 모습에 조금 놀라기도 했다. 처음 카페를 창업하는 사람 대다수가 사업 자체를 처음 접하는 경우가 많기 때문이었다.

　첫 대면에서 사장님에게 운영 인력 구성을 물어보았다. 사장님은 자신과 함께 자리에 앉은 남편분을 한번 슬쩍 보시고는 웃음을 지으셨다. 흰머리가 희끗희끗한 남편분의 외모가 카페에 어울리지 않아서였을까? 여사장님의 의도를 눈치챈 남편분은 대뜸 자신은 청소만 도와주겠노라고 선을 그었다. 카페를 오롯이 혼자 운영할지 묻자, 사장님은 슬하에 자녀가 둘 있는데, 딸아이는 서울에서 직장을 다니고 있어 어렵고, 둘째인 아들이 자신을 도와줄 예정이라고 답했다.

한편으로는 젊은 조력자가 있다는 사실에 안도하면서도 다른 한편으로는 가족 간에 불화가 생겨날까 걱정이 되었다. 내 걱정을 알아차리셨는지 사장님은 오래전부터 아들과 함께 운영을 해왔노라며 너무 걱정하지 않아도 된다고 했다. 사장님의 말은 사실이었다. 카페를 오픈한 후 점포에 방문할 때면 항상 사장님과 함께 근무하는 아들을 볼 수 있었다. 아들은 든든한 모습으로 엄마인 사장님이 챙기지 못하는 발주 시스템과 매출 관리 시스템 등을 나에게 물어가며 배웠다. 그러면서도 운영과 관련된 주요 결정 사항은 항상 어머니인 사장님과 상의했다. 가끔 내가 매장을 방문할 때면 주로 사장님과 대면하며 미팅하는데 미팅을 마치면 항상 아들이 나에게 그동안 궁금한 점을 물어보곤 했다. 사장님은 아들의 빠른 업무 처리 능력과 감각을 신뢰했고, 아들은 점장으로서 어머니의 운영 능력과 경험을 존중했다. 가족 운영은 절대 쉽지 않다는 나의 고정 관념이 변화를 맞이하는 순간이었다.

이 점포의 가족 경영이 성공한 요인은 무엇일까? 사실 특별한 비법이 숨겨져 있었던 것은 아니다. 사소하지만 아주 중요한 원칙을 철저하게 지킨 것이 성공의 주요한 요인이었다. 그러한 작고 사소한 원칙들이 함께 일하는 오랜 시간 서로의 몸에 배어서 서로를 존중하고 서로를 배려하는 운영의 톱니바퀴 시스템을 완성하게 된 것이다.

말하자면 시간이 9할은 해결해 주었다고 할 수 있다. 가족 간의 경영이 자연스러워지려면 시간이 필요하다. 한 회사에서 처음 만난 동료를 파악하고 동료와 손발을 맞추어 업무 성과를 창출하는 데 걸리는 시간보다 가족과 함께 일하면서 가족 구성원의 성향을 파악해 업무 효율을 일궈내는 일이 몇 배는 더 오래 걸린다.

기본적으로 스스로가 가족 구성원을 잘 안다고 판단하기 때문이다. 내가 전혀 모르는 사람을 처음 만났을 때는 상대를 관찰하고 그를 파악하기 위해 에너지를 소비하지만, 가족은 늘 함께 지내왔던 사람이기에 그러한 에너지를 쓰려고 하지 않는다. 내 기준에서 가족을 잘 안다고 판단하고 업무를 함께하기 때문에 서로 실망하는 일이 생기는 것이다. 가족 간의 경영을 준비한다면 무엇보다도 서로 맞춰가는 시간이 필요하다는 사실을 인지해야만 한다.

오랜 시간 손발을 맞추면서 서로를 부모 자식이 아닌 함께 일하는 동료로 받아들였다면, 직장에서 동료와 구성원의 업무적 장점을 파악해 그에 맞는 업무를 배분하듯이, 가족 구성원 또한 동료로서 할 수 있는 일과 해야 하는 일을 정확하게 배분할 수 있어야 한다.

위 사례에서 볼 수 있듯이 아들은 점장으로서 시스템 적용과 트렌드 파악에 유리하지만, 어머니인 사장님은 오랜 장사 경험으로 인해 운영에 대한 노하우가 많다. 이를 바탕으로 철저하게 업무를 분리하고 서로의 업무 범위를 존중해 준다면 의견 충돌로 인해 생기게 되는 감정적 소모를 줄일 수 있다.

집에서는 잔소리하는 엄마, 말 안 듣는 아들, 딸이라 할지라도 회사에서는 철저하게 다른 인격체여야 한다. 각자의 역할을 규정하고 업무의 범위를 지정해서 가족 구성원이 아닌 카페의 인력으로 대할 준비를 하자. 그러기 위해 서로의 호칭을 정리하는 일 또한 권하는 바이다. 최소한 카페에서만큼은 엄마, 아들이라 부르는 대신 점장님, 사장님, 매니저님 등으로 서로를 호칭하도록 정리하자. 고객과 다른 내부 직원이 보기에도 더 전문성 있는 모습으로 보일 것이다.

가족 경영을 준비하기 위해서는 사장인 나의 의지보다 조력자의 의지가 필요하다. 위 사례의 사장님은 오랜 기간 프랜차이즈 사업을 운영하며 가족들에게 모범이 되었다. 이러한 사장님의 모습을 보고 자란 자녀들은 자연스레 부모님의 사업에 관심을 가지게 되었고, 카페 사업을 시작하는 단계에서부터 사장님은 아들의 참여 의사를 확인했다.

물론 대부분 사장님이 카페 창업 전에 자녀에게 운영 참여 의사를 물어본다. 그리고 대부분 자녀는 큰 부담 없이 운영에 참여하겠노라 수락한다. 이유는 단순하다. 카페가 얼마나 힘들고 얼마나 어려운 일인지 알지 못하기 때문이다. 그냥 엄마 혹은 아빠가 카페를 창업한다고 하니, 아들 혹은 딸인 내가 카페를 운영하면 되겠다 싶은 마음으로 시작한다. 하지만 현실은 냉혹하다. 창업자와 조력자 모두 제대로 알지 못하는 사업이 쉬울 리 만무하다. 가족을 조력자로 끌어들이기 전에 조력자의 의지가 얼마나 확고한지부터 확인해야 한다. 등 떠밀려 하는 일이 아니라, 스스로 한번 도전해 보기로 마음먹었는지 그 의지를 확인해야만 한다.

본인의 의지가 충만한 채 달려들어도 될까 말까 하는 사업이 카페다. 기술은 배울 수 있지만 열정과 의지는 배워 알 수 있는 것이 아니다. 의지와 재능을 갖춘 조력자가 가족이라면 천군만마의 지원군이 되어줄 것이다.

가족 간의 경영에서 중요한 또 한 가지는 금전적 거래이다. 일반 직원을 채용한다면 계약 사항에 따라 급여가 책정되겠지만, 가족 간에는 그러한 급여의 책정을 제대로 확정하지 않은 채 운영하는 경우가 많다. 그동안 용돈을 주던 자녀라고 하더라도 이제는 별도의 인격체로 인지하고 정확하게 급여를 책정해야 한다. 카페가 잘 되어서 돈이 많이 벌리면 별도로 용돈을 더 챙겨주는 일이 있더라도, 근무의 대가에 대해서는 정확하게 정산하도록 하자.

급여에 관한 기준을 세웠다면 휴무에 관한 기준도 마찬가지로 세워야만 한다. 가족 구성원이니까 급하면 아무 때에나 불러서 일을 시킬 생각일랑 하지 않기를 바란다. 가족이라 할지라도 받은 만큼 일하고, 일하는 만큼 받아 갈 수 있는 시스템이 되어야 마땅하다. 다른 여타 직원들과 마찬가지로 휴무를 보장해 주고, 시간 외 근무에 맞게 급여를 지급해야 한다.

이러한 원칙이 확실히 자리 잡아야 가족 구성원 또한 지신의 스케줄을 자기 마음대로 반영하려 하지 않을 것이다. 일부 자녀들이 자신을 카페의 주인으로 착각하고는 마음대로 가게를 비우는 경우도 봤다. 그러한 모습이 보이려 하면 정확하게 경고해야 한다. 점포의 모든 직원이 보고 있다 생각하고 말이다.

KEY POINT

나의 사업을 지원해 줄 조력자가 있다는 사실 자체는 더없이 행운이라 할 수 있다. 하지만 그러한 조력자를 어떻게 대하느냐에 따라 때때로 독이 될 수도 있다는 사실을 명심하자. 아무 때나 불러내 사용할 수 있는 스페어타이어 정도로 생각한다면 오산이다. 급할 때 불러낸 가족 구성원은 제대로 업무를 시키기에도 애매하고 다른 직원들에게도 민폐다. 그럴 바엔 차라리 급하게 구하는 아르바이트생이 낫다. 돈을 주는 만큼 부릴 수 있으니 말이다. 가족과 함께 가게를 준비하고 있다면 시작 단계부터 충분히 의사소통하기를 바란다. 결국 해답은 서로에 대한 이해에서부터 시작되기 때문이다.

3

사장님은
언제 쉬시나요?

오픈한 지 일 년이 조금 넘은 점포를 양수한 사장님이 있었다. 40대의 여사장님이었는데, 아이를 낳으면서 회사를 그만둔 후 10여 년이 넘는 기간 집에서 살림만 하던 사람이었다. 신규로 카페를 차리기에는 부담스러웠던지라 장사가 어느 정도 되는 기존 점포를 양수받았다. 처음 시작하는 사업에 사장님은 의욕이 넘쳤고 배워야 할 것들이 산더미라 점포를 인계받는 그날부터 쉬지 않고 일했다.

하루라도 빨리 점포 운영에 적응하기 위해 점포의 모든 업무를 스스로 처리해 가며 하나하나 배워 나갔다. 다행히 양도자에게 점포 운영에 관한 내용을 일부 전해 들을 수 있었지만, 대부분은 처음 하는 일이다 보니 시간과 노력이 필요했다. 커피머신을 다루는 일부터 POS 시스템을 익히는 일, 발주와 인력 운영 등 배워야 할 것이

한둘이 아니었고, 저마다 모두 많은 시간과 관심이 필요했다. 이 사장님은 거의 3개월 가까이 쉬는 날 없이 일했다.

덕분에 카페의 전반에 관한 이해도는 빠르게 발전했다. 하지만 불행히도 집안이나 인근에 사장님을 도와줄 수 있는 사람은 없었기에 가게 일을 마치면 집으로 돌아가 아이를 돌보기까지 해야 하는 버거운 스케줄을 소화하느라 체력은 점점 바닥이 드러나는 듯 보였다. 체력적으로 힘든 시간을 보내고 있는 사장님을 보면서 건강을 해치지 않을까 염려가 되었다. 만날 때마다 사장님에게 건강을 챙기라 권했다. 하지만 여유는 좀처럼 쉽게 만들어지지 않았다.

얼마 지나지 않아서 우려했던 일이 현실이 되었다. 사장님의 몸에 이상이 생기기 시작한 것이었다. 가장 먼저 증상이 나타난 곳은 관절이었다. 하루 종일 서 있어야 했고, 한시도 쉬지 않고 손목과 무릎을 움직여 대니 관절이 남아날 리 없었다. 처음에는 손목의 통증이 조금 느껴진다더니 어느새 포터 필터를 잡을 수도 없이 통증이 심해졌다고 했다.

그제야 병원을 찾은 사장님에게 의사는 관절염이 와서 뼈와 뼈가 서로 닿고 있다고 했다. 수술 외에 치료 방법은 관절을 사용하지 않는 것 말고는 없다고 했다. 마흔 중반에 관절염 판정을 받은 사장님은 카페 사업을 시작한 것에 회의를 느끼기 시작했다.

대부분 사장님이 사례로 든 사장님의 자세와 별반 다르지 않을 것이다. 처음 사업을 시작할 때는 의욕이 앞서 아무것도 눈에 들어오지 않는다. 오로지 이 사업을 잘 해봐야겠다는 의지 하나로 휴무도 반납하고 여가도 가지지 못한다. 평소 즐겨 하던 취미생활은 뒷전으로 밀려난 지 오래다. 내 몸 하나 불살라서라도 가게만 잘 된다면 바랄 게 없다는 생각으로 하루하루를 버티는 사장님을 숱하게 봐왔다.

하지만 인간의 몸은 기계가 아니다. 설령 기계라 할지라도 가끔은 쉬어줘야 하고 때로는 꺼주기도 해야 하는데 마치 자기 몸이 의지에 따라 무한정 움직여 줄 것만 같이 자신을 혹사한다.

이를 옆에서 바라보는 가족과 지인들이 여러 차례 경고를 해보아도 귀에 들어오지 않는 경우가 많다. 특히 최근에는 심각한 인력난과 인건비의 압박으로 1인 카페의 창업이 늘어나는 추세인데, 1인 카페라 하면 상황은 더욱 심각하다. 혼자 운영하는 카페라 제때밥을 챙겨 먹는 것도 쉽지 않고, 마음 놓고 화장실도 제대로 가지 못한다. 손님이 언제 매장을 찾아올지 모르기 때문이다. 그런 사장님들에게 말하고 싶다. 제발 부탁이니 조금만 쉬었다 가자.

카페의 창업을 계획하는 사장님들과 인력 구성에 관한 이야기를 나누어 보면 머릿속에 짜 놓은 이론들을 바탕으로 타이트하게 인력을 구성하고 운영할 계획을 세운다. 스케줄표를 가지고 온 사장님들에게 '그럼 사장님은 언제 쉬시나요?'하고 물어보면 잠시 말이 없어지는 경우가 허다하다. 잘 준비해서 좋은 조건으로 카페를 창업하는 것도 중요하지만, 카페를 창업한 후에 얼마나 오랫동안, 얼마나 한결같이 카페를 운영해 나갈 것인지도 고민해야 한다.

자신을 인력 구성원 중 한 명이라고 생각하고 자신의 휴무일을 확보해야 한다. 일주일에 적어도 하루는 가게를 온전히 배제하고 쉴 수 있는 시간을 가져야 한다.

물론 쉽지 않다는 건 알고 있다. 하지만 억지로라도 스스로 휴무를 갖지 않으면 사장의 휴무는 누구도 보장해 주지 않는다. 일주일에 하루 쉰다고 해서 가게가 망하지는 않는다. 아니, 그래서 망하는 가게라면 돌아볼 가치도 없다. 그러니 쉬어라. 진정 가게를 생각한다면 본인을 쉬게 해 줘야 한다.

우리의 가게는 하루 이틀에 승패를 결정지을 곳이 아니다. 시작부터 길게 보아야 하는 마라톤 싸움이다. 처음부터 전력을 다해 질주한다면 그 후에 몰려올 피곤함에 서 있지도 못하는 상황을 맞이하게 될 것이다.

앞서 예시로 든 점포를 최초에 오픈했던 사장님 또한 건강 관리에 실패해 점포 운영을 포기했다. 연세가 있었던 사장님 건강에 이상이 생겨 급하게 점포를 양도했다. 그래서 양도하는 사장님은 양수자에게 건강 관리를 누차 이야기했었다. 하지만 이를 알아듣지 못한 양수자가 같은 길을 걷게 된 것은 전혀 이상하지 않은 일이다.

KEY POINT

장기적으로 매장을 운영하려면 사장인 본인이 자신을 관리해 주어야 한다. 자신이 없을 때 매장을 책임질 수 있는 대체자를 육성하는 일 또한 스스로에게 주어진 숙제임을 인지하도록 하자. 일 년에 한두 번은 반드시 휴가를 떠나도록 하자. 가끔 가지는 그러한 쉼을 통해 자신을 충전하고 한발 더 나아갈 힘을 얻도록 하자. 시간이 없다면 돈을 주고 사도록 하자. 쉼을 위한 투자는 반드시 그럴 만한 가치가 있다는 사실을 명심하자.

4

사장만 한
직원 없다

아파트 단지를 건설한 건설사 법인이 아파트 상가에 카페를 오픈했다. 해당 법인은 이 아파트의 원만한 분양을 위해서 단지 내 상가에 카페를 열어 거주민의 편의시설을 증대하려는 목적으로 카페와 함께 몇몇 식음 사업체를 오픈했다. 계속해서 이 카페를 운영할 생각은 아니었고, 적당한 시점이 되면 상가와 함께 카페를 매매하려는 계획 또한 가지고 있었다.

법인에서는 이 카페와 식음 업체를 관리하는 관리자를 지정하고 카페는 점장과 매니저를 고용해서 운영하기로 했다. 관리자가 카페뿐만 아니라 다른 업체들도 관리해야 했고, 카페나 식음 사업에 관해서는 전문성이 부족했기 때문에 점장과 매니저는 일정 수준 이상의 경력자를 채용하기로 하고 공고를 올렸다.

마침 직영점과 가맹점을 두루 경험한 한 직원이 입사를 희망하자 담당자는 면접과 동시에 채용을 확정했다. 점장은 자신이 알고 있던 매니저 한 명을 추천했다. 추가로 직원을 채용하려던 법인 담당자는 마다할 이유가 없었다. 가뜩이나 오픈 일이 다가올수록 인력을 빨리 채용해야 한다는 압박감에 시달렸기 때문이다. 두 사람을 채용하자 천군만마를 얻은 듯했다. 신규 점포라고는 보이지 않을 정도의 숙련도로 매장을 빠르게 안정시켰기 때문이다. 두 사람 덕분에 처음 운영해 보는 카페임에도 물 흐르듯이 순탄하게 운영할 수 있었다. 법인 담당자는 자연스레 다른 업무에 몰입하게 되었고 그렇게 이 매장은 흔히 말하는 오토 매장이 되었다.

처음 일이 년은 너무도 좋았다. 매장의 매출도 안정적으로 발생했고, 운영에 대한 걱정도 하지 않아도 되었다. 법인 소유의 상가이기에 임대료가 발생하지 않아 손익도 좋게만 보였다. 그런데 운영한 지 수년이 넘어가면서 서서히 문제가 발생했다. 매장을 방문할 때마다 점장은 사람이 구해지지 않아 본인의 연장 근무가 너무 많다고 하소연하는가 싶더니, 법인의 대처에 불만이 쌓인 점장이 한순간에 매장을 그만둔다고 통보한 것이다. 점장이 함께 데려온 매니저가 혼자 남아 매장을 책임지고 끌고 갈 리 없었다. 점장의 퇴사와 함께 매니저도 퇴사를 통보했다.

법인 담당자는 갑자기 발생한 난처한 상황에 어떻게 대응해야 할지를 몰랐다. 서둘러 사람을 구하려는 공고를 내 보았지만, 이전의 사람들을 대체할 만한 인력이 쉽사리 구해지지는 않았다. 결국, 매장을 속속들이 알고 있는 사람이 없어지자, 매장은 한동안 우왕좌왕 표류할 수밖에 없었다.

카페를 오픈하는 사장님들 중 많은 수가 오토 매장을 꿈꾼다. 나 없이도 점포가 안정적으로 돌아가게 시스템을 구축한 다음 나는 다른 일을 하거나 가끔 들러 관리만 하고 싶어 한다. 내 가게에서 바리스타인 점장이 내려 준 커피를 우아하게 마시면서 매장이 잘 돌아가고 있는지 덕담이나 얘기하는 걸 원한다.

하지만 대부분 카페의 실상은 그렇지 못하다. 도대체 무엇이 카페에 대한 환상을 조장했는지는 모르겠지만, 적어도 내가 경험한 카페는 애초에 그런 구조가 아니었다. 기본적으로 카페는 사람이 움직이는 사업이다. 사람에 대한 의존도가 그만큼 높다는 뜻이다. 의존도가 높으면 그만큼 리스크가 크다. 앞서 예와 같이 사람 한두 명에 가게의 존폐가 결정될 수도 있을 만큼 말이다. 카페 창업을 고민하거나 운영 중인 사람이라면 섣불리 오토 매장을 구상하지 않도록 권하고 싶다.

물론 오토 매장이 잘못된 방식이라고 말하고 싶지는 않다. 생계를 위한 매장이 아니라 사업적으로 접근한다면 언젠가는 사장인 나 없이도 매장이 운영되도록 만들어야 하는 것이 바람직하기 때문이다. 하지만 기본적인 원칙과 기준 없이 직원을 채용하는 것만으로 오토 매장이 완성된다고 생각한다면 이는 큰 오산이다. 오토 매장을 만들기 전에 반드시 관리자 혹은 총책임자가 매장을 속속들이 알아야 한다.

매장을 속속들이 안다는 기준은 매장의 구성원 누군가가 갑자기 자리를 비웠을 때 내가 그 일을 대신할 수 있을 정도, 직접적으로 내가 아니라도 누군가는 그 자리를 대신할 수 있도록 조정할 역량을 갖춘 정도여야 한다. 매장이 어떻게 운영되는지, 시간대별로 몇 명의 인원이 필요한지, 배치한 인원으로 적정한 서비스가 이루어지는지 알지 못한 채로는 오토 운영은 절대 불가능하다.

직원들과 함께 근무하지 않는 관리자라면 그만큼 더 자주 매장에 나와 점포의 상황을 체크해야 한다. 눈으로 보아야만 알 수 있는 일이기 때문이다. 직원이 알아서 상황을 보고하고, 합리적으로 의사결정 할 것으로 생각하면 안 된다. 모든 직원은 직원일 뿐, 책임을 지는 사장이 아니기 때문이다.

사업적 목적을 두고 오토 매장을 구상할 수는 있겠지만, 궁극적으로 카페 하나만 본다면 각각의 매장에 오토란 있을 수 없다. 누군가는 책임을 위임받아야 하고, 누군가는 위급상황에 대처해 결정을 내려야 한다. 오토 매장을 염두에 두고 있다면 사장이 불필요한 개입을 줄이겠다는 마음도 먹어야 하지만 그와 동시에 직원에게 충분한 권한을 위임하겠다고 다짐해야 한다. 권한을 위임해야만 직원이 책임을 지고 결정할 수 있기 때문이다.

직원이 사장과 같은 마음으로 임하지 않을 것이 걱정된다면 프로세스를 정교하게 만들면 된다. 우려되는 사항에 대해 가급적 세밀하게 체크리스트를 만들고 수행해야 할 과제들을 정확하게 제시하도록 하자.

예를 들어 화장실 청소에 관한 고객 클레임이 자주 발생하였다면, 단순히 화장실 청소의 주기만 정해두는 것이 아니라 화장실 점검을 할 때 어떠한 사항까지 봐야 하는지 세세하게 기록으로 전달할 수 있다. 이와 같은 식으로 오픈 시에 할 일과 마감 시에 할 일 등을 세세하게 기록하여 체크리스트를 만든다면 사장의 지시 없이도 얼마든지 매장이 운영되도록 할 수 있다.

오토 매장을 꿈꾼다면 더 세밀하고 더 구체적으로 시스템을 만들어야 한다. 사람의 개입을 최대한 줄여서 의존도를 낮추고, 누구라도 대체될 수 있는 구조를 만들어 기업의 모습을 갖추어야 한다. 그러기 위해서는 설계를 담당하는 책임자가 카페의 속속 들이를 모두 알아야 하고, 충분히 권한을 위임할 수도 있어야 한다. 오토 매장을 여러 개 운영하는 사장님들은 이러한 원칙을 충실하게 수행하고 있다. 자신이 직접 매장에 들르지 않아도 매장의 주요 결정이 프로세스에 의해 이루어지도록 잘 설계해 두는 것이 핵심이다.

개인사업자가 운영하는 카페라면 되도록 오토 운영보다는 직접 운영을 권하는 바이지만, 또 다른 사업 기회를 위해 오토 매장을 구상하고 있다면 사장인 내가 없더라도 나처럼 움직일 수 있는 매장을 어떻게 구현할 수 있을지 끊임없이 고민하기를 바란다.

5

끌려다니는 사장

매출이 꾸준한 주택가의 한 카페를 양수받은 사장님이 있었다. 매장의 매출과 임차료 구조가 나쁘지 않으니, 좋은 인력을 구해서 운영만 잘하면 이전의 매출보다는 훨씬 나은 결과를 가져올 수 있는 상황이라 사장님은 별 고민 없이 사업을 시작하기로 결심했다. 정식 오픈 일자를 정하고 그 일정에 맞추어 사람을 구하기 시작했지만, 지원하는 사람의 수도 적었거니와 면담을 해보면 시간대가 맞지 않아 함께 근무할 수 있는 직원을 구하기가 어려웠다. 우여곡절 끝에 경력이 있는 직원을 구한 사장님은 한시름 돌렸다고 생각하며 나머지 업무 처리에 매진했다. 그런데 오픈하기로 한 그날 새벽에 구해졌던 직원이 갑자기 문자를 보내왔다.

"사장님, 죄송하지만 출근하지 못할 것 같습니다."

이 한마디로 이 직원과의 인연은 끝이었다. 부랴부랴 사장님은 온갖 채용 사이트를 동원해 구인에 나섰고, 오픈 당일부터 며칠은 직장인인 남편에게 휴가를 사용해 줄 것을 부탁해서 어찌어찌 버텼다. 그런데 이런 상황의 사장님 앞에 화려한 경력을 가진 지원자가 나타나 자신에게 맡겨준다면 신경 쓸 일 없이 모두 처리해 주겠노라 장담했다.

문제는 급여였다. 급하게 사람이 필요하기도 했고, 경력이 화려한 직원이다 보니 아무래도 높은 급여를 바랄 수밖에 없었다. 찬밥 더운밥 가릴 새 없었던 사장님은 모든 조건을 수용한 채로 이 직원을 고용했다. 그 후로 이 사장님은 어떻게 되었을까? 처음 몇 개월은 유능한 직원의 도움으로 매장이 빠르게 자리를 잡을 수 있었지만, 시간이 지나면서 사장님은 무언가 잘못되었다는 사실을 서서히 느끼기 시작했다.

가장 큰 문제는 직원의 영향력이 너무 커져 사장님의 뜻대로 점포 운영이 되지 않았다는 점이다. 이 직원은 자기 마음대로 스케줄을 조정해 가며 원하는 대로 근무했고, 그 빈자리를 사장이 직접 메꿔야 하는 상황이 자주 반복되었다. 사장이 직원에게 끌려다니는 상황이 온 것이다. 게다가 급한 마음에 너무 높게 책정된 급여로 인건비는 계획보다 두 배 가까이 지출되었다. 이런 상황이 오자 사장님의 눈에 직원이 곱게 보일 리 없었다. 결국 사장님은 이 직원을 내

보내야 했다.

　이러한 상황은 누구에게나 일어날 수 있고, 사실 너무 많이 일어나는 일이라 이상한 일도 아니다. 신규로 오픈하는 매장에서 자주 일어나는 일이다. 이러한 일이 일어날 거라고 아무리 설명해 주어도 직접 겪어보기 전에는 온전히 이해하지 못할지도 모른다.

　너무 자연스러운 현상이고, 너무 자주 일어나는 일이라 특별한 대책이 있지도 않다. 그럼 뭘 어떻게 해야 하느냐 묻는다면 이렇게 답해주고 싶다. "Let it be" 비틀즈가 세상에 내놓은 이 명언이 이만큼 적절할 수가 없다. 이러한 문제를 맞닥뜨린 사장님들 중 일부는 전전긍긍 신경을 곤두세워 가며 문제를 해결하기 위해 애쓴다. 위 예시의 사장님도 거의 일 년 가까이 그 직원으로 인한 스트레스를 호소하였다.

　하지만 골머리를 앓는다고 문제가 해결될까? 전혀 그렇지 않다. 문제는 사장이 해결하는 것이 아니라 시간이 해결해 주는 것이다. 위 사장님도 시간이 지나면서 서서히 매장 운영에 대한 역량이 높아지기 시작했고, 어느 정도 운영이 눈에 들어오면서 직원 관리에 대한 원칙을 스스로 세울 수 있었다.

　사장의 역량이 높아져 스스로 기준을 세웠으니 자기 마음대로 운영을 쥐락펴락하던 직원과 마찰이 생기는 일은 말할 나위 없이 자연스러웠다. 갈등 초반에는 직원의 영향력에 사장님이 끌려다니기도 했지만, 시간이 흐르면서 사장님의 주장이 완고해지자 결국 버티지 못하는 쪽은 직원이었다. 지극히 정상이고 지극히 당연한 결과다.

처음부터 카페의 운영을 잘 알고 직원을 컨트롤할 수 있다면 더 없이 좋겠지만, 모든 사장님이 그렇지는 못하다. 시행착오를 겪어야만 배울 수 있는 일들이 카페에는 차고 넘치기 때문이다. 그래서 카페를 창업하기 전이라면 반드시 카페와 관련된 업무를 직접 경험해 볼 것을 권한다. 나이가 많든 적든 카페가 어떻게 운영되는지, 어떤 업무를 하면서 하루를 보내는지 직접 경험해 볼 수 있는 기회를 얻지 않는다면 시행착오를 더 오랫동안 경험할 각오를 해야 한다.

카페는 경험이 전부이다. 온전히 내 매장이 되기 위해서는 경험 많은 한두 명의 직원에게 끌려다니지 않아야 하고, 그러려면 본인 스스로가 경험을 쌓아야 한다. 만약 아무런 경험 없이 카페를 오픈했다면 최대한 짧은 시간 안에 카페의 모든 프로세스를 직접 처리해 보기를 권한다. 어떤 시간대에 어떤 포지션이 어떠한 업무를 하는지 알아야만 직원에게 끌려다니는 신세를 면할 수 있다. 개인적으로 초반 3개월은 사장이 직접 운영에 참여할 것을 권하는 이유가 바로 이 때문이다.

위 사장님의 사례에서 패착은 무엇보다도 직원을 너무 급하게 채용했다는 점이다. 급하게 결정하다 보니 너무 높은 급여를 책정하게 되었고, 급여를 책정하면서 사대보험과 퇴직금을 계산하지도 못했다. 일 년 가까이 사장님은 점포의 운영 전반에서 직원에게 끌려다녔을 뿐만 아니라, 직원에게 돈을 갖다 바친 꼴이 되었다. 심지어 사장님이 직원보다 더 적게 벌어간 달도 있으니 말 다 했다.

급하게 결정하는 일을 만들지 않기를 바란다. 사업을 하다 보면 여러 가지 변수가 생기게 되고 그럴 때마다 상황이 급박하게 돌아가는 때가 있기 마련이지만, 가급적 여유를 가지고 의사결정을 할 수 있는 환경을 만들어야 한다. 위 예시의 경우라면 양도양수 창업을 결정하기 전에 단순하게 매출과 손익만 따질 것이 아니라 해당 지역에 인력 수급이 여유로운지도 먼저 따져보았어야 한다. 그래서 사람이 잘 구해지지 않는 곳이란 사실을 알게 되었다면 준비 과정에서부터 백업 플랜을 세워두었어야 마땅하고, 백업 플랜이 없다고 하면 사업 시작을 미뤘어야 했다.

KEY POINT

꼭 지금 당장 사업을 시작하지 않아도 된다. 준비가 조금 덜 되었다고 하면 조금 더 준비할 시간을 가져도 좋다. 준비하는 동안 관련된 업무를 조금 더 경험할 수 있는 시간을 가진다면 그 또한 가치가 있는 일이지 않겠는가! 최종적으로 결정하기 전에 내가 준비되었는지 다시 한번 확인하자. 준비되었다고 판단이 들 때까지는 얼마든지 기회가 있으니 다시 고민해도 좋다. 급하게 일을 처리하면 항상 실수가 동반된다. 서두르다 일을 그르치기보다 시작하지 않는 편이 때로는 현명할 때도 있는 법이다.

6

아름다운 이별이
필요한 이유

지하철역 앞의 번화가에 놓인 점포였다. 번화가에 있으니 그만큼 오가는 사람이 많아 장사는 남부럽지 않게 되는 카페였다. 사장님은 오랜 시간 다져진 운영력으로 직원과 매장을 잘 관리하고 있었다. 직원들과는 종종 여행도 함께 다닐 정도로 친분을 쌓았다. 그런데 어느 날 한 직원이 사장님을 찾아와 월급을 올려달라고 요구했다. 이유를 물어보니 직원들이 서로 월급을 얼마나 받는지 공유하게 되었는데 그중 한 명이 다른 직원보다 유독 돈을 더 많이 받고 있었던 것이 문제였다. 서로 하는 일은 비슷한데, 월급에 차이가 나니 불만이 생길 수밖에. 하지만 사장님은 안 된다고 못을 박았다. 직원의 급여는 처음 입사할 때의 경력과 상황에 따라 조금씩 차이가 있을 수 있고, 점포의 손익상 지금 모든 직원의 월급을 올려줄 수도, 그렇다고 많이 받는 직원의 월급을 깎을 수도 없는 일이라고 했다.

사장님은 나름대로 설명을 붙여 잘 타이르려 했지만, 이미 마음이 상한 직원은 다음 날부터 무단으로 매장을 나오지 않았다. 게다가 이 직원을 필두로 다른 직원 4명도 한꺼번에 매장을 그만둬 버렸다. 사장님은 배신감으로 마음에 깊은 상처를 받았지만, 훌훌 털어버리고 서둘러 다른 인력을 구했다. 새로운 직원을 교육하고 매장의 인력을 다시 정비하느라 한동안 정신없이 바쁜 시간을 보내야 했다.

하지만 문제는 여기서 끝나지 않았다. 퇴사한 직원들이 노동부에 신고하기 시작한 것이다. 사장님이 무단 퇴사를 이유로 퇴직금을 지급하지 않은 것이 원인이었다. 그만둔 직원들은 서로 정보를 공유하며 돌아가면서 노동부에 부정행위를 고발했고, 이에 더 나아가 구청 위생과에 매장의 위생 상태가 엉망이라고 신고하며 위생점검을 요구하기도 했다. 이 일로 인해 사장님은 거의 1년 내내 노동부에 불려 다녀야 했고 억울함을 호소할 기회도 없이 퇴직금까지 모두 지급해야 했다.

직원들이 단체로 가게를 그만둔 뒤 사장님이 얼마나 골머리를 앓았을지 충분히 상상이 간다. 모르긴 몰라도 당장 가게를 그만두고 싶은 심정이었을 것이다. 믿었던 직원들에게 배신당한 것도 모자라 철천지원수 사이가 되었으니 얼마나 속이 상했을까. 심지어 그 직원들이 동네 주민이라 오가며 종종 마주치는데 그럴 때마다 마음이 오죽 답답할까?

직원들과 친하게 지내면 분쟁은 없을 거라 기대하겠지만 이런 일이 종종 발생한다. 서로의 입장에 차이가 있어 발생하는 이러한 갈등은 속에서부터 곪아 언젠가는 터져 흐르게 된다. 그래서 분쟁이 발생하면 서로가 모두 상처받는다는 걸 경험을 통해 잘 알고 있는 사장님들은 직원과의 유대관계를 필요 이상으로 확대하지 않는다. 서로서로의 위치에서 적정한 거리를 두는 것이다.

직원의 소속감이나 동기부여를 위해서는 친밀도를 높여야 하겠지만 필요 이상으로 너무 친해져 버리면 갈등의 상황에서 더 많은 에너지를 쏟아야 한다는 사실을 항상 고려해야 한다. 직원을 믿고 의지하되 너무 믿지는 않을 것. 참 어렵고 힘든 숙제다.

사실 이 매장에서 임금 인상 문제는 해마다 이맘때가 되면 늘 불거졌었다. 그럴 때마다 사장님은 최소한의 인상만 수용할 뿐, 직원들이 만족할 만큼 월급을 올려줄 수는 없었다. 결국 이런 상황은 예견되어 있었고, 언제 터질지 모를 시한폭탄을 사장님이 스스로 만든 셈이다. 그럼에도 사장님은 대응책을 마련해 두지 못했다.

직원과의 갈등이 생기는 상황이라면 최악의 상황인 노동부 신고를 반드시 염두에 두어야 한다. 직원과의 갈등이 계속되었을 때 단순히 매장을 그만두는 일로 끝나지 않는 경우를 자주 목격했기 때문이다. 원칙적으로는 직원들 간에 월급 수준을 공개하지 못하도록 미연에 방지했어야 하고, 이를 위반한 직원에게 적절한 조치가 취해졌어야 한다.

또한 임금 인상을 수용하지 못하고 무단 퇴사한 직원이라도 퇴직금의 정산은 정상적으로 이루어졌어야 마땅하다. 현행법이 그러하기 때문이다. 매장에서는 사장이 갑이고 직원이 을일지 모르지만, 노동법에 있어서는 직원이 갑이 되고 사장이 을이 되는 경우가 허다하다. 억울하고 분할지라도 줄 건 주고, 받을 건 받겠다고 생각해야 더 큰 문제를 피할 수 있다.

애초에 책잡힐 일을 만들지 않는 게 가장 좋다. 직원들의 월급을 너무 박하게 책정한다든지, 형평성에 맞지 않는 처우를 하게 되면 사실상 불리한 건 사장이다. 위 예시 매장의 직원들은 어떻게 하면 사장님이 불편해하고 어떻게 하면 사장님이 힘들어하는지 서로 정보를 공유하며 사장님을 괴롭혔다. 심지어 퇴사한 후에도 매장에 남아있던 직원과의 친분을 이용해 사장님이 어떻게 대응하고 있는지도 수시로 점검할 정도였다.

자영업자는 늘 불법과 합법 사이에서 줄타기 해야 하는 위치라 책잡힐 일 없이 매장을 운영하는 게 거의 불가능에 가까울지 모르지만, 적어도 직원들에게 주도권을 빼앗길 정도의 주요한 사항이라면 철저하게 보안을 유지해야 한다. 인사서류나 계약서와 같은 주요한 내용을 직원들이 쉽게 열람할 수 없도록 하고, 형평성에 맞게 업무를 조정하거나 타당한 수준으로 임금을 조정하는 일도 수시로 점검해야 한다.

위 예시의 사장님이 정말 질 나쁜 애들을 잘못 만난 걸까? 4년이나 함께 일한 직원들이 그럴 줄은 몰랐다며 마음이 크게 상하신 사장님을 보면 꼭 그렇지만도 않은 것 같다. 좋은 직원을 뽑아 좋은 관계를 유지하는 일도 중요하지만, 끝이 좋아야 진짜 좋은 것이다. 과정이 아무리 좋았다 한들 결과가 좋지 못하다면 모든 것이 무의미해진다.

사장님이 직원들과 함께 여행을 갈 정도라면 그동안 사장님이 기울여 온 노력이 얼마나 대단했는지 짐작할 수 있다. 보통의 친분으로는 직원들과의 여행은 꿈도 못 꿀 일이란 걸 직접 경험해 본 사람이라면 모두 알기 때문이다. 그런데도 끝이 좋지 못했다. 전적으로 사장님의 잘못은 아니지만, 아무튼 끝이 좋지 않았으니 실패한 것과 다름없다. 사장님은 이러한 실패로 직원과의 관계에서 거리 유지가 중요하다는 사실을 배웠을 것이다. 좋은 시작과 좋은 과정을 위한 노력보다 좋은 끝맺음을 위한 노력이 더 필요하다는 사실도 배웠을 것이다.

KEY POINT

카페를 운영하다 보면 누구나 한 번씩은 이런 시련을 마주하게 된다. 이 정도의 시련은 아닐지라도 직원과의 갈등은 어디에나 있기 마련이다. 항상 마음속으로 좋은 끝맺음을 준비하기를 권한다. 설마 하는 마음으로 직원과의 거리 유지에 실패한다면 용두사미가 되어 보잘것없는 헤어짐을 맞이하게 될 것이다.

7

성수기
인력 운영

서울 강남에 부유한 사장님이 오픈한 카페가 있었다. 자신이 운영하는 식당에서 큰돈을 벌어 건물도 사고 카페도 차린 나이가 지긋한 사장님이었다. 카페에 대한 지식이 전혀 없던 사장님은 카페를 노년에 소일거리로 생각하고 시작했지만, 실제 운영을 해보니 너무나도 챙길 것이 많아 당혹스러워했다.

처음에 사장님은 점장을 구해서 운영을 맡겼다. 하지만 오래되지 않아 점장이 그만두는 일이 자꾸만 발생하자 직접 운영에 뛰어들었다. 하지만 식당과 카페는 고객의 이용 패턴이 확연히도 달랐다. 식당은 점심시간에 반짝 손님으로 붐비기 때문에 대비해야 할 일들이 정해져 있었지만, 카페는 하루 종일 손님이 들락거리며 매출이 발생하기 때문에 정신을 차리기가 어려웠다. 카페 운영을 처음 경험하는 사장님은 언제 손님이 많은지, 언제 손님이 적은지 도통 감을 잡지 못했다. 사장님이 매출에 대한 감을 잡지 못하자 인력 운영에 어려움이 생겼다.

바쁠 것으로 기대한 날에는 손님이 적어 인건비만 축내는 일이 잦아졌고, 한가할 것 같은 날에는 갑자기 손님이 몰려 음료 제조에 수십 분 이상이 걸리니 당연히 서비스가 나빠졌다. 나이가 지긋하신 사장님이 매출 데이터를 분석해서 그것에 맞게 인력을 배치하기가 쉽지 않았다. 성수기에 직원이 없어서 고생한 사장님이 직원을 대거 채용하자 곧이어 비수기가 시작돼 인건비의 압박을 받는 일도 발생했다. 어쩔 수 없이 사장님은 자식들에게 도움을 요청해야 했고, 아들에게 카페 운영을 넘긴 후 조력자로서 남게 되었다.

인력 운영의 기본은 매출의 예측이다. 사실 운영을 오랫동안 하다 보면 매출이 언제 높은지, 언제 매출이 떨어지는지 체감으로 알 수 있다. 매출에 대한 감각을 항상 유지하는 사장님들은 그에 따라 인력 운영에 변화를 준다. 카페는 매출을 관리하기가 까다로운 사업 중 하나이다. 기호식품 중 하나이기에 외부 환경에 의한 영향을 많이 타기도 하거니와, 식당처럼 확실한 러시 시간이 정해져 있지 않기 때문이다.

하지만 카페에도 분명 성수기와 비수기가 존재한다. 보통의 카페라면 여름 시즌이 성수기에 해당한다. 여름에는 사람들이 쉽게 갈증을 느끼게 되고, 서늘한 곳에서 시간을 보내고 싶어 하기 때문에 당연하다. 성수기에는 인건비를 조금 더 써서 매출을 극대화해야 한다.

점포 근무 인력을 늘려서 고객 서비스의 품질을 향상하는 것은 기본이고, 고객 유치를 위해 전단지를 배포하는 홍보활동에 사람을 쓰는 일도 성수기에 더 효과가 크다. 그래서 인력 채용의 적기는 사실상 6월이다. 여름 극성수기가 오기 전에 인력을 미리 채용해서 교육을 해놓아야 7월과 8월에 대응할 수가 있기 때문이다.

성수기라고 해서 직원을 늘려 대응해서는 안 된다. 직원의 구조는 1년의 평균 매출에 따라 적정 인원으로 유지하되, 성수기와 비수기의 차이에 따라 아르바이트생을 늘려서 대응하도록 하자. 얼마나 많은 직원을 더 사용할지는 매장의 환경과 매출에 따라 달라지므로 조금 어렵게 느껴지더라도 매출 분석을 꾸준히 연습할 필요가 있다. 매출은 매장 운영 전략의 시작점이기 때문이다.

내가 점장으로 근무하던 카페는 홀 케이크가 상당히 많이 팔리는 곳이었다. 일찍부터 파티쉐가 직접 생산하는 생크림 케이크가 인기를 얻었고, 평소에는 물론 발렌타인데이나 화이트데이처럼 특별한 날이 있는 시즌이면 쇼케이스에 진열해 둔 케이크는 날개 돋친 듯이 팔려나갔다.

이 매장의 최대 극성수기는 크리스마스였다. 크리스마스 당일에만도 천여 개 이상의 홀 케이크가 팔렸고 12월 한 달을 기준으로 하면 2천 개 이상의 케이크가 고객의 손에 들려져 나갔다. 이렇게 홀 케이크가 많이 팔리는 특별한 날에는 쇼케이스 앞에 꼭 한 명의 직원을 배치했다. 한 손에는 볼펜, 다른 한 손에는 메모지를 들고 쇼케이스 앞에 서서 들어오는 고객이 케이크를 빠르게 선택할 수 있도록 도와주는 역할을 하는 직원이다.

평소 케이크를 구매해 본 적 없는 중년의 남성들이 쇼케이스 앞에서 너무 오랫동안 시간을 지체하며 다른 고객의 선택을 방해하지 않도록 하는 것이 이 직원의 주요 업무이다. 케이크 구매를 머뭇거리는 고객에게 적절한 케이크를 추천해 주고 이를 메모지에 적어 고객에게 건네주면 고객은 건네받은 메모지를 POS 직원에게 전달해 빠르게 결제가 가능해진다. 이 직원은 중간중간 미리 케이크를 예약한 고객을 안내해 빠르게 수령할 수 있도록 도와주는 조율도 하며 매장 운영 전체의 컨트롤타워 역할을 수행한다.

이와 같이 매장 매출의 특수성에 따라 적절한 인력과 포지션을 추가로 구상해야 한다. 극성수기 시즌에 어떤 부분에 인력을 투입할 때 효율이 극대화될 수 있을지 꾸준히 고민하도록 하자.

붐비는 시간에 결제가 늦어져 한계가 있다면 POS를 한 대 더 비치하거나 키오스크를 설치할 수 있다. 커피 제조가 늦어져 부하가 걸린다면 머신을 하나 더 설치할 수는 없을지 고민해 보자. 픽업 대가 지나치게 혼잡해 고객 혼선이 자주 발생한다면 별도의 픽업 장소를 만들고 그 위에 고객이 구매한 영수증을 놓아둘 수도 있다.

좌석이 부족해 돌아가는 고객이 자주 발생하는 매장이라면 반드시 홀을 전담해 관리하는 직원을 배치해야 한다. 고객이 일어난 자리를 빠르게 정리하고, 때에 따라 테이블과 좌석을 유동적으로 배치하는 것이 회전의 관건이다. 성수기 바쁜 시기에 우리 매장의 어떠한 요소가 고객의 흐름을 더디게 하는지 잘 관찰해 보고, 이에 맞게 적절히 인력을 추가 배치한다면 더 높은 매출을 소화해 낼 수 있을 것이다.

성수기에 행사를 진행하는 일만큼이나 중요한 게 운영력 관리와 인력관리이다. 물은 들어왔는데 노 저을 사람이 없다면 앞으로 나아가지 못한다. 노를 저었다 하더라도 그물을 던지고 끌어올릴 사람이 없으면 고기는 잡지 못한다. 그래서 성수기에는 인력 관리가 더더욱 중요하다. 매출 폭발이 예상되는 시기라면 반드시 컨트롤 타워 역할을 해 주는 사람이 필요하다.

사람들로 붐비는 유명 맛집을 가 보면, 카운터에서 매의 눈으로 고객을 주시하고 필요한 사항을 직원들에게 전달하는 사람이 꼭 있다. 매장이 정신없이 바쁜 날이라면 여러 가지 요소에서 고객을 놓치는 상황이 발생할 수 있기에 컨트롤 타워의 역할을 하는 사람이 매우 중요하다. 카페의 사장이 직접 수행할 수 있다면 가장 이상적이겠지만, 상황이 그렇지 못하다면 적절한 직원을 배치하도록 하자.

KEY POINT

항상 매출의 추이를 관찰해 적절하게 인력을 배치하고, 오퍼레이션이 꼬여서 매출의 누수가 발생하지 않도록 세심한 관심을 기울여 보자. 고객이 물밀듯 찾아오는 성수기에 기대하지 못한 매출을 경험할지도 모른다.

8

카페 성공의 열쇠는 사람이다

　관광지에 자리한 한 카페가 있었다. 이 카페는 대중교통으로 접근하기 어려운 곳에 있어 아르바이트생의 출퇴근이 쉽지 않은 곳이었다. 젊은 사장님은 직원들의 편의를 위해 직접 시내까지 차를 운행해 출퇴근 서비스를 제공했다.

　관광지 주변에 식당이 별로 없는 데다가 있는 식당들은 죄다 가격이 비싸 직원들이 밥 먹을 곳을 찾지 못하자 사장님은 별도의 공간에 직원 휴게실을 만들고 본인의 어머님께 부탁해 그곳에서 직원들의 식사를 챙겨주도록 배려하였다. 이쯤 되면 직원 복지가 상당한 수준이니 구인이 어려운 지역일지라도 사람을 구하는 데 큰 어려움을 겪지 않았다.

　이 매장의 또 다른 특징이라고 하면 한번 매장에 발을 들인 직원들이 자주 그만두지 않는다는 점이었다. 직원 복지도 이유 중 하나였지만, 더 큰 이유는 따로 있었다.

이 카페의 사장님은 직원들과 정기적으로 회의를 하고 매장 운영에 관한 아이디어를 수집했다. 그림을 잘 그리는 매니저에게 입간판을 그림으로 꾸며보도록 하거나, 크리스마스트리를 화려하게 장식해 보도록 일을 맡겼다. 커피에 관심을 가진 직원들과 주기적으로 콘테스트를 열어 역량 향상을 도모하는 한편, 이 콘테스트에서 우승한 직원의 사진을 벽면에 걸어 이달의 우수사원으로 홍보하기도 했다. 당연하게도 우수사원으로 뽑힌 직원의 서비스가 크게 상승했다.

매장에 들어서면 우렁찬 인사 소리가 고객의 귀를 때려 활기찬 분위기를 연출했고 단골이 하나둘 늘어나면서 관광지답지 않게 평일에도 사람들이 자주 찾는 카페가 되었다. 직원을 배려하는 사장님의 태도에 직원의 매장 참여도가 높아졌고, 심지어 쉬는 날에도 매장에 나와 시간을 보내는 등 가족같이 화기애애한 분위기가 운영 기간 내내 이어졌다.

처음 카페를 창업한 초보 사장님이 직원들과 똘똘 뭉쳐 매장 분위기를 이끌자, 활력 넘치는 매장으로 사람들이 몰려 주말이면 자리를 찾을 수 없을 만큼 바쁜 번듯한 카페로 변신할 수 있었다.

카페 성공의 열쇠는 사람이다. 기술이 발달함에 따라 사람 간의 접점이 점점 줄어들고 있다고는 하지만, 카페가 사람에 의한, 사람을 위한, 사람의 공간이라는 사실은 변하지 않는 불변의 진리이다. 그래서 사람 관리는 카페 운영의 핵심과도 같다. 누가 어떻게 직원을 더 효율적으로 관리하느냐에 따라 카페의 운명이 좌우되기 때문이다.

직원 관리에 성공해 활력 넘치는 매장을 만든 카페는 고객에게 편안함과 안정감을 제공하지만, 직원 관리에 실패해 자주 사람이 바뀌는 카페라고 하면 고객은 어딘가 모르게 불안함을 느끼게 된다. 자주 가는 카페의 직원이 너무 자주 바뀐다고 생각하면 그 자체만으로도 불편하다. 좋은 직원이 오랫동안 매장에 머무르며 좋은 서비스를 제공하도록 하는 것이 사람 관리인 셈이다.

좋은 직원이 우리 매장에 오랫동안 근무하기를 원하는 카페 사장이라면 직원의 동기부여에 신경 써야 한다. 기업 입사 면접에서 항상 빠지지 않는 질문이 있다. 입사 동기와 입사 후 포부이다. 채용 기업에 따라 면접의 질문을 다양하게 바꿀 수는 있겠지만, 이 두가지를 물어보는 일은 근본적으로 변하지 않는다. 입사 동기와 입사 후 포부를 알아야만 우리 회사의 지향점과 잘 맞는지 확인할 수 있고, 우리 회사의 지향점과 잘 맞는 직원이어야만 오랫동안 이탈

없이 회사에 도움을 줄 테니 말이다.

카페에서도 마찬가지이다. 직원을 채용할 때는 우리 가게에 입사한 목적과 앞으로의 계획을 반드시 물어보아야 하고, 입사한 직원이 어떠한 면에서 동기부여를 할 수 있는지 확인해야 한다. 입사한 직원이 커피에 관심이 깊은 친구인지, 아니면 단순히 이력서에 한 줄이 필요한 친구인지, 그도 아니면 돈을 벌기 위한 수단인지를 알아야 성공적으로 동기를 부여할 수 있다. 똑같은 복지를 모든 직원에게 주더라도 받아들이는 직원에 따라 넘칠 수도 혹은 모자를 수도 있는 것이다.

가장 이상적인 동기부여 방식은 성장의 도모이다. 직원이 점차 업무에 관심을 보이고, 스킬과 지식을 두루 향상하면서 자신을 발전시킬 때 오는 희열은 그 어떤 동기보다 뛰어난 원동력이 된다. 카페의 사장님이라면 커피에 관심을 보이는 직원들에게 정기적으로 커피 교육을 진행해 바리스타로서의 역량을 체득할 수 있도록 도울 수 있다. 카페쇼와 같이 커피와 관련된 행사장을 방문하도록 시간을 할애해 주거나, 국내 바리스타 대회와 같은 대회를 준비해 자신의 역량을 향상하는 것으로 성장에 대한 동기가 부여될 수 있다.

커피와 카페 산업에 관한 잡지를 정기적으로 구독하는 것도 좋은 방법이다. 베이커리나 디저트를 직접 생산하는 카페라면 파티쉐를 육성하는 교육도 직원들이 관심 가질만한 분야이다. 직원의 관심도나 성향에 맞게 적절한 부분의 교육을 진행한다면, 근무에도 도움이 되고 개인적 성취감도 올릴 수 있으니 일거양득이다. 교육을 위해 발생하는 비용을 아깝게 생각하지 않도록 하자. 실컷 가르쳐 놓은 직원이 금세 그만두면 속이 쓰릴 수밖에 없지만, 모든 직원이 그런 것은 아니니, 시간이 지나면 가르친 보람을 찾도록 해 주는 직원을 만날 수 있을 것이다.

직원 간의 소속감과 유대감도 근속 기간에 큰 영향을 미친다. 누구나 마음이 통하는 사람과 일하고 싶어 한다. 마음이 통하는 사람과 함께 일하면 힘든 일이라 하더라도 고통이 반감되기 때문이다. 아무리 단순한 업무라도, 아무리 단기 아르바이트라 할지라도 마찬가지이다. 어떤 일을 하느냐 보다, 누구와 함께하느냐가 더 중요할 때가 많다.

카페는 서비스업이다. 고객에게 제공하는 서비스의 대가로 돈을 받는 사업이다. 돈을 받고 하는 일이니 쉬울 리 없다. 생전 처음 보는 사람에게 미소를 짓는 업무는 힘이 든다. 이유 없이 화를 내는 고객에게도 마음에서 우러나오는 서비스를 제공해야 할 때가 있으니 절대 쉽지 않다. 이처럼 힘든 일을 하는 직원이기 때문에 유대감이 중요하다. 함께 근무하는 사람에게 의지하고, 어려운 일을 혼자서 처리하지 않아도 된다는 사실을 알게 될 때 직원은 안정감을 느끼게 되고, 근무 환경에서 안정감을 느껴야만 제대로 된 서비스가 발휘될 수 있다.

직원을 관리하는 카페 사장이라면 직원의 고충을 수시로 듣고 이를 해결할 수 있는 대안을 제시할 수 있어야 한다. 대안을 제시하는 대신 마음으로 공감해 주는 것만으로도 충분할 수도 있다. 술 한 잔으로 안 좋은 기억을 잊게 할 수도 있으니 가끔 회식도 필요하다. 직원과의 유대감을 위해 사장이 해야 할 일은 단 하나다. 직원들에게 적극적으로 관심을 두는 것이다.

아무리 좋은 직원이라 할지라도, 적절한 보상이 이루어지지 않으면 붙잡을 수 없다. 최고의 복지는 보상이고, 최선의 동기부여도 보상이다. 직원이 달라는 대로 다 줄 수는 없겠지만, 언제 어떠한 방식으로 보상이라는 당근을 사용할지 계획을 세워 두어야 한다.

새해가 시작되고 최저시급이 오르면 직원의 월급도 함께 올라야 한다. 직원과 사장이 공감할 수 있는 범위 내에서 적정한 수준으로 임금을 인상해 주는 것이야말로 직원의 사기를 진작시키고 동기를 부여할 수 있는 최선의 수단이다. 모든 보상이 금전적으로 이루어지지는 않아도 좋다. 힘든 시즌을 보낸 후 휴가를 주거나, 소정의 선물을 하는 것 또한 적절한 보상의 한 축에 해당한다. 매장 운영에 관한 직원의 의견을 경청하고, 좋은 의견을 채택해 반영되는 일 또한 아이디어를 제공한 직원의 입장에서는 성공 경험이라는 보상이 된다.

KEY POINT

자본주의 사회에서는 금전적 보상이 곧 동기이다. 하지만 모든 직원이 금전적 보상만을 동기로 삼지는 않는다. 어떠한 방식으로든 직원이 적극적으로 업무에 임할 수 있도록 끊임없이 동기부여의 방식을 찾는 것이 중요하다. 육체적으로도 정신적으로도 힘든 업무를 지속하는 직원이 스스로 에너지를 얻을 수 있도록 배려하는 일부터 근무자가 적절한 가치를 느끼는 보상까지, 직원마다 원동력을 갖도록 하는 요소들이 무엇인지 찾도록 하자. 그러기 위해 직원과의 유대가 필요하다. 직원들에게 개인적인 관심을 두고 꾸준히 소통하려고 노력하자. 스스로 동기부여를 할 수 있는 직원을 찾아낸다면 목적 없이 우리 매장을 들락거리는 직원들보다 열 배는 더 가치 있는 일을 해낼 것이다.

9

인건비 폭탄을
피하는 방법

대도시에 오픈한 한 카페가 있었다. 건물을 지은 의사 사장님이 아내의 명의로 1층에 카페를 차렸다. 대로변에 예쁘게 지어진 신식 건물에 전면은 통유리를 사용해 탁 트인 공간감을 자랑하는 보기 좋은 카페였다. 부유층이 사는 상권에 훌륭한 접근성과 외관으로 기대가 많이 되는 그런 카페로 기억한다.

사장님은 본업이 있는지라 카페에 관여를 제대로 할 수가 없었다. 시작 단계부터 관리를 총괄할 수 있는 점장을 고용했는데 무려 20여 년이나 알고 지내 온 믿을 수 있는 직원이었다. 사장님의 개인적 부탁에 직원은 흔쾌히 점장의 역할을 맡아 두 명의 직원을 채용해 그들과 함께 매장 운영을 전반적으로 관리했다.

운영 1년여가 지나가는 시점에 사장님이 만나기를 청해왔다. 무슨 일인지 물었더니 전반적인 운영에 관한 내용이라 했다. 사무실에서 사장님을 만났다. 그러고는 충격적인 이야기를 듣게 되었다. 이 카페의 월 매출이 약 3,500만 원 정도의 수준이었는데, 인건비로 1,500만 원 가까이 사용한다고 했다. 사장님의 이야기를 들은 나는 내 두 귀를 의심했다. 1,500만 원이면 매출의 40%가 넘어가는 수치이다.

이 정도 매출에 이 정도의 인건비를 사용하는 매장을 본 적이 없었던 나는 사장님에게 실례를 무릅쓰고 세부 내용을 좀 알려달라고 했다. 사장님의 이야기를 들어 보니 실제로 4대 보험과 퇴직금을 합해 그 정도의 금액이 매달 지급되고 있었다. 20년째 알고 지낸 직원에게 급여를 맞춰 주다 보니 과한 인건비가 지급되고 있었고, 그 직원을 기준으로 신규 직원의 월급도 책정되어 전체 인건비가 걷잡을 수 없이 불어나 있었다.

그뿐만 아니라 모든 직원을 정규직으로만 구성한 탓에 고정 인건비가 늘어나 있어서 매출이 하락하면 인건비의 비율이 기하급수적으로 올라 손익에 직격탄이 될 수밖에 없었다. 인건비의 적정 수준을 알지 못했던 사장님이 처음부터 계획 없이 직원을 채용한 바람에 상황이 이렇게나 나빠졌다. 결국 사장님은 긴 세월의 관계를 정리하기 위해 일주일가량 점포 문을 닫아야 했다.

카페라는 사업의 진입장벽이 낮다 보니 카페를 시작하는 사장님들 대부분이 아마 처음 사장이 되는 사람일 거다. 그러다 보니 매출은 어떻게 흘러가는지, 인력을 어떻게 운영해야 하는지, 적정한 인건비는 얼마인지 알지 못하고 사업을 시작한다. 처음 해보는 일이니 그럴 수 있다고 생각한다.

나 역시도 처음 점장이 되었을 때 인건비를 과하게 사용하는 바람에 상사에게 꾸지람을 들어 보았기 때문이다. 시행착오는 경험이 되어 좋은 밑거름이 된다고 하지만, 사업은 그러한 시행착오를 얼마나 빨리 극복해 내느냐에 따라 존폐가 달라지기도 한다. 특히나 인력관리에 있어서 시행착오는 빨리 털어 내 버려야 한다.

처음부터 완벽한 구상으로 사람을 뽑고, 뽑은 직원들과 평생 함께하면 얼마나 다행이겠냐마는, 실상 처음 구한 직원 치고 오래가는 직원은 얼마 되지 않는다. 외식업의 특성상 직원의 근속 기간이 매우 짧고, 쉬운 진입장벽으로 대체 인력을 구하기가 비교적 쉬운 편이기에 더욱 그러하다. 인력관리에서 무언가 잘못되었다고 느끼는 그 순간부터 직원들과의 이별을 미리 준비하는 편이 좋다.

인력을 되는대로 쓰게 되면 나중에 가서 인건비 폭탄을 면치 못한다. 인건비는 점포의 운영에 있어서 유동성이 가장 큰 비용 항목 중 하나이고, 손익에 큰 영향을 미치기 때문에 더 면밀히, 더 섬세하게 관리해야 한다. 인건비 관리의 기본은 매출의 예측이다. 이번 달 어느 정도의 매출이 발생하는지를 먼저 예상해 보고 이에 따라 인건비를 그때그때 조정할 수 있어야 한다.

그 때문에 모든 직원을 정직원 체제로 유지한다면 그만큼 매출 변동에 민첩하게 대응할 수 없게 된다. 고정적으로 인건비가 발생하는 정직원은 최소한으로 유지하고 매출의 변동에 따라서 아르바이트생을 추가로 고용해 바쁜 시간을 메꿔주는 방식으로 운영하자. 그럼 차라리 모든 직원을 아르바이트생으로 배치하면 되지 않을까? 그렇지 않다. 카페에는 정직원만이 할 수 있는, 해야 하는 일들이 산재해 있다. 예를 들어 위생을 관리하거나 발주를 체크하는 일, 재고를 파악하고 적정 재고를 유지하는 일, 고객 클레임에 대처하거나 매장의 특이 사항에 대응하는 일 등은 반드시 책임감을 가진 정규직 직원이 수행해야 할 일들이다. 아무리 권한을 위임한다고 해도 직원은 직원이고 알바는 알바다. 시간대별로 점포를 책임질 수 있는 관리자를 배치하고 그 외의 인력은 아르바이트 직원들로 구성하는 것이 바람직하다.

인건비 폭탄을 면하기 위해서는 정기적으로 현재의 인건비 수준을 파악하는 일 또한 중요하다. 직원들은 항상 바쁘고 항상 손이 모자란다. 아마 바쁜 시간에 사람을 한 명 더 채용해달라고 입버릇처럼 말할지도 모른다. 하지만 사장이라면 판단에 있어서 냉정해야 한다. 어느 정도의 매출 시점에 인원을 투입해야 하는지 본인만의 기준이 있어야 한다. 직원들의 말만 듣고 무작정 인력을 투입하다 보면 끝에 가서 후회하게 되니 말이다.

매일매일의 인건비를 계산해 보고 매출과 대비해서 현재의 인건비 수준이 적정한지 확인해야 한다. 인건비가 과하다고 판단되면 어느 요일, 어느 시간대에 인건비가 과했는지 파악해 보고 다음 주 스케줄에서 인력을 조정해야 한다. 카페에서는 인건비가 지나치게 낮아도 좋지 않다. 그만큼 서비스의 품질이 떨어진다는 의미일 수도 있기 때문이다. 적정 인력의 기준을 세우는 일이 말처럼 쉽지 않다는 것은 잘 알지만, 사장이라면 반드시 스스로 기준을 잡아야만 한다.

KEY POINT

매출을 인건비로 나눈 노동생산성 지표를 활용해서 기준을 잡아보자. 매일의 매출을 그 날 사용된 인건비로 나누어 본다. 그 값이 평균 이상인 곳이라면 생산성이 좋은 것이니 너무 바빠서 서비스가 부족하지는 않았는지 확인해 보고, 그 값이 평균 이하라면 생산성이 낮았다는 의미이니 인원을 줄일 방법을 고민해 보아야 한다. 대략 3개월가량 이러한 작업을 반복하다 보면 자신의 기준이 생기게 되고 카페의 적정한 인건비를 스스로 책정할 수 있을 것이다. 매월 예상되는 매출에 따라 인건비 예산을 수립해 보자. 예산안에서 인건비를 사용하는 연습을 꾸준히 하다 보면 적어도 인건비로 인해 점포의 손익이 망가지는 일은 피할 수 있을 것이다.

10

직원들 간의
불화

매출이 크고 직원이 많은 한 카페가 있었다. 이 카페에는 정규 직원만 다섯 명이나 됐고 아르바이트생까지 합하면 모두 열세 명의 인력이 함께 근무하는 대형 카페였다. 오피스 상권에 위치한 이 매장은 점심 러시 시간이면 몰려드는 손님들로 눈코 뜰 새 없이 바빠졌지만, 점심 러시가 끝나고 나면 고객이 썰물처럼 빠져나가 금세 다시 여유로운 카페의 모습을 되찾는 곳이었다.

어느 날 사장님은 한 직원이 좋지 않은 표정으로 퉁퉁거리고 있음을 발견했다. 사장님이 직원에게 무슨 일이 있는지 묻자, 직원은 갑자기 눈물을 터트리며 다른 한 직원에 관한 이야기를 시작했다. 자신보다 늦게 들어온 직원이 자신의 지시를 따르지 않는다는 게 불만이었던 거다. 직원이 눈물을 보이자, 사장님은 당황해서 두 사람을 불러 주방으로 들어가 자초지종을 캐물었다. 상황을 듣고 보니 그동안 두 사람 사이에 업무를 놓고 설전이 종종 있었고, 그 설전이 결국 큰 다툼으로 발전했는데, 실질적 싸움의 원인은 근무 기간과 나이에 있었다.

눈물을 보인 직원이 근무 기간은 더 길지만 나이는 어렸고, 상대 직원은 근무 기간은 짧았지만, 나이는 더 많았다. 이러한 상황에서 그동안 나이 어린 직원이 나이 많은 직원에게 업무 지시를 해왔는데 나이 많은 직원이 이를 받아들이지 않아 둘 사이에 싸움이 났다.

두 사람은 사장님을 앞에 두고도 서로의 격앙된 감정을 드러내며 거친 말을 쏟아냈다. 사장님은 어찌할 바를 몰라 멍하니 두 사람을 지켜만 볼 뿐 어느 쪽의 편을 들어줄 수도 없었다. 결국 눈물을 보인 직원이 앞치마를 던지고 매장을 나가버리고 나서야 상황은 종료되었다. 그 직원은 그길로 매장을 그만두었고 다른 한 직원도 머지않아 일을 그만두면서 사장님은 졸지에 일 잘하는 직원 둘을 잃게 되었다.

다 큰 어른이 직장에서 싸우다니, 이게 웬 말인가 하겠지만 직원들 간에 분쟁이 심심치 않게 일어난다. 싸움으로까지 번지는 분쟁이 잦지는 않지만, 크고 작은 갈등이 계속해서 생기는 곳이 카페이다. 카페는 사업의 특성상 좁은 공간에서 오랜 시간 함께 부딪혀야 하고 서로 커뮤니케이션을 수시로 해야 하는 곳이기 때문에 더더욱 갈등이 생길 확률이 높다.

또한 카페의 직원은 일반적인 회사와는 달리 직급이나 서열을 정확하게 따질 수 없기에 수직적 관계를 규정하기가 어려운 곳이다. 게다가 오랜 시간 얼굴에 미소를 짓고 감정 노동을 해야 하는 업무의 특성으로 직원의 몸과 마음이 쉽게 지치는 공간이기도 하다. 각자의 업무가 정확하게 나누어지거나 할 일이 정해져 있지 않다는 점도 가끔 갈등의 원인이 되곤 한다. 이러한 요인들이 사방에 도사리고 있으니, 카페를 운영하는 사장님이라면 언제 터질지 모를 시한폭탄을 안고 있는 셈이다.

직원들 간의 불화는 일이 커지기 전에 미연에 방지해야 한다. 갈등이 커져 싸움이 되고 누군가 상처를 입는 상황이 오면 피해를 보는 쪽은 사장이고 이를 수습하는 일도 오롯이 사장의 몫이다. 손자병법에서는 싸우지 않고 이기는 것을 최고의 방법이라 했다. 싸움이 일어나기 전에 싸움이 될 거리를 만들지 않는 것이 사장에게 필요한 역량이다.

어딘가 분쟁이나 갈등이 생길 조짐을 보이는 직원들이라면 개별적으로 불러 코칭 해야 한다. 근무 중에 불편한 점은 없는지, 다른 직원과의 관계에서 어려움은 없는지 시간이 될 때마다 가볍게 물어

본다면 분쟁의 조짐을 파악하기가 쉬울 것이다. 매장 직원들 간에 싸움의 징조가 있다면 큰 싸움으로 번지기 전에 두 사람을 업무적으로 분리해야 한다. 카페에서 업무를 완벽하게 분리하기는 어렵겠지만, 사장이 직접 개입해서 각자의 업무를 정해주는 방법만으로도 충분히 두 사람을 분리할 수 있다.

혹여나 직원 중 분쟁을 조장하는 직원이 보인다면 가차 없이 잘라낼 준비도 해야 한다. 썩은 사과 하나가 다른 모든 사과를 병들게 하는 법이다. 썩은 직원 하나를 솎아내지 못한다면 언젠가 모든 직원에게 병을 옮길 테니 자세히 관찰하도록 하자. 매장의 운영 방식이나 업무에 관해 상습적으로 투덜거리는 직원이 있다면 썩은 사과가 아닌지 판단해야 한다.

매출을 올리려는 행사나 고객 감사 이벤트를 하려는데 유독 한 직원이 부정적으로 나온다면, 또 그 직원이 지속적으로 무언가를 반대한다면, 다른 직원들을 위해서라도 그 직원을 그만 보내줄 결심을 해야 한다. 부정적 생각은 다른 사람으로의 전이가 매우 빠른 편이고, 평소 자신만의 정확한 기준이 세워지지 않은 직원이라면 그들의 말을 전적으로 믿어버릴지도 모르기 때문이다.

상습적으로 지각을 일삼는 직원도 썩은 사과이다. 근태가 좋지 않은 직원을 묵인하고 이를 방관한다면 조직 전체가 나태해진다.

아주 가끔 실수는 눈감아줄 수 있겠지만 주기적으로 근태가 안 좋은 사람이 있다면 즉각적이고 확실한 페널티를 주어야 한다. 사실 근태는 그 사람의 생활 태도와 연관되기 때문에 쉽게 고쳐지지 않는 법이다. 기본만 하는 직원도 필요 없지만, 기본조차 되지 않은 직원은 더 필요가 없다. 근태가 좋지 않은 직원이 다른 직원까지 영향을 끼치기 전에 정리해야 함이 마땅하다.

매장에서 다른 사람의 말을 옮기거나 거짓말을 하는 직원 또한 주의해서 관찰할 필요가 있다. 자의든 타의든 말을 옮기는 일은 오해를 불러올 수 있으므로 매장 직원 중에 그러한 사람이 있다면 즉시 경고해야 한다. 말을 옮기는 사람들의 특징은 모든 상황을 자신에게 유리한 대로 해석하는 것이다. 자신과 친한 사람들에 관해서는 칭찬을 늘어놓겠지만, 그렇지 않은 사람에 관해서는 부정적인 이간질을 스스럼없이 할 가능성이 높다. 유독 직원들이 자주 바뀌는 매장이라면 직원 중에 혹여나 썩은 사과가 있지는 않은지 더 유심히 관찰할 필요가 있다.

분쟁을 없애기 위해서는 서열 정리가 필요하다. 군대에서, 직장에서 서열과 직급을 두는 것은 모두 같은 이유이다. 사공이 많으면 배가 산으로 가고, 요리사가 많으면 국을 망친다. 서열과 직급에 따라 권한을 위임하고, 권한에 맞게 업무를 조정할 수 있어야 조직이 잘 굴러갈 수 있다. 카페 전반에 관한 모든 권한과 책임은 사장에게 있어야 하지만, 세부 업무에 있어서는 각 직원이 어느 정도의 권한을 가지고 구성원을 부릴 수 있는 구조를 만들어야 한다.

모든 조직에서 가장 이상적이고 바람직한 조직 구조는 피라미드 형식이다. 사장은 점장 한 명만 관리하고, 점장은 매니저들을 관리하고, 매니저는 아르바이트생을 관리한다. 매니저들 사이에서도 서열이 존재해야만 업무에 있어서 불만이 생겨나지 않는다.

카페에서 서열을 정하기가 어려울 수는 있지만, 적어도 최소한의 기준은 세울 수 있다. 우리 카페는 입사일 기준으로 서열을 정한다든지, 경력의 기간순으로 서열을 정한다든지, 아니면 사장이 직접 실력 위주로 판단하는 어떤 기준이든 좋다. 사장의 권한이니 사장이 세우면 된다. 아무리 작은 카페라 하더라도 직원이 두 명 이상 있다면 최소한의 서열은 미리 정해두자. 사장이 자리를 비울 때, 사장이 관여하지 않은 업무를 할 때 사공이 누구여야 할지 미리 정해둔다면 의견 충돌을 최소화할 수 있다.

직원들 간에 불화가 없어지려면 무엇보다도 사장의 강력한 리더십이 필요하다. 직원들 끼리 싸움이 났다는 건 사장을 만만히 보았다는 의미이다. 무서운 상사 앞에서는 싸우는 직원이 없다. 오히려 어떻게든 똘똘 뭉쳐 서로 협동해 가면서 어려운 시기를 극복하려고 노력할 것이다. 팀워크를 위해서라면 사장인 나를 직원들이 무서워해야 하고 어려워해 야 한다.

사장이 너무 무섭고 너무 어려워 직원들이 견디기 힘들 정도가 되면 안 되겠지만, 너무 좋은 사장, 너무 합리적인 사장만 되려고 하지도 말자. 직원은 어디까지나 직원이고 사 장은 어디까지나 사장이다. 점포가 건강하게 오랫동안 유지되기 위해서는 그만큼 건강 한 직원들이 함께해 주어야 한다.

11

에이스
키워내기

　직영점을 관리할 때의 일이다. 대부분 매장에서 케이크와 샌드위치를 직접 생산하고 있었기에 직원들 또한 홀 매니저와 주방 매니저로 구분되어 있었다. 지자체와의 협력으로 직원 여러 명을 소개받아 뽑았는데, 그중 한 명을 병원 안의 특수 상권에 새로 오픈하는 신규점으로 발령 냈다.

　첫 만남에서부터 다소 소극적인 모습을 보이던 이 직원은 근무를 시작한 후 묵묵히 자신의 업무에 최선을 다하는 모습을 보였지만, 고객과의 접점에서는 어딘가 부자연스러운 모습을 종종 드러냈다. 이 직원을 불러 찬찬히 이야기를 들어 보니 사실 자기는 직영점에서 주방 직원을 뽑는다기에 이에 지원했다고 털어놓았다.

　외적인 성향이 아니었던 직원을 하루 종일 오롯이 사람들만 상대해야 하는 특수 상권에 던져두었으니 겁먹은 강아지 같은 표정을 지을 수밖에. 이 직원이 더 힘들어하고 스트레스를 받기 전에 서둘러 직무를 바꿔주어야 했다. 마침, 다른 매장에서 주방 매니저 한 명이 퇴사하게 되어 그 자리로 이 직원을 보내기로 했다. 매장을 옮겨주겠다는 나의 말에 이 직원은 의외로 난감해하는 모습을 보였다. 그동안 어찌어찌 적응한 것 같은데 또다시 새로운 곳으로 이동하는 게 불편했던 것이다. 직원에게 너무 걱정하지 말라고 안심시킨 후 예정대로 다른 매장으로 보냈다.

새로운 매장에서 주방 업무를 맡게 된 직원은 이전보다 훨씬 빠르게 적응했다. 대인관계에서는 소극적인 모습을 보이던 직원이었지만 꼼꼼함이 필요한 주방 업무에서는 남다른 솜씨를 자랑할 정도로 두각을 나타냈다. 그렇게 시간이 흘러 수개월 후에 그 직원을 다시 만났는데 예전의 소심함이나 수줍어하는 모습은 온데간데없었다.

오히려 한결 밝고 당당한 모습이 아주 보기 좋았다. 매장의 점장에게 그 친구가 어떻게 근무하는지 물었더니 자기 일을 아주 좋아하고 주방뿐만 아니라 홀 업무까지 열심히 배우려고 해서 다른 직원들에게도 인정받고 있다고 했다. 아마 주방 업무에서 인정받아 자신감이 생겼고, 자신감이 생기니 소심한 모습이 사라져 사람을 대하는 업무에도 자연스럽게 적응할 수 있었을 것이다. 주방과 홀을 모두 할 수 있으니 이 직원이 에이스로 거듭나는 것은 시간문제가 되었다.

카페의 업무는 누구나 쉽게 시작할 수 있지만, 모든 사람이 동일한 조건으로 일을 배워가는 것은 아니다. 사람마다 각자 가지고 태어난 성향과 재능이 존재한다. 사장이라면 각 직원이 가진 성향이나 재능에 따라 적정한 업무를 찾아주고 이를 발전시킬 방법을 모색해야 한다. 어떤 직원에게 어떠한 업무를 부여하느냐에 따라 직원의 퍼포먼스가 확연히 달라지기 때문이다.

어떤 사람은 꼼꼼하면서 차분한 업무에 어울리는가 하면, 어떤 사람은 빠르고 직관적인 일 처리에 강점을 보이기도 한다. 아마 사장 스스로가 자신을 판단해 보더라도 이는 마찬가지일 것이다. 모든 사장이 다 똑같은 사업 성과를 낼 수 없듯이, 모든 직원 또한 똑같은 업무 성과를 내지 못한다는 사실을 기억하자.

성향에 맞게 업무를 조정한다고 해서 특정 직원에게 한 가지 업무만을 지정해 줄 필요는 없다. 기본적으로 카페의 업무는 모든 직원이 공통으로 수행할 수 있는 것들이 많다. 다만, 직원의 역량이나 성향에 따라서 전담할 분야를 정해준다면 특별한 재능을 가진 그들의 역량을 발휘할 기회를 주게 된다는 의미이다.

예를 들어 꼼꼼함이 특기인 직원이라면 생산이나 제조에 있어서 두각을 드러낼 가능성이 높다. 이 직원에게 품질에 관한 권한을 부여해 다른 직원들을 교육하도록 정할 수 있다. 또 다른 예로 고객 응대에 유난히 장점이 있는 직원이 있다면 클레임이 발생했을 때 1차 응대 자로 지정할 수도 있다. 이처럼 카페에서 자주 발생하는 업무 처리에 직원의 성향을 파악해 지정한다면 인정받은 직원이 기대 이상의 성과를 낼 수 있게 된다.

채용한 직원이 에이스로 발전하기를 원한다면 에이스를 멘토로 붙여주어야 한다. 처음부터 모든 업무를 잘하는 직원을 찾기란 매우 드물다. 심지어 경력이 있는 친구를 뽑았다 할지라도 우리 카페에 적응하려면 시간이 걸린다. 게다가 그동안의 경험으로 자신만의 고집이 생겨있을 수도 있다. 그래서 신규로 사람을 채용했다면, 처음에는 가장 잘하는 직원에게 교육을 맡겨야 한다. 매장의 에이스에게 제대로 일을 배운 직원이 다시 에이스가 되기 때문이다. 매장에 에이스로 붙일 만한 직원이 없다면 사장이 그동안 에이스를 키우지 못했다는 의미이다. 에이스를 키우지 못했다면 사장 스스로가 에이스가 되지 못했다는 의미일지도 모른다. 혹은 사장이 직원을 키울 의지가 없었거나.

매장에 에이스 직원이 없다면 그 매장은 전적으로 모든 일을 사장이 관리해야 한다. 하지만 1인 카페가 아닌 이상 사장이 영업시간 내내 모든 업무를 혼자 처리할 수는 없다. 매장이 제대로 굴러가도록 시스템을 구축하고 싶다면 우선 나를 대체할 수 있는 에이스 직원을 만들어야 한다. 그리고 그 에이스가 다른 직원들을 교육해 또 다른 에이스를 만들 수 있어야 한다. 이러한 연쇄반응이 원활히 일어나는 매장이야말로 제대로 된 시스템이 구축되었다 할 수 있다. 에이스 직원은 채용하는 것이 아니라 길러내는 것이다.

에이스가 에이스와만 일하려고 한다는 사실을 기억하자. 나와 장단이 잘 맞고 눈빛만 봐도 무얼 원하는지 알아차리는 직원이 있다면 어떻겠는가? 종일 그 직원과만 일하고 싶어질지도 모른다. 직원들도 마찬가지이다. 에이스들끼리는 항상 뭉쳐 다니고 함께 일하고 싶어 한다. 하지만 반대로 이야기하면 에이스들끼리 뭉쳐 있는 그 외의 시간에는 매장에 에이스가 없다는 의미가 된다.

개인마다 타고난 성향이 다르기에 잘하는 분야도 모두 다르다. 사장이라면 직원의 성향에 따라 어떠한 업무가 어울리는지 간파할 수 있어야 한다. 자신에게 어울리는 업무로 성공을 경험한 직원은 머지않아 우리 매장의 에이스 직원으로 거듭날 것이다. 장기적으로 안정적인 카페를 구상하고 있다면 에이스 직원을 스스로 길러 내고, 길러낸 에이스 직원이 또 다른 에이스를 계속해서 양산할 수 있도록 구조화하는 것이 필요하다.

사람 관리 집중 탐구

카페 컨설팅을 오랫동안 진행하면서 가장 많이 듣게 되는 사장님들의 고충은 바로 사람이다. 사람 때문에 사업을 하기 어렵다고 토로할 정도로 사람 관리에 애를 먹기 때문이다. 카페는 사업의 특성상 사람에 대한 의존도가 매우 높고, 어떤 인력을 채용하고 어떻게 사람을 관리하느냐에 따라 매출도 달라지고 매장의 손익도 달라진다. 카페 사업에 있어서 사람 관리의 특징에 대해 살펴보도록 하자.

카페에서 효율적으로 사람을 관리하기 위해서 우선 카페 사업의 특징부터 파악해야 한다. 카페 사업의 본질이 무엇이냐 물으면 뭐라고 답할까? 카페 사업을 제조업으로 규정하는 사람은 없을 것이다. 카페 사업은 외식업을 기반으로 한 서비스업에 속한다. 커피와 디저트라는 제품을 생산하고 판매하는 카페이지만, 실상은 고객에게 편의를 제공하고 삶의 질을 향상하기 위해 무형의 노동력을 제공하는 것이 바로 카페의 서비스이다. 예를 들어 설명하면 이렇다. 한 고객이 오후 3시경 카페에 들어와 5,000원짜리 아메리카노 한 잔을 주문하고 자리에 앉아 가져온 책을 읽는다. 아메리카노 한 잔에 든 원가만 계산한다면 아마 1천 원이 채 되지 않을지 모른다. 원가 대비 가격을 다섯 배나 높게 받는다는 건 제조업의 측면에서 생각하면 상상할 수 없을 정도로 높은 수익률이다.

하지만, 이 고객이 구매한 아메리카노에는 단순히 15g의 원두와 물의 가치만 포함된 것이 아니다. 카페를 구성하기 위한 임대료, 커피를 내리는 인건비, 카페를 운영하기 위한 수도/전기세, 매장에 흘러나오는 음원 사용료 등등, 커피 한 잔을 즐기기 위해 준비되는 모든 비용이 커피 가격에 녹아있는 것이다.

카페의 근본적 구조가 서비스업이라는 사실을 인지하는 것은 카페 운영에 큰 영향을 미친다. 카페의 본질이 서비스이기 때문에 고객의 편의 이용에 대한 만족이 우리 카페 운영의 가장 중요한 기준이 되어야 한다. 고객이 편하게 매장을 이용하기 위해서는 사람의 힘이 필요하다. 결국 서비스업은 사람이 하는 일이고 사람에 의해서 그 성패가 갈린다고 볼 수 있다.

카페의 인력관리는 매장의 손익에 직접적으로 영향을 미친다. 언제 어느 때 인력을 배치하는지에 따라 매장 운영의 효율이 달라지고, 매장에서 인력 운영의 효율성이 증대되어야 인건비가 절감되기 때문이다.

의외로 장사를 해보면 인건비 외에 적극적으로 줄일 수 있는 비용이 많지 않다는 사실을 체감하게 된다. 임차료는 애초에 줄일 수 있는 항목이 되지 못하고, 원가를 줄이자니 제품의 품질에 영향을 미치기 때문에 줄일 수 있는 여지가 거의 없다. 하지만 인건비는 조금 다르다. 사실상 비용 절감을 위해 사장님들이 가장 많이 손대는 항목이 바로 인건비이다. 때로는 사장이 직접 운영에 참여하며 인건비를 줄이기도 하고, 때로는 지인이나 가족에게 도움을 청해 인건비를 줄이기도 한다. 절감된 인건비만큼 그대로 손익이 좋아지기 때문에 손익 개선을 위한 즉각적 행동이 필요하다면 인건비를 들여다볼 필요가 있다.

인력관리에 따라 매출도 변한다. 앞서 말한 바와 같이 카페의 근본은 서비스업이기에 서비스에 따라 고객의 만족도가 달라지고 고객의 만족도가 높은 매장이 그만큼 매출도 높다. 자주 가는 카페에 들러 단골 비중이 얼마나 되는지 물어보라. 전혀 그럴 것 같지 않은 카페라 하더라도 의외로 단골의 비중이 매우 높다. 심지어 전국에서 유동 인구가 가장 많다는 강남의 카페에서 근무할 때도 단골의 비중이 상당히 컸다. 유명한 관광지는 단골이 거의 없을까? 그렇지 않다. 유명 관광지에 차려진 여러 카페를 관리해 보았지만, 대다수 사장님의 이야기를 종합해 보면, 아주 특수한 상황만 제외하고는 관광지라 할지라도 평소 매출은 단골이 거의 만들어준다고 한다.

안정적 매출이 발생하는 카페를 들여다보면 단골의 비율이 거의 80%에 육박할 정도이다. 단골이 많다는 이야기는 그만큼 우리 매장을 고정적으로 찾아주는 고객이 많다는 뜻이다. 반대로 이야기하면 우리가 갖은 노력을 기울여 신규로 만들어낼 수 있는 비율은 대략 20% 수준이다. 80%에 해당하는 단골을 한 번 더 방문하도록 하는 것과 20%의 신규 고객을 유치하기 위해 노력하는 것 중 어느 쪽이 더 효과적일까? 장사는 단골 싸움이다. 얼마나 많은 단골을 유치해서 그들을 얼마나 자주 방문하도록 만들 수 있느냐에 따라 매출이 달라진다.

실제로 매우 유사한 상권에 자리한 두 점포의 매출 차이가 발생하는 이유를 살펴보면 대부분 단골의 방문 주기에 그 답이 있었다. 단골이 우리 매장을 한 번 더 방문하기 위해서는 그만한 이유가 있어야 하는데 그 핵심이 바로 서비스이다. 우리가 제공하는 유형과 무형의 서비스가 고객에게 만족감을 주어야 우리 매장의 단골이 되고 단골이 된 고객을 한 번 더 우리 매장에 방문하도록 유도할 수 있는 지속적인 서비스가 제공되어야 안정적이고 꾸준한 매출 발생이 가능하다는 의미이다.

그런데 매출을 결정짓는 이 서비스는 사람에게서 나온다. 결론적으로 말하자면 모든 카페에서는 좋은 인력을 뽑아 좋은 서비스를 제공하기 위해 부단히 노력해야 목표로 하는 매출을 달성할 수 있다.

그럼, 구체적으로 카페가 사람 관리를 통해 단골을 늘리는 방법은 무엇일까? 어떤 응대가 카페의 단골을 늘리는 것일까? 단순하게 좋은 서비스를 제공해야겠다는 마음가짐만으로는 모든 고객의 마음을 사로잡을 수 없다. 카페의 사장이라면 어느 위치에서 고객의 만족도가 달라지는지 알아야만 한다.

카페에는 고객을 마주하는 접점이 정해져 있다. 업계에서는 이를 MOT(Moment of Truth)라고 표현하는데 '진실의 순간'의 약자이다. 카페의 MOT 구역은 크게 두 곳이다. 고객이 제품을 주문할 때와 제품을 수령할 때이다. 전통적으로 고객을 마주하는 이 두 공간에서 고객은 우리 매장의 서비스 정도를 본능적으로 알아차린다. 우리가 고객을 어떻게 맞이하는지, 주문을 얼마나 친절하고 정확하게 받는지 제품이 적절하게 제공되는지의 모습을 보면서 우리 카페를 다시 방문할 수 있는지를 거의 즉각적으로 알아차린다. 이에 더해 잘 정돈된 공간이나 적절한 온도, 부드러운 음악이 곁들여진다면 가까운 시일 내에 다시 방문하지 않을 이유가 없어진다. 더 나아가 자리에 앉아 제품을 먹어보니 내 기호에 나쁘지 않은 커피와 디저트라면 아마 기회가 있을 때 지인이나 가족을 데려오고 싶은 마음마저 생길 것이다. 결국 처음 제품을 주문하고 제품을 제공받는 과정에서 받은 매장에 대한 이미지가 매장을 다시 방문할 것인지 그렇지 않을 것인지를 좌우한다는 뜻이다.

MOT가 일어나는 곳이 단골을 만드는 중요한 위치라는 사실을 알게 되었다면 이 위치에는 반드시 숙련된 직원을 배치해야 한다. 당신의 카페에서 신규 직원을 뽑았다고 가정해 보자. 이 직원을 어디에 배치할까? 의외로 많은 카페에서 신규 직원을 채용하면 계산대에 가장 먼저 세운다. 이유를 물어보면 제품을 만들지 못해서 그곳밖에 없다고 한다. 아마 제품 제조를 교육하는 시간보다 POS 키를 조작하는 교육이 더 쉽기 때문일지도 모른다.

하지만 그 이야기를 들으면 의문이 생긴다. 제품을 만들지 못하는 직원이 적절하게 제품을 설명할 수는 있을까? 고객이 카페를 방문해 가장 먼저 MOT가 일어나는 계산대는 단순히 주문만 받는 공간이 아니다. 제품을 궁금해하는 고객에게 제품을 설명할 수 있어야 하고, 고객의 구매를 유도할 수 있는 중요한 자리이다.

필자가 처음으로 근무했던 햄버거 가게에서는 처음 입사한 날에 햄버거 제조법을 가르쳐 주었다. 대략 한 달가량 햄버거가 어떻게 만들어지는지 숙지가 끝난 다음에야 계산대 주문을 받을 수 있었다. 제품을 숙지하면 고객 응대에 자신감이 생기고 자신감이 있는 직원이 더 정확하고 신속한 서비스를 제공할 수 있다.

이러한 MOT 공간에 사장이 직접 위치할 필요는 없지만, 매장에서 가장 유능한 직원을 배치할 것을 권한다. 사장의 역할은 유능한 직원들에게 MOT의 중요성을 알려주고 적절한 서비스가 제공되고 있는지 확인하는 일이다.

최근에는 많은 카페에서 키오스크 장비를 도입하여 제품 주문을 무인으로 운영하고 있고, 제품 수령도 셀프로 운영하며 고객을 마주치지 않으려는 경향이 있다. 말하자면 비대면 카페가 늘어나고 있다. 비대면이라는 시대적 흐름을 거스를 수는 없겠지만, 고객이 원하지 않는 비대면은 오히려 고객 외면이라고 말하고 싶다.

카페는 단순히 제품만을 판매하는 곳이 아니다. 소통이 부족해 일방적인 서비스를 제공하는 카페라면 고객의 선택을 계속해서 받기에는 조금 부족하리라 생각한다. 비대면 시스템을 접목했다 하더라도 반드시 고객과의 소통이 가능한 접점을 만들라 권하고 싶다. 예를 들어 두 팀 이상의 고객이 키오스크 주문을 위해 대기하고 있다면 고객을 카운터로 불러 직원이 직접 계산대에서 주문을 도와주도록 할 수 있다.

제품을 픽업하는 상황에서도 낯익은 얼굴의 고객이라면 가볍게 인사를 건네거나 눈을 마주치며 아는 척을 하거나 아무튼 어떠한 방식으로든 고객을 알아차렸다는 티를 내보

자. 카페에서 부담스럽지 않은 수준의 스몰토크가 조금씩 쌓이면 단골이 우리의 서비스를 인지하게 되고, 카페를 고민할 때 다른 곳이 아닌 우리 매장을 선택하게 된다. 이것이 바로 카페의 근본적 경쟁력이라고 할 수 있다.

인력 운영으로 카페의 손익을 개선하는 방법도 있다. 앞서 서술한 바와 같이 인건비는 카페의 손익에 즉각적으로 반영되기 때문에 인건비를 효율적으로 사용하기 위한 방법을 찾아야 한다. 하지만 손익을 위해 무턱대고 인력을 줄일 수만은 없다. 모든 매장에는 적정 인력 인원이 존재하고, 인력이 매출에도 영향을 미치기 때문이다.

쉬운 예를 들어 점심 러시 한 시간 동안에 60만 원의 매출이 발생하고 이를 위해 4명의 직원이 배치되던 매장이 있는데, 이 매장에서 인건비를 아끼기 위해 점심 러시 시간에 한 명을 빼버리면 어떻게 될까? 아마 단기적으로는 매출이 하락하지 않을지 모르지만, 머지않아 러시 시간 매출은 하락하게 될 것이다. 아무래도 4명의 직원이 있을 때보다 3명의 직원이 있을 때의 대기 시간이 길어질 것이기 때문이다. 대기 시간이 길어진다는 이야기는 서비스 품질의 저하를 의미한다. 이처럼 인력의 운영이 서비스와 매출에 영향을 미치기 때문에 아무렇게나 인력을 조정할 수는 없다.

인건비를 적정 수준으로 유지하기 위해서 꼭 필요한 일은 매출 예측이다. 한 달의 매출을 대략적으로라도 예측할 수 있다면 인건비의 예산을 수립할 수 있다. 수립된 예산을 바탕으로 한 달의 대략적 스케줄을 짜 보고 필요한 곳에 인력을 추가로 배치하여 목표로 하는 매출과 인건비를 맞출 수 있어야 한다.

예를 들어 이번 달 우리 매장의 매출이 5,000만 원 정도로 예상되는데 목표로 하는 인건비가 매출의 25%라고 가정하면 사장이 이번 달에 사용할 수 있는 인건비는 1,250만 원이 된다. 이 중에서 세 명의 정직원 인건비인 750만 원을 뺐다고 하면 나머지 500만

원이 아르바이트생의 인건비가 된다. 이처럼 예산을 수립한 다음 정직원부터 근무 스케줄에 반영시킨다. 휴무일만 적절히 바쁜 날을 피해서 배치하면 큰 문제가 없다.

그다음으로 아르바이트생의 스케줄을 작성할 때는 위에서 구한 500만 원이라는 금액이 기준이 되어야 한다. 500만 원을 시급으로 나누면 대략 사용할 수 있는 아르바이트생의 근무 시간의 감을 잡을 수 있고 이를 스케줄표에 반영하여 계획을 세울 수 있다. 이러한 방식으로 인건비를 예산 내에서 사용하려는 노력을 기울여 보도록 하자. 물론 이는 매우 이론적이고 이상적일 수 있다. 하지만 아무런 기준 없이 무작정 인건비를 사용하기보다 나름의 기준을 세우고 이를 바탕으로 조금씩 적정한 인건비를 찾아가는 연습을 하는 것이 시행착오를 줄이고 매장을 빠르게 안정화할 방법이라는 사실을 기억해 주기 바란다.

높은 매출이 예상된다고 해서 무턱대고 사람을 뽑아서도 안 된다. 월별 매출을 예측할 때는 해당 월의 매출 구성을 감안하여 인력 계획을 세워야 한다. 예상되는 매출이 특정한 날이나 요일에 몰려 있는지, 아니면 꾸준한 매출이 예상되는지에 따라 인력 채용의 여부가 결정된다. 특정한 날이나 요일에 매출이 몰려 있는 경우라고 한다면, 새로운 인력을 채용하기보다 기존 인력의 근무 시간을 늘리거나 단기 알바를 고용하는 편이 낫고, 꾸준히 매출이 발생하는 성수기라면 미리 인력을 채용해 숙련도를 올려놓을 필요가 있다. 한 번 채용한 직원은 조정하기가 어렵기 때문에 인력 채용 전에 채용의 시점이 맞는지 잘 판단해 볼 필요가 있다.

적정한 인력으로 매장이 운영되고 있는지 알고 싶다면 시간당 노동생산성 지표를 확인하라. 카페에서 시간당 노동생산성은 해당 시간의 매출을 인력의 수로 나누면 간단하게 구할 수 있다. 예를 들어 한 시간 동안의 매출이 18만 원이었고 인력이 3명 필요했다면, 이 시간의 생산성은 6만 원이 된다. 그런데 다른 날에는 같은 18만 원의 매출인데 4명의 직원이 있었다고 가정하면 생산성이 4만 5천 원으로 낮아질 것이다.

이처럼 생산성이 얼마나 좋았는지를 기준으로 매장의 스케줄에 변동을 줄 수 있어야 한다. 일시적으로 생산성이 높거나 낮을 수는 있지만, 특정 시간대에 혹은 특정 요일에 지속해서 생산성이 낮게 나타난다면 근무 일정을 조율해 인력을 줄이는 것을 고민해야 한다. 생산성은 높으면 높을수록 더 많은 이익을 낸다. 하지만 생산성이 지나치게 높다면 이는 서비스의 품질이 낮아짐을 의미한다. 적은 인원으로 많은 고객을 상대했을 테니 이럴 때는 오히려 추가 인력을 투입해야 하는지 검토해야 한다.

성공적으로 매장을 운영하는 카페의 공통점은 좋은 인력이 장기간 근무한다는 점이다. 카페는 아무리 경력직을 채용한다고 하더라도 우리 매장에 맞게 적응하기 위한 시간이 다소 걸리는 사업이다. 그래서 우리 매장에 도움이 되는 직원이라고 하면 가급적 장기간 근무할 수 있는 환경을 조성해 주는 편이 좋다.

자꾸 사람이 바뀌는 카페라면 고객에게도 사장에게도 좋은 신호는 아닐 것이다. 장기간 근무를 하려면 그만한 동기가 필요하다. 사람에 따라 근무의 목적은 저마다 다르기에 직원이 어떠한 동력으로 근무를 지속할 수 있는지 유심히 관찰해 보아야 한다. 유능한 직원의 동기가 급여나 보상이라고 하면 적절한 보상만으로도 충분할 수 있다. 하지만 교육이나 성장에 관한 동기가 필요한 직원이라면 다양한 방향으로 자기 계발을 할 수 있는 환경도 만들어줄 수 있어야 한다. 직원의 역량이 개발되면 당장 매장의 운영에도 도움이 될 것이다.

성취감을 통해 동기부여가 되는 직원도 있다. 그들은 자신의 제안이나 아이디어가 매장 운영에 반영될 때 더 적극적인 자세를 취한다. 그러한 직원이 있다면 감투를 씌워 주어도 좋다. 적절한 동기를 지속해서 부여해 주는 일은 달리는 열차에 연료를 공급하는 일과도 같다는 사실을 기억하도록 하자.

인력 운영의 성패가 카페의 존폐를 위협하는 시대이다. 시대적 변화로 예전처럼 힘든 일을 하지 않으려는 청년들도 많고, 지역적 특색에 따라 사람을 구하기가 무척 어려운 상황도 생긴다. 그러니 사람 때문에 장사가 어렵다는 말이 나올 수밖에. 대부분의 경험 없는 카페에서는 적정한 인력 구성을 이룰 때까지 짧게는 수개월에서 길게는 1년도 걸린다.

이러한 시행착오는 직접 카페를 운영해 보지 않는 이상 경험 할 방법이 없다. 그래서 카페를 창업하기 전에 다양한 경험을 쌓아보도록 권하고 싶고 카페 창업을 고려한다면 이러한 시행착오가 있을 것을 대비하라 이야기하고 싶다. 사람 관리에 속을 썩는 일을 한 번쯤은 경험하게 되겠지만, 좋은 인력들이 우리 매장에서 좋은 고객을 만들어내는 모습을 보게 된다면 그로 인한 성취감은 형언할 수 없을 정도로 클 것이다.

4장

지속 가능한
카페 만들기

카페는 창업보다 운영이라 말하고 싶다. 운영력 없이는 아무리 좋은 카페라도
성공시킬 수가 없기 때문이다. 카페 창업을 목표로 하고 있다면 반드시 운영력
을 키우기를 바란다. 안정적인 카페를 오랫동안 운영하고 싶다면 손익을 볼 줄
알아야 한다. 카페 운영의 우수성은 다름 아닌 손익에서 시작된다. 카페의 손익
이 건전해야 일관된 방식으로 운영이 가능하고, 일관된 운영 기조를 유지해야
고객에게 사랑받는 지속 가능한 카페가 된다.

1

의지가 꺾이면
매출도 꺾인다

건실한 중견기업의 대표님이 아파트 단지에 건물을 짓고 1층과 2층에 카페를 만들어 딸에게 운영을 맡겼다. 아버지의 회사에서 재무 업무를 담당하던 따님은 일순간에 카페의 사장이 되었다. 아무것도 몰랐던 사장님이었지만 나름 애정을 갖고 열심히 배우려 노력했고 동네에서 제법 규모가 컸던 카페인지라 매출도 나쁘지는 않았다.

그런데 운영한 지 3년 정도가 지나자, 사장님은 서서히 지치기 시작했다. 그동안에는 아버지가 시킨 일이라 열심히 해보려 했지만, 기존에 하던 재무 업무와는 달라도 너무 다른 업무 성향이 본인과 맞지 않다는 생각이 들었다. 아무래도 카페 업무는 몸으로 하다 보니 체력적으로도 한계가 왔을 것이다. 하루 종일 서서 일하면서도 정작 벌어가는 돈은 편하게 일할 때와 별반 다르지 않았으니 허무하기도 했을 것이다.

그렇게 조금씩 의지가 꺾여가던 때에 사장님 건강에 이상 신호가 왔다. 갑작스레 몸이 아파지자, 사장님은 카페를 임시 휴업하고 며칠을 쉬게 되었고, 영업을 재개한 후에도 직원이 원활히 구해지지 않자 매주 토요일을 정기 휴일로 정했다. 아파트 단지에서 토요일은 가장 바쁜 날이었지만, 사장님에게는 자신의 휴식이 더 중요했다. 매장이 매주 휴일을 갖게 되니 매출은 당연히도 급감했다. 게다가 인력이 없다는 이유로 사장님이 영업시간을 제대로 지키지 않아서 헛걸음한 고객들의 불만이 쌓여 클레임으로 이어졌고, 결국 다른 카페에 매출을 빼앗기는 결과가 발생했다.

감당할 수 없을 만큼 매출이 하락하자 사장님은 부랴부랴 사촌 동생을 투입해 매장을 다시 살려보려 했다. 카페 쪽으로 경험이 있었던 사촌 동생은 여러 가지 방법을 시도해 고객을 유치하려 부단히 노력했지만 한번 떠나간 고객의 발길을 다시 돌리기란 절대 쉽지 않았다. 결국 이 점포는 개점한 지 5년이 채 되지 않은 시점에 손해를 무릅쓰고 폐점을 결정할 수밖에 없었다.

카페 사장님이 가장 많이 지치는 시점이 운영 3년 차인 것 같다. 첫해에는 아무것도 모르고 오로지 잘 해보겠다는 열정 하나로 온몸을 불살라 매장과 친해지는 데 전념한다. 그리고 2년 차가 되면 이제 뭔가 슬슬 감이 오는 것 같고, 매장도 어느 정도 안정화가 되면서 손익을 신경 쓸 여유가 생긴다. 그리고 3년 차가 되면 비로소 자신이 처한 상황과 그동안의 노력을 냉정한 관점으로 판단하게 되는데 이때의 판단이 결국 앞으로의 방향을 결정하는 듯하다.

운영 3년 차의 판단이 만족스럽거나 아주 만족스럽지는 않더라도 할만하다는 생각이 든다면 안정적으로 쭉 매장 운영을 이어가겠지만, 이때의 판단이 부정적이라면 아마 매장을 정리해야겠다고 결정하게 될 것이다. 셈이 빠르고 경험이 풍부한 사장님이라면 아마 이러한 주기가 더 빨리 올지도 모르겠다. 아무튼 이러한 과정은 누구나 겪는 일이고, 어떤 사업에서나 비슷하게 일어나는 일이니 갑작스레 허무함이 밀려오더라도 너무 놀라지는 않기를 바란다. 이런 시기가 도래했을 때 필요한 것이 바로 손익계산서이다.

점포의 모든 의사결정은 손익계산서에서 비롯된다. 평소 꾸준히 손익을 관리하고 손익계산서를 작성하고 있었다면 갑작스럽게 현실이 자각되어 놀라는 일은 없을지도 모른다. 하지만 평소 손익 관리를 게을리하고 내가 얼마나 벌고 있는지 제대로 파악하고 있지 못했다면 운영 3년 차, 혹은 업무가 몸에 익어 손익이 눈에 돌아오는 시점에 심각한 허무함이 밀려와 매장 운영 의지가 급격히 꺾일지도 모른다. 매장 운영 의지가 꺾이면 판단이 흐려져 고객을 돌아볼 여유가 없어지기에 자연스럽게 매출 하락을 경험하게 될 것이다.

카페를 처음 시작한 초보 사장님들이 많이 놓치는 부분 중 하나가 본인 인건비이다. 매출에서 원가와 임차료, 직원 인건비 등을 제외하고 남는 금액이 점포의 손익이라고 착각하지만 실제로는 그 손익에서 본인의 인건비를 빼야 진정한 손익이 된다.

예를 들어 손익계산서를 작성해 보니 모든 비용을 제외한 후 400만 원의 손익이 발생했다. 이 금액에 사장님의 인건비가 반영되어 있지 않았고, 사장님이 이 일을 하지 않고 비슷한 강도로 다른 일을 했을 때 대략 200만 원을 벌 수 있다고 가정한다면 결국 이 매장의 손익은 400만 원이 아니라 200만 원이어야 한다는 뜻이다.

내 몸을 갈아 넣어 주 7일 12시간 이상 근무하면서 손익이 400만 원이니 아주 훌륭하다고 판단한다면 이는 오롯이 자기 위안일 뿐이다. 사장의 인건비를 손익에 반영하고, 그럼에도 매장의 손익이 투자한 금액을 회수할 만큼의 수익률을 유지할 때, 그 매장은 건전한 매장이라고 이야기할 수 있다. 위 예시의 사장님이라면 본인이 아버지 회사에서 근무할 때 벌 수 있는 급여의 수준만큼은 처음부터 매장의 손익에서 빼고 계산했어야 옳다. 그랬다면 3년이 지나서가 아니라 진즉에 다른 방법을 찾지 않았을까?

없던 매출을 만들어내는 일이, 무너진 매출을 일으켜 세우기보다 훨씬 더 쉽다. 위 사장님이 제대로 손익을 계산하고 스스로 의지가 꺾이기 전에 판단을 내려 방법을 강구했다면, 고객이 실망해 매장을 찾지 않는 일은 방지할 수 있었을 것이다. 냉정하게 말하자면 이 매장은 사장 본인의 인력 관리에 실패했다.

이유야 어찌되었든 고객과의 약속을 지키지 않았고, 고객이 떠나갈 것을 뻔히 알면서도 이기적으로 본인의 안위만 생각했다. 운영시간은 기본 중의 기본이고 고객과 철저한 약속이다. 매장의 환경이나 운영 방식에 따라 운영시간을 유동적으로 변경할 수는 있지만, 운영시간 변경이나 휴무로 인해 헛걸음하게 될 고객을 위해 적어도 인지할 정도의 사전 안내는 해 주어야 한다. 고객 유동이 가장 많은 토요일에 매장 문을 열지 않겠다는 건 장사할 생각이 없다는 뜻이다. 사장님에게 무슨 사정이 있든지 간에 고객에게 피해가 가도록 배려하지 못한 것은 사장의 실수이다. 부득이하게 매장을 쉬어야 한다면 적어도 일주일 전에는 모든 고객이 인지할 수 있는 곳에 안내문을 붙이고 최대한 많은 사람에게 사정을 설명할 수 있는 방법을 찾아야 한다. 영업시간을 변경하는 일도 마찬가지다. 하루 전, 혹은 이틀 전 갑자기 영업시간을 변경하는 것이 아니라, 고객의 방문 주기를 고려해서 최소 2주 전부터는 영업시간이 변경될 것임을 출입문에 고지해야 한다.

KEY POINT

영업시간 변경에는 반드시 그만한 사유가 있어야 하고, 변경으로 서비스를 받지 못하게 될 고객에 대한 배려도 있어야 한다. 아무도 신경 쓰지 않을 거로 생각한다면 오산이다. 고객은 우리 매장을 항시 지켜보고 있다. 단지 말하지 않을 뿐. 운영력으로 인해 고객을 잃는 일은 애초에 만들지 않도록 해야 한다. 대외 경기의 영향, 경쟁의 증가 등 매출이 하락할 이유는 많다. 가뜩이나 매출이 하락할 요인이 많은 사업이기에 운영력에 있어서는 실수가 없어야 생존할 수 있다.

2

옆집에 경쟁 카페가 생겼어요

대단지 아파트를 배후로 하는 주택가와 상업지가 함께 있는 항아리상권에 넓은 평수의 프리미엄 카페가 1층에 자리 잡고 있었다. 상권 내에 처음으로 대형 카페가 생기자, 사람들의 관심이 쏟아졌고 자연스레 사람들로 북적이는 카페로 자리 잡았다. 사장님의 꾸준한 노력까지 더해져 단골이 많아지자, 카페는 안정적인 매출로 수년간 운영을 유지할 수 있었다.

그런데 운영 5년 차가 지나는 시점에 인근 상가에 저가형 카페가 생겼다. 당시 시장에서 명성을 크게 얻기 시작하던 그 프랜차이즈 카페였다. 가격은 더 저렴하면서 대용량의 커피를 제공하는 이 브랜드는 고객의 호기심을 자극하며 덩치를 키워나가는 중이었다. 시장에서 핫한 카페가 내 가게 근처에 오픈한다고 하니 사장님은 긴장하지 않을 수 없었다.

　브랜드 파워에 가격 경쟁력, 제품 경쟁력까지 모든 면에서 우리 매장이 열세라고 생각한 사장님이 현격한 매출 하락을 걱정하는 것은 어찌 보면 당연한 일이었다. 사장님의 고민은 하루하루 깊어져만 갔다. 그런데 결과부터 이야기한다면 사장님의 걱정이 현실화하지 않았다. 이유가 무엇이었을까? 이유는 바로 사장님의 전략에 있었다.

　사장님은 저가형 카페에 대한 대응으로 판매하는 제품의 가격을 내리거나 용량을 키우는 대신, 우리 카페의 프리미엄을 더욱 내세우기로 했다. 저가형 카페에서는 시도하지 못할 서비스를 도입해 차별화를 주기로 한 것이다. 차별화 방법의 하나로 브런치 메뉴를 출시하고 전면적 선전에 나섰다. 오전 시간에 한정적으로 샌드위치와 샐러드, 커피를 묶어 세트 메뉴로 구성하고 서비스로 간단한 디저트까지 준비한 브런치 세트를 출시하자 오전 시간대 여성 고객의 방문이 확실하게 증가했다.

　또한 바쁜 시간 외에는 진동벨 사용을 자제하고 커피를 직접 가져다주는 테이블 서비스를 도입하자 연령대가 높은 단골에게 좋은 반응을 끌어낼 수 있었다. 그뿐만 아니라 매장을 더 쾌적하고 여유롭게 만들기 위해 새로운 소파 좌석을 놓으면서 전체 가구의 배치를 바꾸기도 했다. 저가형 카페와 차별화하기 위한 이 같은 노력이 차곡차곡 쌓이자, 경쟁 카페와는 다른 분위기가 연출되었고 매출에도 확실히 영향을 주었다.

저가형 카페가 오픈한 초기에는 일부 매출 하락이 있었지만 얼마 지나지 않아 서서히 매출이 회복되기 시작하더니, 몇 개월 후에는 오히려 전보다 매출이 오르는 것을 경험하게 되었다. 결국 사장님의 전략 방향이 확실한 승리를 가져온 셈이다.

대부분의 카페 사장님이 두려워하는 바가 바로 경쟁이다. 그중에서도 저가형 카페와의 경쟁은 심각한 위기가 될 수도 있기에 항시 내 가게 주위로 저가형 카페가 더 생길까 봐 전전긍긍 살피기도 한다. 하지만 카페의 경쟁은 피할 수 있는 현상이 아니다. 대한민국은 카페 공화국이라 불릴 정도로 카페가 많은 나라고, 그중에서도 저가형 카페는 상권이 형성된 곳이라면 어디서라도 경쟁을 각오해야 하는 상황이다. 저가형 카페뿐만 아니라 모든 형태의 카페에서 경쟁은 이미 심화를 넘어선 상태다. 경쟁은 카페의 숙명이나 다름없는 셈이다. 경쟁을 두려워하기보다 어떻게 더 현명하게 경쟁에 맞설 수 있을까 고민이 필요하다.

우리 매장이 한자리에서 5년 이상 안정적으로 운영 중이라면 조만간 인근에 다른 경쟁 카페가 생겨날 것을 예측해야 한다. 사자가 사냥할 때 가장 약해 보이는 먹잇감을 최우선 타깃으로 하듯이 장기간 운영으로 오래되고 낡아 보이는 카페가 있고 그 카페의 매출 또한 나쁘지 않다면 충분히 경쟁이 치고 들어올 만하다. 경쟁 카페가 인근에 출점하면 매출 하락을 경험할 것이기 때문에 불편하고 마음 쓰이는 것은 당연하다.

하지만 지나치게 걱정할 필요는 없다. 사실 상권 내에 독점하는 카페보다 카페 여러 개가 모여있는 곳의 매출이 일반적으로는 더 높기 때문이다. 카페가 여러 개 모여있는 상권이라면 고객이 카페 소비를 선택할 때 우리 매장 근처를 떠올릴 확률이 높고 매장 수가 많으면 그만큼 많은 고객에게 우리 상권이 카페 상권으로 인식되기 때문이다. 경쟁이 생기면 당장의 매출 하락은 경험할 수도 있지만, 장기적으로 보면 시장 크기를 키워주는 역할을 할 테니 지나친 걱정보다는 기회를 잡으려는 준비를 더 하기 바란다.

개인적으로는 저가형 카페와 경쟁하기 위해 가격을 낮추거나 박리다매를 취하는 등 맞불을 놓는 방법은 옳지 않다고 본다. 각 카페라면 각자에게 맞는 콘셉트와 수익구조를 바탕으로 제품과 가격대를 결정한다. 그러한 제반 준비 없이 경쟁을 위해 단순히 가격을 낮추기만 하는 것은 오히려 역효과를 가져올 수 있다는 점을 명심하도록 하자.

더구나 한번 낮은 가격을 경험한 고객이 다시 높아진 금액에 주머니를 열기란 여간 어려운 일이 아니기 때문에 오히려 장기적 매출 하락만 불러올 가능성이 높다. 앞선 예시의 사장님과 같이 차라리 우리 매장만이 가진 경쟁력을 더욱 부각할 방법을 찾는 편이 낫다. 먼저 상권에 진입해 단골을 확보하고 안정적인 매출을 이어가는 중이었다면 그만큼 고객의 선택을 받은 이유가 있고 경쟁력이 있다는 방증일 테다.

고객이 우리 매장을 선택하도록 우리 매장만의 가치를 더욱 돋보이게 해야만 경쟁 점포와 차별화가 가능하고, 차별성이 강조되어야 고객의 선택을 다시 받을 수가 있다. 경쟁사를 따라 하는 행위만으로 고객이 우리를 알아봐 줄 거라 판단하는 일은 없도록 하자.

우리 카페보다 고급 브랜드의 카페가 입점한다고 하면 어떻게 해야 할까? 고급 브랜드 카페가 근처에 오픈한다고 해도 너무 실망은 하지 않도록 하자. 몇몇 사장님들은 이런 경우에 경쟁 카페의 매출이 얼마인지 알아보고 우리 매장과의 차이를 계산해 보며 한숨 짓기도 하지만, 콘셉트와 가격대가 정확하게 같지 않고서야 그들의 고객과 우리의 고객이 나누어져 있을 확률이 높으니 지나친 걱정은 금물이다.

KEY POINT

점차 늘어나는 경쟁에 적극적으로 대응하는 가장 좋은 방법은 기본을 충실히 하는 것이다. 꾸준히 쌓아 온 우리 카페만의 특기와 장점을 고객이 충분히 알아볼 수 있도록 하루하루 노력할 때 고객은 우리 매장을 다시 찾아줄 것이고, 방문한 고객이 우리 매장에서 만족을 느꼈다면 언젠가는 다시 돌아와 줄 것이다. 그러니 한 분 한 분 고객에게 최선을 다하겠다고 다짐하자. 우리의 고객이 스스로 우리의 경쟁사를 이기게 도와줄 것이다.

3

손님 받을 준비는 되셨나요?

　대규모 아파트 단지 인근에 3층 규모로 대형 카페가 생겼다. 지하 주차장을 포함한 단독 건물을 전부 카페로 만들어 두었으니 넓은 공간 덕분에 손님들의 방문이 줄을 이루었다. 카페 바로 옆에는 정부에서 운영하는 초대형 놀이터가 있었고, 카페 2층과 3층에서 바라보면 개천의 흐름도 볼 수 있어 위치적으로 아주 훌륭한 카페였다.

　주중에는 인근에 사는 엄마들이 아이들을 놀이터에 데려다 놓은 후 카페를 즐겼고, 주말이면 차를 타고 방문하는 나들이객들로 카페에서 자리를 찾기 어려울 정도였다. 위치적으로 보면 최고의 장소였다. 대규모 아파트 단지를 배후로 하고 볼거리와 놀거리를 함께 가진 곳이니 말이다.

그런데 문제는 이 카페가 잘 돼도 지나치게 잘 된다는 것이었다. 심지어 처음 오픈하는 그날부터 말이다. 지하 주차장은 비싼 주차비에도 항시 꽉 차 있었고 이 카페를 방문하는 차들로 인해 도로 정체까지 발생했다. 주말 피크타임에는 좌석을 찾기 위해 카페 내부를 서성거리는 사람들이 연신 이어졌고, 혹여나 좋은 좌석이 나면 서로 차지하기 위해 눈치 싸움을 벌이기도 했으니, 고객이 맘 편히 커피를 마시기에는 좋지 않은 환경임이 분명했다.

사실 이 정도 문제는 잘 되는 카페에서 비일비재한 일이었지만 진짜 큰 문제는 따로 있었다. 고객이 너무 몰려드는 탓에 음료를 주문한 후 수령하기까지 한 시간이나 걸린다는 점이었다. 평균적으로 고객이 카페에 머무르는 시간을 생각해 본다면 매우 긴 시간이다. 주차장을 들어서면서부터 주문하고 자리를 잡고 음료를 마시는 시간까지 전반적으로 시간이 오래 걸리고 불편해지자 고객들의 좋지 않은 반응이 자연스레 따라왔다.

얼마 지나지 않아 이 매장에 대한 리뷰에는 '사람이 너무 많다.', '공기가 탁하다.', '주문한 빵의 품질이 좋지 않았다.', '커피 맛이 별로였다.' 등의 부정적 의견이 달리기 시작했다. 훌륭한 카페였음에도 고객의 만족을 충분히 끌어 내지는 못했고, 결국 일부 고객을 인근 다른 카페에 빼앗길 수밖에 없었다.

대다수의 카페 창업자가 좋은 자리를 잡아서 멋진 카페를 차리고자 꿈꾼다. 자리만 좋으면 뭐든 잘 팔린다는 말이 허투루 생겨난 것은 아니지만 자리가 좋다고 해서 모두 성공하는 것만도 아니다. 자리가 아무리 좋다고 하더라도 결국 운영이 따라가지 못하면 매출을 모두 소화해 내지 못할 수 있고, 매출을 모두 소화해 낸다고 하더라도 서비스가 충분히 제공되지 못할 확률이 높다.

　매장이 바쁘다는 건 사장의 입장에서 매우 행복한 일이지만, 지나치게 바쁜 매장은 그만큼 고객이 겪는 불편함이 커진다는 의미이다. 외식 전문가인 백종원은 오픈 행사를 너무 크게 하지 말라고까지 한다. 한 명이라도 더 많은 사람에게 우리 매장을 알려도 모자랄 판에 오픈 행사를 크게 하지 말라니 이상하게 들리겠지만, 오픈 행사를 너무 크게 한 탓에 매장을 방문한 고객에게 좋지 않은 경험을 선사하게 되면 고객의 재방문을 끌어내지 못하기 때문에 이처럼 조언하는 것이다.

　위 사례의 카페에서 지나치게 오랫동안 기다리고, 기다림 끝에 받아 든 제품이 기대를 만족시키지 못한 고객이 있다면 아마 그 고객은 두 번 다시 그 카페를 방문하지 않을 확률이 높다. 시간이 지나 소위 말하는 오픈빨이 꺼지고 매장이 안정을 찾는다고 할지라도 말이다.

카페의 오픈에 앞서 운영 역량을 충분히 점검하고 철저하게 예행연습도 해봐야 한다. 투자가 많이 들어간 카페라면 사람들의 기대를 한 몸에 받을 거라는 사실을 미리 인지하고 오픈날부터 손님이 몰려들 때 어떻게 대응해야 할지 미리 가늠해 보는 것이다. 처음 카페를 오픈하는 날이라면 직원들의 손발은 맞지 않을 테고, 여기저기서 실수가 연달아 발생해 우왕좌왕하는 모습을 보이기 십상이다. 그러니 지나치게 서둘러서 카페를 오픈하겠다고 생각하지 않도록 하자. 하루라도 빨리 개업해서 당장 돈을 벌어야 한다고 생각하겠지만 장기적으로 본다면 하루 이틀의 매출로 가게가 망하기보다 운영 미숙으로 가게가 망하는 경우가 더 많다는 사실을 명심하도록 하자.

　　충분히 준비되었다고 판단이 들 때까지 정식 오픈을 연기해도 좋다. 개인적으로는 카페를 오픈하기 전 지인들이나 가족들을 초대해 시행하는 예행연습을 최소 하루 이상은 가져가는 편이 좋다고 생각한다. 가능하다면 모든 제품을 만들어 볼 수 있도록 해야 할 것이다. 이러한 예행연습의 경험이 반드시 도움이 될 테니 비용적 부담 때문에 건너뛰지 않도록 하자.

　　카페가 소화해 낼 수 없이 바쁘다면 일부 고객을 돌려보낼 각오도 해야 한다. 최근 백화점 명품관은 줄을 서야만 들어갈 수 있도록 시스템이 변경되었다. 명품관 안은 텅텅 비어있고 널널해 보여도 반드시 줄을 서서 대기한 후에 직원의 안내를 받아야만 들어가도록 한 것이다.

이유는 간단하다. 이전에 입장한 고객이 편하고 여유롭게 직원의 안내를 받으며 쇼핑을 충분히 즐긴 후에 다음 고객을 받아야 전반적인 고객의 만족도가 올라가고 구매 기회도 상승하기 때문이다. 카페 또한 마찬가지이다. 성수기 특수 상황에 고객이 계속해서 밀려들지만 매출 때문에 아무런 조치도 하지 못한다면 오히려 고객의 만족도만 떨어트리게 될 것이다.

바쁜 시간에는 최우선으로 고객 좌석 공간을 책임자가 직접 관리해야 한다. 빠르게 빈 좌석을 치우고 기다리는 고객에게 자리를 안내해야 순환이 가능하다. 매장에 자리가 꽉 차 있다면 고객이 입점하기 전에 예상 대기 시간을 안내하고 필요에 따라 매장 밖에서 대기할 수 있도록 조율도 해야 한다. 고객을 일부 돌려보내는 한이 있더라도 방문한 고객이 최대한 좋은 기억이 있어야 고객의 충성도가 향상된다는 사실을 기억하자.

카페는 창업이 8할 이상이라는 사실에 동의한다. 카페가 공간 사업인 만큼 좋은 자리에 멋진 외관으로 자리를 잡아야 매출이 좋고, 매출이 좋아야 손익도 좋을 수 있다. 하지만 카페의 화룡점정은 운영이다. 아무리 좋은 자리에 멋진 모습으로 카페를 차려두었다 해도 운영이 받쳐주지 못한다면 아무런 의미가 없다.

카페 창업은 카페를 오픈하는 순간 끝이 나지만, 카페의 운영은 카페가 존재하는 한 계속된다. 그래서 카페는 창업보다 운영이라 말하고 싶다. 운영력 없이는 아무리 좋은 카페라도 성공시킬 수가 없기 때문이다. 카페 창업을 목표로 하고 있다면 반드시 운영력을 키우기를 바란다. 창업에 앞서 카페 사업을 경험하고 언제 어떻게 운용의 묘를 발휘해야 하는지 배우기를 바란다. 배움에는 남녀노소가 없다. 자신의 상황이 어떠하든 반드시 직접 몸소 카페를 겪어보겠다고 결심하고 수단과 방법을 가리지 말고 경험부터 쌓도록 하자.

클레임 고객을
단골손님으로

강남 역삼동에 있는 한 카페였다. 대한민국의 중심답게 오가는
인구의 수가 많았고 주변으로 오피스와 주거지가 함께 있어 내로라
하는 카페들이 즐비한 곳이었다. 이처럼 경쟁이 치열한 곳이니 카
페 사장님은 항시 긴장한 채로 고객을 실망하게 하지 않기 위해 부
단히 노력했다.

그런데 이 카페에 한 고객이 케이크를 구매하려고 방문했다. 고
객은 매장을 방문하기 전에 전화를 걸어 자신이 찾는 케이크가 있
는지 미리 확인하고 매장에서 제품을 가지고 있다는 확답까지 받은
뒤에 매장을 방문한 터였다. 하지만 매장에 진열되어 있던 케이크
가 고객이 전화를 끊은 후 다른 고객에게 판매되는 일이 발생했다.
약 15분 뒤 케이크를 찾으러 온 고객은 이 사실을 알고 감정이 상한

티를 내기 시작했다. 케이크를 사기 위해 억지로 이 카페까지 찾아온 수고뿐만 아니라 중요한 날인데 이게 뭐냐며 툴툴거렸다.

고객의 클레임을 접수한 매니저가 나서서 고객에게 사과했지만 이미 기분이 상한 고객은 좀처럼 화를 풀지 않고 못마땅한 표정으로 서 있었다. 매니저에게 이야기를 전달받은 사장님은 가게 한편으로 고객을 따로 불러냈다. 그러고는 최대한 정중하고 깍듯하게 사과했다. 우선은 좋은 날을 망치지 않도록 다른 케이크를 골라주면 포장을 도와드리겠다고 했다.

고객은 여전히 화가 완전히 풀리지 않았지만, 사장의 응대에 다소 사그라든 표정으로 대신할 케이크를 골랐고 사장님은 직접 정성들여 케이크를 포장했다. 이에 더해 매장에서 판매하는 마카롱 세트를 하나 더 포장해 케이크와 함께 고객에게 전달했다. 그러면서 다시 한번 고객에게 죄송하다며 착오에 대해 사과했다.

사장님이 적극적인 자세로 사과하며 고객에게 서비스를 제공하자 놀란 고객이 손사래를 쳤다. 고객은 사장님에게 이런 것까지 바라는 것은 아니라 했지만, 사장님은 이렇게 하지 않으면 자신의 마음이 편하지 않을 것 같아 그런다며 극구 선물을 건넸다. 분위기는 순식간에 화기애애하게 변했다. 화가 났던 고객은 매끄럽게 일을 처리해 주셔서 감사하다며 오히려 사장님에게 고개 숙여 인사를 하고 매장을 떠났다.

그 후로 이 고객은 매장의 충성고객이 되었다. 크고 작은 행사를 위한 케이크는 항상 이 카페에서 구매했고 카페를 이용해야 할 때마다 이 매장을 방문했다. 비록 시작은 좋지 않았지만, 결과적으로 단골을 한 명 늘리는 계기가 되었으니, 운영력의 좋은 사례가 아닐 수 없다.

3만 원짜리 케이크를 구매하는 고객에게 예약 실수에 대한 보상으로 만 원짜리 마카롱을 선물해 주었으니, 사장님은 큰 손해를 보았다고 생각할 수 있을까? 물론 정상적으로 예약을 받고 예약된 케이크를 따로 빼두었다면 이런 일은 발생하지 않았을지 모른다. 이런 일이 발생하지 않았다면 사장님이 감수해야 할 손해도 없었을지 모른다. 하지만 카페는 사람이 운영하는지라 완벽할 수 없다. 어디에선가는 실수가 나오고 누군가는 그 실수에 대한 책임을 져야 하는데 대부분은 사장의 몫이다.

하지만 이렇게 생각해 보자. 만약 사장님이 조금의 손해도 보기 싫어서 고객에게 어쩔 수 없으니 그냥 다른 케이크를 골라가시라고 했다면 아마 이 고객은 케이크 구매 자체를 포기하고 다른 매장에 방문할 것이다. 그렇게 되면 사장님은 당장 매출 3만 원을 잃어버리게 될 뿐만 아니라 앞으로 이 고객에게서 발생할지 모르는 모든 매출을 잃게 될 것이다. 어느 쪽이 더 손해일까? 사장님이 제공한 마카롱 선물 세트가 판매가로는 1만 원에 달하지만, 사실 원가로 계산하면 5천 원 미만이다. 3만 원짜리 케이크 구매 고객에게 매장 실수에 대한 보상으로 5천 원 상당의 서비스를 제공했다고 하면 사실상 17% 정도의 할인율밖에 되지 않는다. 이렇게 보면 상당히 합리적이지 않은가?

중요한 것은 금액이나 할인율이 아니다. 기분이 상한 고객에게 사장님이 마지못해 마카롱 세트를 하나 건네주었다고 하면 오히려 고객의 화를 더 키울지도 모른다. 그런 서비스를 바라고 화를 낸 것이 아니기 때문이다. 사장님이 적극적으로 사과하고 진심 어린 마음으로 서비스를 제공했기 때문에 고객의 환심을 다시 돌릴 수 있었다.

잘못을 인정하고 잘못에 대한 적절한 보상이 이루어질 때 고객은 경험에 대한 만족을 느낀다. 많은 사장님이 카페를 운영하면서 실수를 인정하지 않으려는 방어기제를 갖게 되는 것을 보았다. 실수를 인정하면 고객이 꼬투리를 잡아 계속해서 우리 매장을 괴롭힐 것처럼 생각이 들기도 하는가 보다. 하지만 우리의 생각보다 합리적인 고객이 그렇지 않은 고객보다 훨씬 더 많다. 이유가 어떻든 간에 매장에서의 응대로 고객이 불편했고 그로 인해 클레임이 발생했다면, 우선은 고객이 불편해했다는 사실을 인정하고 사과함이 옳다. 사과가 적절한 효과를 발휘한다면 사과를 받아들인 고객은 또다시 우리 매장을 찾아 단골이 될지도 모른다.

고객 클레임은 초기 대응이 가장 중요하다. 애초에 클레임이 발생할 상황을 만들지 않으면 좋겠지만 사람이 하는 일이다 보니 실수는 생기기 마련이다. 클레임이 발생했을 때 고객이 원하는 바를 즉시 수용해 주지 못한다면 이는 더 큰 클레임으로 번질 가능성이 높다. 그래서 매장을 관리하는 직원들에게 일정 수준의 권한은 반드시 위임해야 한다.

예를 들어 보자. 고객이 음료를 받아서 자리로 돌아가는 길에 음료를 쏟았다. 당신은 어떻게 대응할 것인가? 이런 상황에서 자신을 고객으로 대입해 보면 답은 쉽게 나온다. 아마 음료를 다시 만들어주는 가게라면 미안한 마음에서라도 더 자주 방문하게 될 테다. 그런데 매장 근무자들에게 음료를 다시 만들어줄 권한이 없다면 어떻게 될까? 권한이 없는 직원이 해줄 수 있는 일은 거의 없다고 보면 된다. 아마 멀뚱히 서서 음료를 쏟아 당황해하는 고객을 바라만 보고 있을지도 모른다.

책임 소재가 누구에게 있든 간에 고의로 음료를 쏟은 게 아니라면 우선은 고객에게 음료를 새로 만들어드리겠다고 응대할 수 있어야 한다. 그로 인한 손해는 누가 책임지느냐 물을 수도 있겠다. 대답은 간단하다. 다시 방문해 주는 고객이 책임져 준다. 이처럼 기본적인 응대 원칙을 세워둘 필요가 있다. 모든 상황에 맞는 대응 방법을 일일이 매뉴얼로 만들 수는 없겠지만, 자주 발생하는 고객 클레임에 대해서는 매장의 운영 원칙을 스스로 만들 수 있다.

KEY POINT

응대 원칙은 반드시 고객의 입장에서 보편적이고 합리적이어야 한다. 그래야만 고객과 직원도 수긍하기가 쉽기 때문이다. 가장 기본적으로 잘못 제공된 제품이라면 교환 혹은 환불이 원칙이다. 고객이 제품에 만족하지 못하는 경우라면 반드시 고객에게 교환이나 환불을 안내해야 한다. 이처럼 비용이 투입되어야 하는 사안이라면 직원이 보고 없이 먼저 처리할 수 있도록 권한을 부여한 후 사후 보고를 받도록 하자. 클레임 고객에게 대응하는 적절한 기준과 범위를 정하고 고객의 입장에서 판단해 응대한다면 클레임으로 시작된 관계가 충성고객의 관계로 발전할 수 있을 것이다.

5

블랙컨슈머를
이기는 원칙

지방 소도시의 한 카페에서 일어난 일이다. 케이크가 불티나게 판매되던 어느 날 한 고객이 매장을 방문했다. 고객은 자신이 지난번에 사 간 케이크에서 이물이 나왔다며 남은 케이크와 함께 이물을 사장님에게 건넸다. 너무 놀란 사장님은 케이크의 구매 비용을 환불해 주고 고객님께 사과했다. 고객은 자신이 그 물건을 씹고 삼키는 과정에서 식도가 다쳐 병원에 가야 한다고 했고, 사장님은 고객의 안전을 고려해 우선 병원 진료를 받으신 후에 보험처리를 진행해 드리겠노라 약속했다.

그런데 고객이 돌아간 후 사장님이 이물이라고 하는 물체를 가만히 살펴보았더니 고객이 가져온 이물은 다름이 아닌 케이크 위에 장식으로 올라가는 플라스틱 픽이었다. 원래 이물이라 하면 케이크의 구성품 외의 물체가 혼입된 것을 말하는데 엄연히 말하면 이는 이물은 아니다. 사장님은 고객에게 전화를 걸어 사정을 설명했지만, 고객은 병원비를 처리해 달라고 강경하게 요구했다. 사장님은 하는 수 없이 보험처리를 하려 보험회사에 연락을 취했는데 보험회사에서 직접 고객에게 연락을 넣어 이 사건이 고객 과실로 판단되어 보상이 불가하다고 통보했다.

그러자 고객은 다시 매장으로 전화를 걸어 항의하며 보상금이 지급되지 않으니, 병원비를 현금으로 달라고 요청했다. 사장님이 난감해하며 도의적 보상으로 케이크 하나를 제공해 드리겠다 제안했지만, 고객은 보상하지 않으면 인터넷과 언론사에 신고하겠노라고 협박했다. 구매한 케이크를 환불까지 해 준 사장님은 고객 과실에 대해 수긍할 수 없었다.

협의가 되지 않자, 사장님은 강경하게 대응하기로 하고는 고객 응대를 중단했다. 화가 난 고객이 가만히 있을 리 없었다. 식약처에 신고가 접수되었고 지역 맘 카페에도 게시글이 작성되었다. 하지만 결론적으로 보면 이 카페에서 입은 피해는 거의 없다고 봐도 된다. 식약처에서 조사를 나왔지만, 위생상 특이 사항을 발견하지 못했고 해당 고객이 삼킨 물건이 정상적으로 제공된 제품이란 사실이 증명되었다. 더구나 인터넷에 악의적으로 올린 글은 오히려 역풍을 맞아 가게를 옹호하는 댓글이 달리기 시작해 결국 게시글은 삭제되었다.

'블랙컨슈머'는 요즘 너무나 흔하게 사용되는 용어이다. 고객이 가지는 본연의 권리를 넘어서 과도하고 부당한 요구를 제시하는 경우를 말한다. 의도적이든 그렇지 않든 블랙컨슈머는 장사하는 사람들에게 매우 골치 아픈 문젯거리이다. 그들이 처음부터 작정하고 블랙컨슈머가 되는 경우는 많지 않다. 자신의 요구가 받아들여지지 않았을 때 이에 앙심을 품고 블랙컨슈머로 변하는 경우가 더 많다. 발단이 무엇이든 고객이 블랙컨슈머로 변하면 상당히 번거로워진다. 고객과 직원 사이에 잘잘못을 가리기도 어렵고 설령 가린다고 하더라도 화가 난 고객이 이를 수긍하지 않는 경우도 많기 때문이다. 고객이 자기 잘못을 수긍하지 않고 해코지를 시작하면 결국 피해를 보는 쪽은 매장이다. 대외적인 이미지가 가게에 미치는 영향이 크기 때문이다. 그래서 많은 사장님들은 블랙컨슈머인 줄 알면서도 차라리 그냥 당해주는 쪽을 택한다. 그편이 당장의 카페 운영에 더 효율적이라 판단하기 때문이다.

　하지만 블랙컨슈머를 무작정 받아주어서는 안 된다. 우리가 잘못하지 않은 사항에 대해서까지 무조건 사과할 필요는 없다. 한 번쯤 눈감아 줄 수는 있다고 생각하겠지만 그러한 한 번 한 번이 쌓여 매장을 좀 먹기 때문이다. 블랙컨슈머는 자신의 부당한 요구가 관철되면 다른 카페에서도 유사한 요구를 할 가능성이 높다. 보편적 수준을 넘어서는 요구를 한다고 판단되면 강경하게 대응해야 한다.

원칙적으로 대응하는 방법만이 블랙컨슈머를 양성하지 않는 유일한 방법인 셈이다.

다만 주의해야 할 사실은 고객과 싸움이 발생하는 상황까지는 가지 않아야 한다는 점이다. 어찌 되었든 우리의 사업은 서비스업이다. 단순히 제품을 제조해서 판매하는 것만이 우리 역할의 전부가 아니다. 억울하고 분통이 터지는 상황이 올 수도 있지만, 그렇다고 고객과 언성을 높이며 싸울 수는 없는 법이다. 단호하면서도 정중한 표현으로 블랙컨슈머를 응대하겠다고 다짐해야 한다.

블랙컨슈머의 특징 중 하나는 말꼬리를 잡는다는 것인데, 대응할 당시 우리의 말투나 표현에 대해 계속해서 트집을 잡아 우리의 이미지를 갉아먹으려 할 테니 매우 신중해야 한다. 사장으로서 평정심을 유지하려는 능력을 키워야 하고, 만약 스스로 평정심이 유지되지 않을 것 같다면 직접 나서지 않는 편이 나을지도 모른다. 표현이 조금 저급할 수는 있지만, 개가 문다고 사람이 개를 물 수는 없지 않은가.

필요에 따라 공권력을 동원할 생각도 해보자. 블랙컨슈머가 지속적이고 악의적으로 매장 직원들을 괴롭히고 다른 고객에게 피해를 주는 상황을 만들려 한다면 그 즉시 경찰에 신고해 영업방해 행위로 퇴점 조치를 해야 할 수도 있다. 때로는 사장이 직접 블랙컨슈머를 응대해 사태를 종결시키려 하지만 오히려 상황을 더 키울 수도 있다는 사실을 명심하자. 되도록 원만하게 해결하려는 노력을 기울임이 마땅하지만, 막무가내로 나오는 고객을 어찌해야 할지 모르겠다면 공권력의 도움을 받아야 한다.

KEY POINT

블랙컨슈머는 최종 무기로 대부분 언론을 사용한다. 카페에 대해 좋지 않은 여론을 형성하겠다고 협박하면 자신의 요구가 관철될 거라 여기기 때문이다. 하지만 이러한 협박에 너무 크게 동요될 필요는 없다. 실제로 협박한 사항을 실천하는 블랙컨슈머의 수는 그리 많지 않고, 앞선 예시와 같이 모든 고객이 한쪽 말만 듣고 섣부르게 판단할 만큼 우둔하지는 않기 때문이다. 블랙컨슈머가 아무리 악의적으로 말을 지어내고 유언비어를 퍼트린다고 할지라도 우리 매장을 방문해서 좋은 경험을 지닌 고객들이라면 사실 여부를 판단할 능력을 충분히 가지고 있다고 믿어야 한다. 우리가 스스로 떳떳하고 자부심 있게 매장을 운영한다면 고객이 먼저 우리의 편이 되어줄 것이다.

6

고객 목소리에
귀 기울이기

시청 앞 상가에 자리 잡은 한 카페였다. 평수가 크지는 않았지만, 점심시간이면 쏟아져 나오는 사람들로 북적거려 러시가 생기는 그런 매장이었다. 대형 관공서 앞의 상가인 만큼 저가 커피전문점이 여러 개 있었고 경쟁이 치열한 곳에서 어렵게나마 운영을 이어나가고 있었다. 이 카페의 사장님은 아침 일찍 매장에 출근해 점심 러시를 치른 후 오후 서너 시경에는 직원을 두고 집으로 들어오는 패턴으로 매장을 운영했다.

그런데 어느 날부터 점심 러시가 눈에 띄게 줄었다. 단순히 경기의 영향이라고 보기에는 너무하다 싶을 정도로 매출이 줄어들자, 사장님은 원인을 찾기 위해 다양한 각도로 매장의 실적을 분석해 보았다. 하지만 아무리 원인을 찾으려 해도 이상하리만치 하락하는

276 · 카페 창업 컨설팅 북

매출을 설명할 만한 이유를 찾아내지 못했다. 말하자면 매장의 문제점을 찾지 못했다.

그러던 어느 날 사장님이 근처 다른 카페에서 개인적인 모임을 하고 있을 때 고객들이 자신의 매장에 관해 이야기하는 것을 우연히 듣게 되었다. 우리 매장의 오후를 책임지는 남자 직원에 관한 험담이었다. 남자 직원은 손님이 들어와도 인사도 하지 않을뿐더러 주문을 받아달라는 말에 신경질적으로 기다리라고 대꾸하고는 자신의 할 일만 하더라는 이야기였다. 본의 아니게 이야기를 엿듣게 된 사장님은 혼란스러웠다. 자기 앞에서는 세상 친절한 미소를 보이는 그 직원이 사장이 없을 때는 전혀 다른 인격체로 변한다는 사실을 믿을 수가 없었다.

사장님은 그 후로 CCTV를 열어 그 직원이 어떻게 일하고 있는지 지켜볼 수밖에 없었다. 그리곤 자신이 믿었던 직원의 행태를 보며 경악했다. 사장이 없는 시간대에 직원은 말 그대로 엉망이었다. 고객이 들어오든 말든 신경도 쓰지 않고 쇼케이스 뒤편에 의자를 놓고 앉아 핸드폰을 들여다보았다. 고객이 들어와 말을 걸면 핸드폰을 뒤편으로 던지고는 귀찮은 듯한 표정을 지으며 고객을 맞이했다. 직원의 근무 태도를 알게 된 사장님은 직원에게 해고를 통보했다. 당장 이번 달까지만 나오고 그만 나오라고 말이다. 하지만 직원의 만행은 여기서 끝나지 않았다. 해고 통보를 받은 직원은 나머지 기간 내내 엉망으로 근무했다. 필요 없는 자재들을 왕창 발주하고, 근무 시간과 휴식 시간도 제대로 지키지 않았다. 결국 참다못한 사장님이 직원을 꾸중하자 그대로 매장을 나간 후 다시는 돌아오지 않았다.

그동안 이 점포의 사장님은 때때로 들려오는 고객의 불만을 귀담아듣지 않았다. 직원들에게 이유를 물어보고 직원들의 말만 믿으며 고객이 이상하다고 생각했고, 유난히 우리 매장에 그런 이상한 고객이 많다고 믿었다. 하지만 때로는 가게를 매일 나오는 사장이라 할지라도 우리 매장의 문제점을 알아차리지 못하기도 한다. 고객에게서 클레임이 발생하면 직원들은 자신의 실수를 인정하려 하지 않고 오히려 고객에게 그 탓을 돌리려 할 것이다. 그 직원의 말이 사실인지 아닌지에 대한 판단은 사장의 몫이다. 우선 우리 직원을 믿고 우리 직원에게 신뢰를 주어야 매장이 건전해지는 것은 사실이지만, 유사한 내용으로 반복해서 고객 클레임이 발생한다고 하면 이때는 직원의 말을 무작정 신뢰하기보다는 사실관계를 파악해 객관적인 판단을 내릴 수 있어야 한다. 사실 확인을 위해 필요하다면 CCTV를 뒤져볼 준비도 해야 한다. 직원에게는 다소 불쾌하게 보일 수도 있지만, 서로 간의 신뢰를 위해서는 이러한 건전한 의심이 필요하다.

사실 고객이 우리 매장에서 불편을 느낀다고 할지라도 실제로 직원이나 사장에게 클레임을 제기하는 경우는 매우 드물다. 그러니 작은 클레임 하나가 발생했다고 하면 유사한 클레임 10건이 이미 발생할 수 있는 환경에 놓여 있었다고 판단해야 한다. 예를 들어 음료가 너무 늦게 나왔다는 고객 클레임이 하나 생겼다고 하면 이미 10명은 늦게 나오는 음료를 받았지만, 아무런 말도 하지 않고 우리 매장을 떠나갔다고 생각해야 한다. 클레임을 제기하는 고객은 다시 우리 매장에 올 의사가 있는 사람이지만 아무런 말도 하지 않은 고객은 두 번 다시 우리 매장을 방문하지 않을지도 모른다. 카페는 단골을 향한 장사이다. 카페에서 만족을 경험한 사람은 다시 그 카페를 방문한다. 다시 방문하는 고객이 많고, 그 방문의 주기가 짧은 매장은 매출이 높다. 그래서 우리는 단골을 향한 서비스에 항상 주의를 기울여야 한다.

카페의 사장이라면 매일 아침 카페 문만 열 것이 아니라, 귀와 마음도 열어두어야 한다. 가게에 관심이 없는 사장은 본 적이 없다. 아무리 다른 목적을 가지고 카페를 창업한 사람이라도 기본적으로 내 가게에 관심은 있다. 하지만 관심을 두는 것만으로 카페에서 일어나는 모든 일을 냉정한 기준으로 판단할 수 없다. 우리 카페를 제삼자의 눈으로 볼 수 있는 준비가 되어야만 비로소 우리 카페에 관심을 두고 있다고 말할 수 있다. 제삼자의 눈으로 바라보기 위해서는 귀를 열어야 한다. 카페의 사장이 줏대 없이 다른 사람의 말만 듣고 운영하는 것도 바람직하지는 않지만, 제삼자가 들려주는 객관적인 이야기를 무시한 채 독단적으로 매장을 운영하는 것 또한 그리 바람직하지 않다.

KEY POINT

카페 운영 방식에 관해서는 정확한 기준을 가지고 있되 우리 매장에 어떠한 위기 요소가 있을지 다양한 방법으로 우리 매장에 관한 객관적 판단을 이어나가야 한다. 매장을 자주 방문하는 단골이라면 가볍게 대화를 시작해 우리 매장에 대한 불편한 점이나 개선할 점을 물어볼 수 있다. 사실 가벼운 대화를 시작하기만 해도 고객은 이전에 경험했지만, 그간 말하지 못했던 우리 매장의 개선점을 알아서 이야기해 줄지도 모른다. 매장에 고객의 의견을 듣는 소리함을 설치하고 익명으로 제보를 받을 수도 있다. 익명으로 의견을 내는 방식은 때로는 매우 원색적인 표현들이 섞여 있어 카페 운영자에게 상처를 주기에 주의할 필요가 있지만, 그 안에 들어있는 객관적인 평가는 미처 알지 못했던 우리 매장에 관한 내용을 알려줄 수도 있다. 주기적으로 매장 운영에 관한 설문조사를 진행하는 것도 좋은 방법이다. 간단한 설문지를 만들어 이용 고객에게 의견을 요청해 보자. 뜻밖의 대답들에서 매장에 필요한 변화를 발견할 수 있을 것이다.

스몰토크로
단골 만들기

지방 대도시의 한 카페였다. 이 카페를 처음 방문했을 때는 다소 놀라움을 감출 수 없었다. 위치로 보나 상권으로 보나 이곳에 왜 카페가 있을까 하는 궁금증이 생기는 그런 카페였다. 차로 5분 거리에 군부대가 있기는 했지만, 오전이나 오후에 카페 주변을 돌아다녀 보아도 거리는 한산해 유동 인구가 거의 없는 곳이었다.

그런데 이 카페를 점심에 방문해 본 사람이라면 대부분 깜짝 놀란다. 어디서 그렇게 많은 사람이 온 건지 의아할 정도로 점심 러시가 강하다. 가게 안은 커피를 마시러 몰려온 사람들로 북적여 앉을 자리가 부족하고 인근 밥집의 주차장도 모두 이 카페 고객이 차지할 정도다. 이 카페의 경쟁력은 무엇일까? 무엇이 이 카페를 이처럼 찾아오게 만드는 걸까?

가만히 지켜보니 이 카페에서 음료를 받아 가는 사람들은 전부 직원들과 눈을 마주치며 가벼운 인사를 나누고 있었다. 점심 러시로 정신없이 분주한 상황에서도 음료를 내주는 직원은 기계적인 응대 대신 고객 한 명 한 명을 알아보고 그들과 대화를 나누었다. 사실 길게 나누는 대화는 아니었다. 직원이 건네는 대화는 우리가 카페에서 늘 보는 '감사합니다.' 정도의 대화이지만 고객과 눈을 맞춘 감사 인사는 그 이상의 가치를 해내고 있었다.

고객들 또한 아주 익숙한 듯 매장의 직원과 눈을 마주치며 때때로 먼저 가벼운 대화를 건네기도 했다. 서로 바쁜 상황이기 때문에 대화가 길어지는 법은 없었지만, 확실히 음료를 내주는 직원과 고객은 서로를 인지하고 대화를 나누었다. 고객을 알아본 곳은 음료를 내주는 픽업대만이 아니었다. 음료를 주문받을 때부터 직원들은 단골을 알아차리고는 주문하는 음료를 척척 받아주었다. 아메리카노 한 잔을 달라고 말하는 고객에게 찬 음료인지 따뜻한 음료인지 묻지도 않았고, 매장에서 드시고 가는지 가지고 나가는지 묻지도 않았다. 자주 오시는 고객이니 사실 물어볼 필요가 없고, 불필요한 대화가 없어지니 주문을 위한 대기 시간도 짧았다.

이쯤 확인하고 나서야 이유를 알게 되었다. 이 카페의 경쟁력은 좋은 상권, 넓은 자리, 여유 있는 주차장, 세련된 시설, 깊은 커피 맛도 아닌 바로 사람이었다.

단골 만들기의 기본은 알아차리기이다. 우리 매장을 한 번이라도 방문한 고객의 얼굴을 기억할 수 있다면 매우 행운이다. 매장을 방문한 고객의 얼굴을 알아볼 수 있다면 첫인사에서부터 친근감을 나타낼 수 있기 때문이다. 기계적인 인사와 상대를 알아보는 인사는 톤부터가 다르다. 같은 단어를 사용하더라도 알아보는 사람에게 건네는 밝은 톤의 맞이 인사가 백배는 더 마음에 와닿을 수밖에 없다. 되도록 많은 고객을 눈에 담기 위해 노력해 보자. 그러한 노력을 위해서 사장 혹은 점장은 바쁜 시간대에 반드시 고객 접점에서 근무해야 한다. 결제를 해 주는 곳이나 음료를 내주는 곳에서부터 고객을 알아차리고 고객에게 반가운 인사를 건네는 연습을 해보도록 하자.

고객을 알아차리기 시작했다면 그다음으로는 고객이 주로 마시는 음료를 기억해야 한다. 매일 아침 따뜻한 아메리카노를 마시는 고객이 있다고 가정해 보자. 그 고객이 매장에 들어와 입을 열기도 전에 맞이한 직원이 "따뜻한 아메리카노 준비해 드릴까요?"라고 먼저 이야기해 준다면 어떤 기분일지 상상해 보라. 심지어 계산을 마치고 나니 곧장 음료를 내준다고 생각해 보자. 그 고객이 우리 매장 말고 다른 매장에 방문해야 할 이유가 있을까? 모든 고객이 어떤 음료를 마실지 기억하지는 못한다고 하더라도 늘 같은 시간대에 방문해 같은 음료를 주문하는 고객이 있다면 먼저 기억해 두도록 하자. 기억에서 그치는 것이 아니라 내가 기억하고 있음을 고객이 알도록 하자. 너무 부담스럽지 않은 선에서 고객을 기억해 준다면 단골로 남을 확률이 높다.

빠른 기간 내에 단골을 많이 만들고 싶다면 반드시 스몰토크를 활용하라. 스몰토크라 하면 어려운 용어같이 들릴지도 모르지만, 고객에게 건네는 아무 말이라고 생각하면 편하다. 두세 번 방문한 고객의 얼굴을 알아차렸다면, 아니 완벽하게 알아차린 건 아니더라도 낯이 익다면 용기를 내서 먼저 말을 걸어보자. 처음 시작은 어떤 거라도 좋다. 고객에게 관심을 나타낼 수 있는 말이라면 충분하다. '오늘은 혼자 오셨네요?' '오늘은 조금 늦으셨네요?' '어제랑 같은 음료 드시네요?' '지난번에 한 번 오신 적 있으시죠?' 이렇게 고객을 알아봐 주는 멘트라면 충분하다. 낯이 익지 않다면 가볍게 날씨 이야기를 꺼내면 된다. '오늘 너무 춥죠?' '오늘은 어제보다는 조금 따뜻하네요.' '카페라테 드시네요. 오늘 날씨랑 잘 어울리게 만들어 드릴게요.' 이처럼 아무런 의미 없는 이야기를 먼저 건넨다면 고객은 자연스럽게 매장의 직원들에게 친근감을 느끼게 될 것이다. 단골이 많은 오피스 상권에 입점한 매장이라면 특히나 이러한 스몰토크가 중요하다. 오피스 상권은 일반 카페들 보다 재방문의 확률이 현격히 높다. 매일 카페인을 수혈하러 카페를 찾는데, 나를 알아봐 주는 직원이 있어 편하게 주문이 가능하다면 자주 방문하지 않을 이유가 없다.

KEY POINT

처음부터 스몰토크가 유능하고 능숙한 사람은 없다는 사실을 명심하자. 처음 보는 사람에게 말을 거는 일은 누구에게나 부담이다. 원래 성격이 외향적인 직원이라면 적응하는데 시간이 짧게 걸릴 수 있지만, 그들에게도 첫 시작은 도전일 것이다. 그래서 스몰토크도 연습이 필요하다. 직원이 새로 들어오면 사장 혹은 점장이 직접 시범을 보이며 교육해 주도록 하자. 직원이 스몰토크를 한다고 해서 누구도 해코지하지 않는다는 사실을 몸소 보여주는 것이다. 물론 사장이나 점장이 먼저 스몰토크를 자연스럽게 익혀야 하겠다. 스몰토크는 사장뿐 아니라 모든 직원에게 처음에는 어색하고 쑥스러운 일이지만, 조금만 해보면 누구나 할 수 있는 일이다. 너무 심한 부담을 느낄 필요는 없다. 스몰토크를 바로 실행하기 어렵다면 하루에 한두 명씩 스몰토크를 점차 늘려나갈 수 있도록 연습해보자. 스몰토크가 늘어나는 만큼 단골의 수가 늘어남을 체감하게 될 것이다.

8

현장을 알아야
답이 보인다

 고깃집을 운영해 큰돈을 번 사모님이 프랜차이즈 카페를 차렸
다. 60이 넘은 나이에 카페를 차린 사장님은 좋지 않은 체력에도 열
심히 카페를 운영해 나갔다. 하지만 세월을 속일 수는 없었다. 얼마
지나지 않아 사장님은 심한 몸살을 겪게 되었고 하는 수 없이 점장
을 두고 일선에서 물러나 가끔 매장을 들러 관리만 하기로 했다.

 그런데 이 카페에서 음료를 구매한 고객이 먹는 도중 플라스틱
조각을 발견하는 클레임이 발생했다. 자칫 플라스틱을 삼키기라도
했다면 큰일로 번질 수 있는 위험한 클레임이었다. 고객은 점장에
게 상황을 이야기하며 어디서 이물이 혼입되었는지 찾아봐 달라고
이야기했다. 당황한 점장은 사장님에게 전화를 걸어 내용을 보고했
고, 보고를 받은 사장님이 고객과 직접 통화했다. 그런데 사장님의

대응이 매끄럽지 못했다. 사장님은 그런 이물은 우리 매장에서 사용하지 않는 자재로 음료에 혼입될 수 없기에 매장에 아무런 잘못이 없다고 응대했다.

매장에 아무런 잘못이 없다는 이야기는 고객에게 잘못이 있다는 의미로 받아들이지 않을까? 고객은 당연히 화가 났고 본사의 고객센터에 전화를 걸어 소비자원에 신고하겠다고 엄포를 놓았다. 본사의 담당자는 내용을 전달받고 매장으로 달려갔다. 이물을 직접 눈으로 확인하기 위해서였다. 매장의 원부자재를 점검한 결과 해당 음료를 제조하기 위한 파우더가 들어있는 플라스틱 통이 일부 깨져 있는 것을 발견했다. 담당자는 즉시 발견된 이물을 가져다가 조각을 맞춰보았다. 꼭 들어맞았다. 담당자가 고객에게 전화를 걸어 해당 이물의 발생 경위를 설명하자 고객은 사장의 응대에 분노했다. 직접 매장을 방문해 점검을 해보았다면 즉시 알 수 있었던 사항을 아무런 조치도 없이 매장의 실수가 아니라고 이야기하는 모습에 실망한 것이었다. 담당자는 사장님을 대신해 연거푸 사과를 드렸고 본사 차원에서 소정의 선물을 제공하며 사건을 마무리 지었다.

개인적으로 모든 답은 현장에 있다고 믿는다. 카페에서 발생하는 모든 상황의 원인과 해결책은 현장에 있다. 카페를 운영하는 사장은 반드시 현장을 알아야만 하고 현장에서 그 해답을 찾으려고 노력해야 한다. 하지만 의외로 현장을 돌아보지 않고 머릿속으로 추측한 내용만을 믿어 행동에 옮기는 사람들이 많다. 현장에 조금만 관심을 둔다면 쉽게 확인할 수 있는 내용도 귀찮다는 핑계로 현장을 둘러보지 않은 채 일을 진행하곤 한다.

카페를 운영하는 모든 사장님이 현장에 수시로 투입될 수는 없겠지만, 최대한 자주 현장을 방문해 현장에서 어떠한 상황이 이루어지고 있는지 확인해야만 한다. 더구나 사례와 같이 고객의 클레임이 발생한 경우라고 하면 고객을 직접 응대하기 전에 반드시 현장에 방문해 어떠한 경로로 실수가 일어난 건지 알아보아야 한다. 사장님이 조금 귀찮더라도 현장에 나가 이물 유입 경로를 조금만 살폈더라면 어디서 문제가 생겼는지 쉽게 알아차렸을 것이다. 이처럼 조금만 관심을 가졌다면 원인을 파악할 수 있는 사항을 현장 확인도 없이 응대하였기에 고객의 불편함을 더욱 키우게 되었다.

현장을 제대로 파악하기 전에 무작정 사과부터 하는 것도 문제가 된다. 클레임을 제기하는 고객이 원하는 바가 잘못을 인정하고 진심 된 마음으로 사과하는 것이기는 하지만, 덮어두고 사과부터 한다고 해서 모든 일이 해결되지는 않는다. 사과하더라도 반드시 모든 상황을 파악한 후에 객관적인 상황에서 사과하도록 하자.

실례로 한 사장님은 음료 맛이 없다는 고객 클레임이 접수되자 즉시 고객에게 전화를 걸어 우리 직원이 잘못 만들어서 죄송하다고 사과했다. 하지만 고객은 직원의 제조에 대해 클레임을 제기한 것이 아니라고 이야기하며 오히려 제품 자체에 대한 불만 사항을 이야기했다. 알고 보니 음료의 원재료 스펙이 변경되면서 음료 맛에 변화가 있었는데 현장에 자주 나오지 않는 사장님이 이를 알지 못하고 사과부터 했을 때 얼마나 무안한 상황이 발생했을지 상상이 갈 것이다. 현장에서 근무하며 고객의 반응을 꾸준히 살핀 사장님이라면 왜 그러한 클레임이 발생했는지 손쉽게 알 수 있었을 테지만 겉모습만 번지르르하게 카페를 차려놓고 현장을 알지 못하는 사장님이라면 이처럼 본질적인 상황을 컨트롤할 수 있는 역량이 부족할 수밖에 없다.

KEY POINT

클레임이 발생했을 때 상황을 모두 파악하기 전에 무턱대고 사과부터 하기보다는 솔직하게 상황을 모두 파악하지 못했으니, 고객의 이야기를 참고하여 사실관계를 확인해 보겠다고 말하는 편이 낫다. 다양한 고객 클레임 응대 경험에서 얻은 교훈 중 하나는 어떠한 상황에서도 FM이 정답이라는 사실이다. 추정이나 추리만으로 고객을 응대하면 고객은 즉시 알아차린다. 거짓말은 더 큰 거짓말을 낳고, 호미로 막을 것을 가래로 막는 상황이 발생한다. 잘 모르는 사실에 대해서는 잘 모르겠다고 솔직하게 말해도 좋다. 특히나 고객과의 관계에서는 더더욱 그렇다. 클레임 고객에게 응대하기 전 최대한 상황을 파악하여 응대해야 하고, 만약 고객의 이야기 중에 잘 몰랐던 사실이 있었다면 솔직하게 몰랐다고 인정하고 확인한 후에 응대하겠다고 말할 수 있어야 한다. 솔직함을 이길 수 있는 무기는 없다. 작은 클레임이 더 큰 클레임으로 발전하기 전에 최대한 자세하게 상황을 파악하고 솔직하고 진솔한 마음으로 고객을 응대하도록 하자. 우리가 마음먹기에 따라 클레임 고객은 단골로 변할 수도 있다.

9

위생은 고객을 향한
최소한의 예의

유흥 상업지와 대규모 주거지가 함께 있는 목 좋은 곳에 자리한
카페였다. 상권이 형성될 무렵부터 자리를 잡아 지역 내에서는 대
표적인 만남의 장소가 될 정도로 유명세를 떨쳤다. 장사가 아주 잘
되는 매장이었지만 사장님은 손익을 이유로 많은 인력을 쓰지 않고
소수의 인력으로 가게를 운영했다.

바쁜 카페에 운영 인력은 적으니, 손님들의 주문만 겨우 쳐내는
수준이었고, 그 외의 부가적 업무를 처리하기에는 힘에 부쳤다. 더
구나 사장님은 원가 절감을 이유로 위생과 관련된 사항도 제대로
지키지 않은 채 운영을 계속하고 있었다.

그런데 어느 날 고객이 찾아와 케이크를 먹고 배탈이 났다며 보
상을 요구했다. 사장님은 고객을 블랙컨슈머로 판단했다. 악의적

으로 매장에 해코지하고자 케이크를 가지고 딴지를 건다고 말이다. 케이크가 언제 제조되었는지의 확인과 배탈 치료를 위한 병원비 지급을 요구하는 고객에게 사장님은 케이크가 잘못될 리가 없다며 보상을 거부했다.

그러자 화가 난 고객이 위생과에 관련 내용을 신고하는 일까지 벌어졌다. 담당 공무원이 매장을 방문했다. 고객이 먹은 케이크의 제조 시간을 알려달라는 공무원에게 사장님은 정상 범위 내에서 판매된 케이크라고 주장했다. 공무원은 CCTV 영상을 함께 시청해 보자 제안했고, 고객이 사 간 케이크를 제조하여 진열하는 과정을 일일이 찾아가며 지켜봤다. 그런데 사장님의 주장과는 다르게 그 전날도, 그 전전 날도 고객이 먹은 케이크를 제조하는 과정을 찾을 수 없었다. 결국 고객이 먹은 케이크는 제조한지 3일이나 지난 상태에서 판매된 사실이 밝혀졌다. 그제야 사장님은 자기 잘못을 인정하고 고객에게 환불과 함께 치료비 및 일부 보상금까지 지급해야 했다. 처음부터 고객에게 사실을 확인한 후 조처를 했다면 지자체의 행정처분은 면할 수 있었을 테지만, 거짓말이 들통나면서 시정명령을 받는 일까지로 번졌다.

위생 관리에는 왕도가 없다. 매일매일 소비기한이 지난 제품이 있는지 수시로 확인하는 수밖에. 카페에서의 위생 관리에는 시간이 걸린다. 카페는 식당과는 다르게 사용하는 원자재의 수가 훨씬 더 다양하기 때문이다. 위생 관리에 시간이 걸린다는 이야기는 결국 인건비를 그만큼 더 써야 한다는 뜻이다. 위 예시와 같이 너무 적은 인력으로만 카페를 운영하려고 한다면 카페에서 반드시 챙겨야 할 위생 관리나 법적 사항 준수와 같은 업무를 놓칠 가능성이 높다. 사람의 시간과 노동력은 한정적이기 때문이다.

되도록 매장의 위생 관리를 도맡아 할 수 있는 인력을 정해두는 편이 좋다. 직영점의 기준으로 보면 항목별로 위생담당자를 지정한다. 음료 부문 위생담당자와 디저트 부문 위생담당자를 따로 두어 혹시 모를 실수를 방지하려는 의도이다. 방법이야 어찌 되었든 추가 인건비가 투입되더라도 업무를 배정해 점검이 습관화될 수 있도록 하자.

원칙적으로는 카페에서 판매되는 모든 제품의 소비기한을 매일 확인해야 하지만, 여력이 되지 않는다면 우선순위를 정할 수 있다. 가장 중요한 관리 항목은 고객이 직접 가지고 갈 수 있도록 완제품으로 포장된 것들이다. 초콜릿이나 캔디 등이 그 예이겠다. 이러한 완제품들은 포장지에 소비기한이 명시돼서 입고되니 매일 아침 출근과 동시에 확인하는 습관을 들이도록 하자.

카페에서 제조에 사용되는 원재료 중 냉장 제품은 점검 주기가 짧아야 한다. 일반적으로 냉장 제품은 소비기한이 짧은 편이다. 최소한 2~3일에 한 번은 냉장 제품을 모두 조사할 수 있도록 시간을 빼두자. 냉동 제품의 경우 짧게는 2~3개월에서 길게는 1년 이상으로 소비기한이 길다. 이러한 제품이라 할지라도 반드시 1~2주에 한 번은 전체 조사를 통해 소비기한이 지난 제품이 없는지 확인해야 한다. 이렇게 꼼꼼히 위생 관리를 한다고 해도 실수는 언제고 발견될 수 있다. 실수를 사전에 방지하기 위해서는 선입선출을 프로세스 화해야 한다. 먼저 입고된 제품을 먼저 사용하는 방식 말이다. 모든 직원이 선입선출을 생활화한다면 소비기한 경과로 인한 고객 클레임을 다소 방지할 수 있을 것이다.

위생은 고객과 카페 사이에서 지켜야 할 최소한의 예의이다. 식품 사업을 하는 사람에게는 필연적으로 지켜야만 하는 규칙이라고 보아야 한다. 한 번쯤 실수해도 상관없을 거라는 마음으로 위생 관리에 소홀히 한다면 작은 실수가 언젠가는 큰 화로 다가오게 될 것이다. 한두 번은 고객이 실수를 알아차리지 못할 수도 있지만 위생 관리에 계속 허점이 생기면 어떠한 방식으로든 드러나지 않을 수가 없다.

KEY POINT

카페를 운영하면서 모든 사항을 법에 꼭 맞게 지킬 수는 없다는 사실을 인정한다. 사람이 하는 일이니, 실수가 있을 수 있다는 사실도 인정한다. 하지만 최소한 고객에게 전달되는 식품에 있어서는 조금의 허점도 생기지 말아야 한다고 이야기하고 싶다. 아주 가끔이긴 하지만 소비기한이 지난 제품이 고객에게 판매될 때가 있다. 판매된 제품의 소비기한이 지났다는 사실을 인지하고 불안함에 잠도 제대로 이루지 못하는 사장님들도 더러 만나보 았다. 조금만 관심을 가진다면 피할 수 있는 걱정을 사서 하는 꼴이지 않을까? 카페에서 제조되는 음료의 위생 상태는 고객에게 노출되지 않는 경우가 많아서 때때로 어떤 사장 님들은 위생은 뒷전으로 여기고 손익에만 집중할지도 모른다. 하지만 음식 장사를 하는 사람은 내 가족이 먹는다는 생각으로 위생 관리에 힘써야 한다. 이는 단순히 클레임을 예 방하거나 법에 따른 제재를 받지 않기 위함이 아니다. 위생 관리에 소홀히 하는 것은 고 객을 기만하는 일이고 비용을 지불하는 고객과의 신뢰를 저버리는 행동이다. 음식 장사 를 하는 사람이라면 고객을 향한 최소한의 예의는 지키리라 다짐해 주기 바란다.

10

수익이
최종 목표이다

한 카페의 사장님은 건설회사를 운영하는 남편의 지원으로 거액의 권리금을 주고 대학가 인근 유명한 먹자골목 옆에 1, 2층 규모로 크게 카페를 차렸다. 지나는 사람도 많고 유명한 먹자 상권이다 보니 임대료도 비싼 편이었는데도 사장님은 좋은 자리라고만 생각하고는 카페에 관한 경험이 없었음에도 덜컥 계약하고 카페를 열었다.

젊은 층이 아주 많은 대학가 앞의 먹거리 상권은 유동 인구가 매우 많아 늘 활기가 넘쳤고, 젊은 대학생들과 인근 주민들을 중심으로 주중 주말할 것 없이 카페 안은 사람들로 가득 차 자리를 잡기 어려운 카페가 되었다. 정신없이 몰려드는 사람들로 사장님은 한동안 행복한 비명을 질렀다. 몸은 부서질 것 같았지만 그만큼 매출이 높았으니 힘든 줄도 모르고 일했다. 그렇게 약 6개월 정도가 흐른 시점에 사장님의 머릿속에 문득 의문이 들었다.

이렇게 벌어서 얼마나 남는 거지? 사장님은 그제야 통장을 열어 잔고를 확인해 보았다. 그런데 이상하게도 통장의 잔고는 불어있지 않았다. 사장님은 이해할 수 없었다. 매출이 이렇게나 많은데 왜 남는 게 없을까? 사장님은 카페의 경비를 하나하나 뜯어보기 시작했다. 원가와 인건비, 임차료를 제하고 다른 경비들도 가계부를 쓰듯이 하나씩 적어보았다. 그리고 계산기를 두드려 얼마나 남는지 확인한 후에 사장님은 허탈한 심정을 감출 수가 없었다.

높은 매출에 비해서 자신의 인건비도 나오지 않을 정도로 수익은 형편없었다. 가장 큰 문제는 임차료였다. 높은 매출에도 불구하고 매출 대비 25%에 달하는 임차료 때문에 다른 비용을 아무리 줄인다고 하더라도 손쓸 방법이 없었다. 그에 더해 인건비도 과하게 많이 지출되고 있었다. 정직원만 5명에 아르바이트를 고용하다 보니 매출 대비 인건비가 차지하는 비율이 30%에 달했다. 사장님은 지난 6개월간 하루도 쉬지 않고 일했지만, 남는 게 고작 이 정도라는 생각이 들자, 그간 자신의 노력이 허무해짐을 느꼈다. 카페 사업에 회의를 느낀 사장님은 곧장 양도양수를 하기로 마음을 먹었다.

신규 점주 강의를 진행하면서 내가 누차 강조하는 사실이 하나 있다. 카페도 사업이기 때문에 카페를 하는 이유는 반드시 돈을 벌기 위함이어야 한다는 것이다. 아무리 내 마음에 드는 카페를 차린 다고 할지라도 결국 돈이 되지 않는다면 그 카페는 존재 이유가 없다. 모든 기업의 존재 목적이 영리 추구에 있듯이 카페도 그 자체로 수익을 낼 수 있어야만 존재의 가치가 있다. 사업을 시작하려는 사람이면 당연히 매출을 예측하고 그에 따른 손익도 스스로 확인해 볼 것으로 생각하겠지만, 의외로 꼼꼼하게 손익을 예상해 보지 못하는 사람도 많고, 예상한 손익을 실현하지 못하는 사람도 많다. 심지어는 사례의 사장님처럼 손익은 전혀 모르고 운영에만 몰두하는 때도 있다. 창업을 준비할 때 가장 기본은 매출의 예측이겠지만, 매출을 예측하려는 목적이 손익을 가늠하기 위함이라는 사실을 잊지 말아야 한다.

창업을 결정하기 전에 스스로 예상 손익을 꼼꼼히 따져보아야 한다. 카페 창업 컨설팅 업체나 프랜차이즈 카페 개발 담당자들은 손익과 관련해서는 지나치게 뭉뚱그려 설명하는 경향이 있다. '이 자리에 카페를 차리면 대략 이 정도의 매출이 나오고 매출의 몇 퍼센트 정도를 손익으로 가져갑니다'라는 말로 손익의 설명을 끝내는 것이다. 이러한 설명을 들었을 때 고개를 끄덕이며 수긍하기보다는 직접 항목들을 세세히 나열해 가며 이야기한 손익이 달성될지 스스로 판단해 보아야 한다.

카페의 콘셉트나 타입, 상권과 임대차 구조에 따라 손익은 저마다 다르기에 주요 항목들의 수치를 정확히 짚어내기는 어렵다. 하지만 카페를 운영하기 위해 기본이 되는 항목들이 매출에 차지하는 비중을 대략 알고 있다면 기준을 세우는 데 도움이 될 것이다.

첫 번째로 임차료는 매출의 20%를 넘지 않는 수준에서 계약해야 한다. 예를 들어 예상 매출이 5천만 원인 상가의 임차료가 1천만 원을 넘어간다고 하면 이는 재고의 대상이 되어야 한다. 카페가 공간 사업이다 보니 다른 사업보다는 임차료가 비쌀 수밖에 없다는 사실을 감안하더라도 매출의 20% 이상을 차지하는 임차료라고 하면 기대 매출이 발생하지 않을 때 감당해야 할 리스크가 너무도 크다. 사실 임대료에 대한 기준만 제대로 가지고 있다면 크게 손해 보는 일은 피할 수 있을 것이다.

두 번째로 원가이다. 원가는 각 카페에서 판매되는 제품의 종류에 따라 크게 달라질 수 있고, 프랜차이즈 카페라면 개인 카페에 비해 대략 10% 정도 상승한 원가율을 나타낸다. 개인 카페라면 원가율을 30% 이하의 수준으로 맞추는 것이 바람직하다. 모든 제품의 원가율을 30%로 유지하기보다 음료와 푸드류의 원가율에 차이를 두어 전체 원가율이 30%를 넘지 않도록 조정해 보자.

세 번째는 인건비이다. 인건비 또한 카페의 콘셉트에 따라 다른 구조를 가진다. 프리미엄 카페라고 하면 인건비가 조금 더 발생할 테고 저가형 카페라고 하면 적은 인건비로 높은 효율을 낼 수 있다. 카페가 서비스업이다 보니 인건비를 너무 박하게 사용해서는 안 된다고 생각하지만, 그럼에도 인건비가 매출에 차지하는 비중은 25% 내외로 유지하라고 이야기하고 싶다. 이 세 가지 비용을 '프라임 코스트'라고 부르고 세 가지 비용의 합이 80%를 넘지 않을 때 건전한 카페의 구조가 완성된다고 본다. 저마다의 상황이 다르기에 구조는 천차만별일 수 있지만, 이 정도의 프라임 코스트가 구성되어야 부가로 발생하는 약 10%의 기타 비용을 감안하고도 수익이 발생하기 때문이다.

KEY POINT

카페의 손익 관리는 선택이 아닌 필수임에도 지금까지 내가 만나본 많은 사장님이 정확한 손익 계산은 뒷전으로 미루고 운영에만 몰두해 왔다. 물론 돈이 남으니 장사를 유지하는 사람들이 대부분이었지만, 개중에는 마이너스의 손익임에도 이를 인지하지 못하는 경우도 있었다. 어찌 그럴까 싶지만 실제로 일어나는 일들이다. 시간이 한참 지난 후에 통장 잔고를 보며 후회 섞인 한숨을 내뱉고 싶지 않거든 손익 계산을 시작하라. 지금 당장 얼마나 남는지 냉정하게 알아야 다음의 의사결정이 가능하다. 다시 한번 강조하지만, 돈이 되지 않는 카페라면 그 가치를 증명할 방법이 없다.

11

폐기 상품은
투자입니다

대도시의 각종 기관과 연구시설이 밀집된 곳에 신축으로 건물을 짓고 한 카페가 들어섰다. 깔끔하고 세련된 외관으로 세워진 건물에 높은 충고를 두고 1층과 2층을 카페로 구성해 눈으로 보기에는 아주 훌륭한 카페였다. 자기 건물에 직접 카페를 차린 사장님은 본업과 병행하며 카페를 관리하기 위해 오래전부터 함께 일하던 직원을 점장으로 선임해 운영을 맡겼다.

카페가 오픈했다는 소식을 듣고 주변 거주민뿐만 아니라 지역 내의 각종 기관에서도 차를 타고 카페를 찾아오며 시작은 나쁘지 않았다. 그런데 오픈 초기부터 사장님은 고민에 빠졌다. 진열하는 케이크들이 모두 판매되지 않아 폐기로 이어졌기 때문이다. 케이크의 원가를 생각하니 폐기되는 제품의 비용이 만만치 않았고 그러한 비용이 너무도 아깝다고 생각했다.

　사장님은 제품 판매를 늘리는 대신 케이크의 생산을 줄이기로 했다. 쇼케이스에 진열된 케이크의 수를 줄이자 당장 폐기는 눈에 띄게 줄었다. 하지만 폐기가 줄어든 만큼 케이크의 판매도 줄었다. 제품이 눈에 보이지 않으니, 구매로 이어지지 않은 것은 당연한 일이었다. 케이크가 잘 판매되지 않으면서 기대한 매출이 나오지 않자 사장님은 다시 케이크의 진열을 늘리도록 지시했다. 하지만 쇼케이스에 진열된 케이크의 종류가 많아졌음에도 케이크를 구매하는 고객이 늘어나지 않았다. 케이크를 찾는 고객을 이미 모두 잃었기 때문일 것이다. 제품이 없으니, 구매로 이어지지 않고 구매가 일어나지 않으니 폐기는 더더욱 증가하는 악순환이 발생했다. 일이 이렇게 되자 오픈 초기보다 두 배는 늘어난 폐기 비용을 감당할 수 없게 된 사장님은 다시 케이크의 진열을 줄일 수밖에 없었다. 좋은 상권에 멋진 건물을 지어 카페를 차렸음에도 매출은 기대에 한참 미치지 못했고, 이를 만회하기 위해 여러모로 노력을 해보았지만 한번 떠나간 고객은 다시 돌아오지 않았다.

　카페가 지속되는 데 있어서 손익은 모든 것을 결정하는 척도가 된다. 하지만 정작 손익만 보고 다른 것은 보지 못하는 경우가 종종 있다. 카페의 매출을 일으키는 모든 활동에는 직접적으로 혹은 간접적으로 비용이 투입되어야 하는데 이를 모르고 비용만 줄이려 노력하는 경우가 대표적이다.

카페에서 흔히 일어나는 실수 중 하나는 원가가 높다고 판단되는 제품을 단종시키는 일이다. 원가가 높다는 이야기는 고객에게 그만큼 메리트가 있다는 의미이다. 고객이 자주 찾는 제품이라고 하면 원가가 조금 부담된다고 할지라도 제품을 유지하고 다른 곳에서 원가율을 보완할 생각을 해야 한다. 더구나 제품에 대한 검증이 필요하다면 적정한 시간 동안 폐기가 발생함은 당연히 고려해야 하는 사항이다.

직영점만 운영하는 한 대형 카페 브랜드는 새로 출시한 제품이 매일매일 일정 수준 이상의 폐기가 나지 않으면 점장의 수요 예측에 문제를 제기하기도 한다. 폐기가 나지 않았다는 의미는 예측한 제품을 모두 팔았다는 뜻이 되기도 하지만 반대로 이야기하면 판매할 제품이 모자라 기회손실을 유발했다는 의미이기도 하기 때문이다.

카페를 오픈하면 사람들이 구름처럼 밀려들어 모든 제품을 깡그리 구매해 폐기가 전혀 없으리라 예상하는가? 그런 일은 일어나지 않는다. 우리 카페가 고객의 인지 속에 자리 잡기 위해서는 절대적인 시간이 필요하고, 그 시간 동안 우리 매장을 지속해서 경험할 기회가 있어야만 한다. 그러한 시간을 겪고 난 후 일정 수준 이상의 매출이 꾸준히 발생하기 시작하면 자연스럽게 제품의 순환이 이루어지게 되고 폐기를 고려한 원가율이 안정을 찾게 되는 것이다. 버려지는 원가에 지나치게 집착하는 일은 오히려 고객을 저버리는 일이라는 사실을 명심하도록 하자.

내 카페의 원가율이 심각하게 높다고 판단하기 전에 원가율을 관리하는 방법이 적정한지 살펴보자. 원가는 재고의 영향을 많이 받는다. 쉽게 말해 전월에 많은 재고를 발주해 놓았다면 이번 달에는 원가율이 떨어질 것이고, 반대로 전월에 재고를 많이 사용했다면 이번 달에는 높은 원가율을 보이게 된다.

그런데 이러한 개념을 제대로 이해하지 못하고 매월의 원가율을 비교하면 스스로 이해할 수 없는 상황이 발생할 것이다. 매월의 원가율을 계산하고자 한다면 재고조사를 철저히 해야 한다. 전월의 기초 재고를 계산한 후 이에 이번 달의 발주량을 더하고 그 후에 사용량을 제외하면 원가율을 구할 수 있다. 재고조사는 시간을 많이 소비하고 노력이 많이 들기 때문에 많은 카페에서 이를 놓치는 것이 사실이지만, 정확한 원가율을 계산하고자 하면 재고조사가 필수이다.

대략적인 원가율로 판단하기를 원한다면 지난 3개월의 발주 금액을 같은 기간의 매출로 나누어 보는 것으로도 충분하다. 제품이나 원재료의 사용 빈도에 따라 다를 수는 있지만, 카페에서 사용되는 대부분 품목은 대략 3개월 정도의 기간 안에 소진되고 다시 주문이 들어가야 정상이다. 그러니 3개월 평균의 원가율을 분석해 보아서 원가율의 적정성을 판단하면 큰 무리가 아닐 것이다.

KEY POINT

카페에서의 원가 관리는 결국 재고관리와 일맥상통한다. 계절에 따라, 월별 매출의 추이에 따라 적정한 재고를 보유하는 일이 원가 관리에 매우 중요하다. 예를 들어 아이스크림류가 많이 판매되는 시기에 아이스크림 재고가 없다면 기회손실이 있을 테고, 반대로 겨울 시즌에 아이스크림 재고를 지나치게 많이 발주하게 되면 원가율에 악영향을 미칠 것이다.

이처럼 우리 매장에 언제 어떠한 제품이 잘 판매되는지를 항상 관심 있게 파악해 볼 필요가 있다. 한 사장님은 여름이 다가오는 시점까지 아이스크림 판매를 미루다가 찾는 고객이 점점 많아지자 그제야 서둘러 아이스크림을 취급하기 시작했지만, 이미 다른 경쟁 카페에 아이스크림 고객을 모두 빼앗긴 후였다. 이러한 일이 발생하지 않으려면 수요를 잘 예측하고 일정 수준 이상의 재고를 항상 보유하는 것이 바람직하다. 더 많은 고객에게 더 많은 제품을 판매하는 일이 원가를 절감하는 방법이고 선순환 구조의 시작이다.

지속 가능한 카페 손익 관리 집중 탐구

카페는 창업이 매우 중요하기는 하지만 창업 그 자체로 끝이 아니다. 사실상 카페가 공간 소비형 업종이기 때문에 위치와 공간의 규모에서 이미 성패가 어느 정도 좌우될 수는 있다. 하지만 오픈과 동시에 양도차익을 내고 팔 생각이 아니라면 그다음은 운영에 달려있다. 오랫동안 지속 가능한 카페를 만들기 위해서는 운영력이 좋아야 하고, 운영력이 좋아지려면 카페의 구조에 대한 이해가 탄탄해야 한다.

건전한 카페로 장기간 고객의 사랑을 받기 위해서는 우선 매출이 건전한 카페여야 한다. 간혹 지인 매출에 의존하여 카페를 유지하는 곳이 있다. 일정 기간은 매출이 높아 보일 수 있지만, 결국 지속해서 매출이 안정되지 못한다면 머지않아 카페의 미래를 진지하게 고민하게 될 것이다. 항상 일정한 매출이 나와주어야 한다는 의미는 아니지만, 적어도 다른 카페의 추이와 대략 유사한 수준으로는 매출이 발생해야 건전한 카페라 할 수 있다. 이처럼 매출이 건전한 카페가 되려면 적정한 좌석과 공간이 제공되어야 한다. 테이크아웃 전문 매장이 아니라면 지나치게 좁은 매장은 고객에게 부담감을 줄 수 있다. 제품이 너무 단출해서 고객의 재방문을 방해하게 되면 매출이 건전하지 못할 것이다. 특정 시즌에만 반짝 매출이 높은 카페보다 지속해서 고객의 선택을 받을 수 있는 카페가 생존에 훨씬 더 유리하다. 이처럼 매출이 건전한 카페가 되려면 고객 또한 건전해야 한다. 불량한 고객이 자주 오는 카페가 있다는 의미는 아니다. 고객이 건전한 카페란 매장을 방문하는 고객의 클레임이 적고 제공되는 서비스의 만족도가 높아 재방문율이 높은 카페이다. 카페는 기호를 기반으로 한 단골 장사이기 때문에 방문하는 고객의 만족이 매출을 건전하게 한다. 고객이 건전하기 위해서는 카페의 운영이 건전해야 한다. 매끄러운 운영으로 고객들에게 일관된 서비스를 제공할 수 있어야 운영이 건전한 카페라 할 수 있다. 일관된 서비스는 고객에게 편안함과 신뢰감을 주고 이러한 카페 경험이 단골로 이어지게 된다.

지속 가능한 성장을 이루기 위해서는 무엇보다도 손익 구조가 건전한 카페를 만들어내는 일이 최우선이다. 매출과 고객, 운영이 아무리 건전하다고 하더라도 손익구조가 건전하지 못하다고 하면 카페의 존재는 의미가 없다. 자선사업이나 직원 복지의 일환으로 카페를 차리지 않은 이상 모든 카페는 돈이 되는 카페여야만 한다.

돈이 되는 카페를 만드는 가장 기본이 매출 확보임은 분명하다. 하지만 높은 매출에도 손익 구조가 열악한 카페가 실제로 많다. 애초에 시작부터 손익구조를 제대로 갖추지 못한 카페도 있고, 운영하며 손익구조를 망가뜨린 사례도 보아왔다. 손익구조가 건전하지 않은 카페라면 빠르게 결단을 내려야 함에도 투자비가 아깝다는 이유로 이러지도 저러지도 못하는 사장님들을 많이 만나봤다. 손익이 망가지면 매출 확보를 위한 투자가 위축되고 투자가 제한되면 자연스레 매출이 하락한다. 매출이 하락하면 직원 채용에도 소극적으로 될 수밖에 없고 사장이 전적으로 운영을 맡아야 한다. 이러한 악순환이 일단 시작되면 결과는 걷잡을 수 없이 커져 결국에는 카페의 존재를 위협하게 된다. 카페의 손익은 모든 결정에 있어 가장 중요한 지표이기 때문에 손익을 알아야만 비로소 카페를 알 수 있다.

손익이란 무엇일까? 사전적 의미로 손익은 손해와 이익의 준말이다. 사업을 통해서 손해가 얼마나 났는지 이익은 얼마나 발생했는지를 나타내는 말이 손익이다. 손익 자체만 본다면 이해하기 어려운 점이 없다. 더하기와 빼기만 가능하면 누구나 스스로 확인할 수 있기 때문이다. 하지만 많은 사장님들이 손익을 어렵게 생각한다. 너무 어렵게 생각한 나머지 손익 계산은 뒷전으로 두고 높은 매출에만 온 신경을 곤두세우곤 한다.

많은 사장님에게 손익이 어려운 이유는 단 두 가지라고 생각한다. 한 가지 이유는, 매출은 발생하는 즉시 확인이 가능하지만, 손익을 결정하는 비용은 발생하는 시점이 일정하지 않고, 대부분 영업이 종료된 후에 정리를 해보아야만 정확한 파악이 가능하기 때문이다. 또 다른 이유는 바로 계정이다. 매출은 고객이 결제하는 금액 전부가 매출이지만, 손익은 그 계정이 매우 다양하다. 원가와 임차료, 인건비, 관리비, 판촉비 등등. 구분되는 계정이 많기에 많은 사장님이 매우 복잡하게 생각하는 것 같다. 하지만 기본적인 원리는 가계부와 동일하다. 매월의 수입과 지출 내역을 하나도 빠짐없이 기록해서 계산하면 된다. 그렇게 계산된 명세를 기업에서는 손익계산서라고 부른다.

손익계산서는 기업에 있어서 경영 성적표와 같다. 기업은 손익계산서를 통해 기업의 건전성을 평가하고, 이를 바탕으로 사업의 확장이나 내실을 다지는 등의 주요한 의사결정을 진행한다. 카페에서도 마찬가지이다. 손익계산서가 있어야 카페의 이익이 어느 정도 수준인지를 파악할 수 있고, 이를 통해서 인력을 더 뽑을지 홍보비를 더 사용할지 등의 주요 활동을 결정할 수 있다.

손익계산서와 가계부의 차이도 있다. 가계부는 입금되는 모든 비용과 모든 지출을 기록하는 반면, 손익계산서는 영업활동으로 발생한 비용만을 기재해야 한다. 자영업을 운영하는 많은 사장님이 가게 통장과 개인 통장을 나누어 관리하지 않는다. 가게로 입금되는 돈을 생활비나 다른 용도로 사용한 후에 통장에 남는 돈이 없으면 이익이 남지 않는다고 단순하게 판단하는 경우도 왕왕 발생한다.

손익계산서의 목적이 기업의 경영 성적을 판단하는 기준인 만큼, 정확하게 경영활동에 의한 내용만이 손익계산서에 담겨야만 목적에 맞게 올바른 활용이 가능하다. 생업을 유지하기 위해 장사에 뛰어든 사장님의 마음은 백번 이해하는 바이지만, 엉뚱한데 돈을 다 써버리고 남는 게 없는 장사라고 생각하는 어리석음은 피하기를 바란다.

손익계산서는 두 가지 의미로 활용이 가능하다. 한 가지는 카페를 운영하면서 카페의 비용 관리가 잘 되고 있는지 확인하는 의미이다. 열심히 카페를 운영했지만, 자신도 알지 못하는 어떤 비용이 새어나가 통장에 남는 돈이 없다면 어떤 기분이겠는가? 얼마나 허탈할지 상상할 수 있을 것이다. 한편으로 지난달보다 통장에 돈이 더 남았는데 왜 남았는지 알 수 없다면 어떨까? 마냥 좋기만 할까? 아마 다음 달에 더 큰 비용 지출이 기다리고 있을 테니 불안한 마음도 생길 것이다. 이처럼 손익계산서는 카페가 적정한 궤도로 운영되고 있는지를 판단해 주는 나침반과 같은 역할을 한다.

또한 손익계산서는 사업을 시작하기에 앞서 투자의 적정성을 판단하는 기준이 되기도 한다. 현실적으로 대부분 카페 투자는 시작과 동시에 거의 답이 정해진다. 매출이 아무리 좋다고 하더라도 높은 임차료를 감당할 수 없다면 손익이라는 말이 무색해지기 때문이다. 카페를 창업하기 전에 내가 구상하는 카페의 손익계산서를 미리 작성해 보고 투자의 타당성을 검토해야만 한다.

투자 타당성을 검토할 때는 ROI(Return on Investment)라는 지표를 사용한다. 손익계산서를 작성해, 한 달 치의 영업이익 금액을 확인한 후 이를 상가 보증금을 제외한 투자비로 나눈 수치가 바로 투자수익률 즉 ROI이다. 투자수익률이 높으면 높을수록 좋겠지만, 어떠한 경우라 하더라도 투자 타당성이 1.7% 이하로 떨어지는 사업에는 투자를 피해야 한다. 매월 1.7%의 수익이 발생하지 않는다면 5년 이내에 투자금의 회수가 불가능하기 때문이다.

투자 타당성 검토

투자비	100,000,000	200,000,000	300,000,000	400,000,000
ROI	1.7%			
필요 영업이익	1,700,000	3,400,000	5,100,000	5,100,000

ROI = 영업이익(월) ÷ 투자비 × 100
※ ROI가 1.7% 이하일 경우 투자 재검토

사업을 시작하기도 전에 모든 비용을 검토해서 완벽한 손익계산서를 작성하는 일은 불가능에 가깝다. 그래서 투자 타당성을 검토하기 위한 손익계산서라면 가장 중요한 비용들인 프라임 코스트(Prime Cost)만 확인해도 대략적인 투자수익률을 계산할 수 있다. 카페와 같은 점포 사업에서는 원가, 임차료, 인건비가 반드시 필요하다. 이 세 가지 비용을 프라임 코스트라고 칭하고, 투자 타당성을 가늠하기 위해서 이 세 가지 비용은 반드시 확인해야만 한다.

기대하는 영업이익률에 따라 프라임 코스트의 기준도 세워볼 수 있다. 만약 내 카페에서 매출 대비 10%의 영업이익률이 필요하다고 하면 프라임 코스트의 합은 매출의 80%를 넘지 않아야 한다. 부대 비용으로 대략 매출의 10%가량 발생하기 때문이다. 반대로 이야기해서 프라임 코스트의 합이 매출의 70% 수준으로 발생할 것으로 기대된다면 영업이익률은 대략 매출의 20% 수준으로 높아질 수 있다. 이와 같은 방식으로 투자를 해도 되는 카페와 하지 말아야 할 카페를 나눌 수 있게 되면 최소한 터무니없는 임차료의 상가를 계약하지는 않게 될 것이다.

카페의 원가는 매출과 직접 연관된다. 매출이 높아지면 원가도 같이 높아지기 마련이다. 원가를 낮추기 위해 제품에 투입되는 원재료를 줄이면 제품의 품질에 영향을 주고, 품질이 낮아진 제품에서 고객은 불만족을 느껴 곧 제품의 판매 저조 현상이 나타난다. 그래서 한번 정해진 카페의 매출 대비 원가율은 어지간해서는 바꾸기가 힘들다.

카페의 원가율은 매장의 콘셉트나 주력 제품군에 따라 차이가 크게 발생한다. 커피와 음료 위주의 저가형 카페는 원가율이 낮지만, 디저트와 푸드류를 판매하는 카페는 당연히 원가율이 비교적 높다. 그럼 나는 원가율이 좋은 커피와 음료 위주로만 카페를 운영하겠다 생각할 수 있지만, 이러한 생각은 매우 위험하다. 장사의 기본은 우리가 팔고 싶은 제품을 판매하는 것이 아니라 고객이 사고 싶은 제품을 판매하는 것이다. 카페를 운영하다 보면 이러한 이유로 원가율을 조정하기가 매우 어렵다는 사실을 체감할 수 있을 것이다. 일반적인 카페의 원가율은 대략 30% 내외를 나타내고 프랜차이즈 카페라고 하면 이보다 약 10%가량 더 높다고 생각하면 된다. 카페의 원가 관리는 사실상 재고관리라고 칭해도 무방할 정도이다. 기본적으로는 매출을 예측하고 그에 따라 적정한 재고를 유지하는 일이 원가 관리의 핵심이다. 원가를 조정하기 위해 매출이 높은 주말에 발주량을 줄이게 되면 판매할 제품이 없어 기회손실이 발생할 것이다. 혹은 비수기 시즌에 재고를 너무 많이 가지고 있어 제품 판매가 이루어지지 않으면 폐기가 증가하게 되고 이에 따라 원가율이 높아질지도 모른다. 이러한 실수를 줄이기 위해서는 매출 흐름을 읽을 줄 알아야 하고 이를 바탕으로 적정 재고를 유지하는 연습을 꾸준히 해야만 한다.

임차료는 손댈 수 없는 고정비이다. 카페를 창업할 때부터 이미 임차료는 정해져 있어서 관리의 영역이 아니라고 보아야 한다. 매월 발행되는 세금계산서를 잘 처리해 주는 일 말고는 임차료와 관련해 할 일이 없다. 카페에서 위치와 공간이 차지하는 비중이 성패의 80% 이상을 결정한다고 해도 과언이 아니라는 사실은 누차 강조했다. 카페를 계약하기에 앞서 그 자리에서 내가 구상하는 카페로 어느 정도의 매출이 발생할지 가늠해 보아야 한다. 적정한 임차 구조를 알아보려면 역으로 계산해 보면 된다.

업계에서 판단하는 적정한 임차 구조는 대략 매출 대비 10% 내외 수준이다. 넓은 공간에 목 좋은 자리라고 해도 매출의 20%는 절대로 넘지 말아야 한다. 그럼 계산해 보자. 내가 알아보고 있는 상가의 월세가 500만 원이라고 가정한다면 매출은 5,000만 원이 되어야 임차료율 10%를 달성할 수 있다. 그런데 매출이 2,500만 원 정도로 예상된다면 임차료율은 20%가 되고 이 상가에 내 카페는 어울리지 않는다는 이야기가 된다.

아무리 좋은 자리가 나왔다고 하더라도 매출 대비 임차료율이 20%를 넘는 곳이라면 결코 투자해서는 안 된다. 많은 사장님이 임차료만 생각하다 놓치는 부분이 관리비이다. 통상적으로 전기세와 수도세 등 수도·광열비를 제외한 순수 건물관리비는 임차료 대비 약 10% 수준이 적당하다. 하지만 신축으로 지어진 건물이라면 과한 관리비가 요구될 수도 있으니 유의해서 계약하도록 하자. 사실상 임차료 관리는 상가 계약과 동시에 끝나기 때문에 카페의 자리를 선정하는 데 있어 매우 신중해야만 한다.

카페의 적정 인건비는 얼마일까? 카페의 콘셉트나 운영 방식에 따라 인건비를 사용하는 기준이 제각각 다르고, 심지어 같은 브랜드의 프랜차이즈라 할지라도 매장마다 투입되는 인건비가 저마다 다르다. 그 때문에 평균적인 인건비를 논하는 것은 사실상 의미가 없다. 우리 매장에 맞는 적정 인건비를 산출할 때까지 시행착오를 겪으면서 운영을 계속해 나가는 수밖에 없다. 매장마다의 상황이 너무도 달라 평균을 내기가 매우 조심스럽다. 하지만 카페가 서비스업이라는 사실을 고려하면 지나치게 낮은 인건비는 오히려 독이라는 사실만은 확실하다.

우리 매장의 인건비가 매출 대비 15% 미만이라고 하면 근무 환경이 너무 열악해 서비스가 나빠지지는 않는지 살펴봐야 하고, 인건비율이 30%를 넘어가면 인력의 생산성이 떨어진다고 생각해야 한다. 인건비 관리에서 간과하지 말아야 할 부분이 있는데 바로 사대보험과 퇴직금이다. 많은 사장님이 직원을 채용하면서 이 부분을 고려하지 못하고 급여계약을 했다가 높은 인건비에 깜짝 놀라곤 한다. 앞서 언급한 인건비에는 사대보험과 퇴직금이 모두 포함된 금액으로 계산되어야 한다. 단순히 매월 나가는 직원 급여만을 인건비로 계산한다면 지나치게 높은 인건비로 카페의 손익을 망가뜨릴 수 있으니 유의하도록 하자.

카페를 운영하려면 프라임 코스트 외에도 여러 가지 비용들이 필요하다. 수도와 전기를 사용해 음료를 만드는 카페이기 때문에 수도·광열비가 필요하다. 수도세와 전기세를 별도로 관리해도 좋고 한꺼번에 관리해도 무관하다. 당연히 계절에 따라 비용은 조금씩 차이가 나긴 하지만 일반적으로는 매출에 따라 발생 금액이 변한다.

신용카드 수수료나 광고비가 포함된 판촉비도 있다. 카드 수수료는 매출의 일정 비율만큼 발생하고, 광고비는 매장의 활동에 따라 다르게 발생한다. 원재료비와 구분되는 비용으로 소모품비도 있다. 고객에게 제공되는 제품에 들어가는 재료비는 원가에 반영하고 그 외 빨대나 냅킨, 주방 세제 등은 소모품비로 분류해 따로 관리한다.

배달을 운영한다면 배달 광고비와 배달 대행 수수료도 발생한다. 배달 광고비는 배달 플랫폼 회사에 우리 가게를 노출하기 위해 내는 비용이고, 배달 대행 수수료는 고객에게 제품을 배달해 주기 위해 라이더 업체에 내는 비용이다.

이 밖에도 보안비와 통신비, 방역비, 음원 사용료, 노무/세무 수수료, 보험료 등의 비용이 실제 카페 운영에 필요한 비용이다. 이처럼 우리 매장에 필요한 비용들을 전부 목록으로 만들어 보고 각각의 비용들이 매출에 따라 다르게 발생하는지 아니면 매월 고정금액으로 발생하는지 파악해 보도록 하자. 매출에 따라 달라지는 비용은 변동비라고 하고 매월 고정 금액으로 발생하는 비용은 고정비라고 부른다. 이 두 가지를 구분한다면 다가올 미래의 손익을 예측하는 데 도움이 된다.

다음 달 손익을 예상하는 방법을 설명해 보겠다. 우선 전년 동월의 매출을 확인한 후에 다음 달 매출이 얼마나 될지 예상한다. 예상된 매출에 원가나 판촉비, 수도·광열비와 같은 변동비 항목들은 과거에 발생한 비용의 매출대비 비율을 구하고 그 비율을 예상되는 매출에 곱해 발생될 금액을 추정한다. 임차료와 같은 고정비는 정해진 금액이 있으니, 별도로 예측이 필요치 않다. 인건비의 경우 고정비와 변동비가 혼재되어 있어서 금액을 책정하기가 까다로울지도 모르지만, 원칙은 같다. 정직원은 고정비이기 때문에 정해진 금액을 적고, 아르바이트 인건비는 변동비로 매출에 평균 비율을 곱해 금액을 확인한다. 이와 같이 책정된 변동비와 고정비를 매출에서 모두 빼주면 최종적으로 남아있는 영업이익의 예상이 가능하다. 매년 1월과 7월에는 부가세를 납부해야 하고, 5월에는 종합소득세를 납부해야 하기에 이를 특이 사항에 반영해야 한다. 손익 관리를 잘하는 사장님들은 부가세와 종합소득세를 위한 통장을 따로 만들어 두어 매월 일정 금액을 저금해 두기도 하니 참고하도록 하자.

안정적인 카페를 오랫동안 운영하고 싶다면 손익을 볼 줄 알아야 한다. 카페 운영의 우수성은 다름 아닌 손익에서 시작된다. 카페의 손익이 건전해야 일관된 방식으로 운영이 가능하고, 일관된 운영 기조를 유지해야 고객에게 통일성 있는 모습을 보여줄 수 있다. 쉽게 예를 들어 보면, 손익이 좋지 않은 카페라면 직원 운영에 어려움을 겪게 될 수 있고, 직원 운영에 어려움을 겪는다면 가게의 운영시간을 피치 못하게 조정해야 할지도 모른다.

실제 경험한 바로, 평소 주말에 즐겨 가던 한 카페를 찾아갔지만, 문 앞에 개인 사정으로 영업하지 못한다는 안내문을 발견했다. 포털사이트에는 영업 중이라는 안내가 되어 있

손익 예시 자료

구분	전년 실적		금년 예상		책정 사유
	금액	비율	금액	비율	
매출	50,000,000	100.0%	45,000,000	100%	전년 대비 매출 10% 하락 예상
원가	15,000,000	30.0%	13,500,000	30.0%	전년 동일 원가율 적용
임차료	5,000,000	10.0%	5,000,000	11%	금액 동일
인건비	12,000,000	24.0%	11,000,000	24%	스텝 1명 줄임
수도세/전기세	1,500,000	3.0%	1,350,000	3.0%	전년 동일 비율 적용
관리비	300,000	0.6%	300,000	1%	금액 동일
소모품비	500,000	1.0%	450,000	1.0%	전년 동일 비율 적용
판촉비	1,300,000	2.6%	1,170,000	2.6%	전년 동일 비율 적용
기타경비	500,000	1.0%	500,000	1%	보안, 방역 등 금액 동일
경비 합계	36,100,000	72.2%	33,270,000	74%	
영업이익	13,900,000	27.8%	11,730,000	26%	

었고, 늘 가던 시간이니 당연히 운영 중일 거로 생각했다. 고객이 이런 경험을 했다면 또다시 그 카페를 믿고 찾아갈 수 있을까? 사장님에게 부득이한 사정이 있었으리라 짐작하지만, 이유야 어찌 되었든 고객과의 약속을 저버린 꼴이 되었다.

대부분의 서비스 불만은 고의로 고객의 기분을 상하게 하려고 마음먹어 발생하지 않는다. 실수는 항상 위기의 상황에 발생하게 되고 위기의 상황은 운영이 안정적이지 않을 때 온다. 손익이 안정적이지 못하면 운영도 불안정해지고, 운영이 불안정한 가게는 클레임이 발생할 확률을 높이게 된다. 클레임이 자주 발생하는 부분이 있다면 운영적으로 어떠한 문제점이 있는지 확인해야 하고, 이를 개선하기 위해 적절한 조처를 해야 한다. 프로세스를 개선하거나 교육을 진행하는 등의 방식으로 말이다. 이러한 적절한 조치에는 항상 비용이 수반된다는 사실을 기억하자. 당장은 비용이 발생하더라도 장기적으로 건강한 카페를 만들기 위해서는 투자가 필요하다. 지금 눈앞의 수익을 보기보다 앞으로의 수익을 바라보는 선구안을 가져보기를 바란다.

카페 창업 컨설팅 북

초판 1쇄 발행 · 2024년 09월 19일

지은이 · 조차행
펴낸이 · 김승헌
마케팅 총괄 · 정재훈
외주 디자인 · 유어텍스트

펴낸곳 · 도서출판 작은우주 | 주소 · 서울특별시 마포구 양화로 73, 6층 MS-8호
출판등록일 · 2014년 7월 15일(제2019-000049호)
전화 · 031-318-5286 | 팩스 · 0303-3445-0808 | 이메일 · book-agit@naver.com
정가 18,800원 | ISBN 979-11-87310-96-9 03320

| 북아지트는 작은우주의 성인단행본 브랜드입니다. |